# 무조건 팔리는
# 카피

**The Art of the Click**

# 무조건 팔리는 카피

글렌 피셔 지음 / 박지혜 옮김

동양북스

매일 나를 웃게 하는

루스 와일드를 위해.

딕 위팅턴(르네상스를 이룬 상인으로 막대한 재산을 사회에 환원)처럼

가난하고 힘들 때 금전적인 지원을 아끼지 않은

웬디 피셔에게 감사를 전하며.

글렌 피셔는 엄청난 비밀을 알고 있다. 전혀 모르는 사람을 대상으로 글을 써서 그들이 힘겹게 번 돈을 쓰도록 만든다. 그런 그가 잠시 제정신이 아니었는지 이 비밀을 책으로 출간했다. 카피라이터, 마케터, 기업체 오너라면 반드시 읽어야 한다.

_앤디 매슬렌, 《팔기 위해 쓴다》, 《설득의 카피》 저자

글렌은 전문용어 설명은 건너뛰고 위대한 카피라이터들이 했던 방식대로 핵심만 짚어냈다. 필요한 사람만을 대상으로 생생한 글을 썼기에 책에 몰입할 수 있다. 흥미로운 설명, 재미있는 일화를 통해 그의 노하우를 배울 수 있다. 전혀 힘들이지 않고서도 훌륭한 일대일 마스터 클래스 수업을 듣는 기분이다.

_비키 로스, 편집장

카피 책을 고를 때마다 '생식기 그림이 빠진 과학 교과서' 같을 거라고 예상한다. 뭔가 배우는 게 있을 거란 건 알지만 읽기가 고역인데, 이 책은 그런 책들과 확실히 다르다. 글렌은 가벼우면서도 읽기 즐거운 책을 썼다. 재미있고 매력적이며 읽기 쉬운 책. 조금이라도 기술적인 건 이해하기 힘들어하는 나 같은 사람도 쉽게 볼 수 있다.
"글렌, 정말 훌륭한 책이야."

_가레스 핸콕, '댓. 콘텐트. 쉐드'의 카피라이터

이 책은 카피라이터의 능력을 키워 클라이언트가 더 많은 매출을 올릴 수 있게 한다. 도움이 되는 실용적인 아이디어와 팁을 모아둔 강렬한 책이다.

_리처드 쇼튼, 《어떻게 팔지 답답할 때 읽는 마케팅 책》 저자

카피에 대해 열정적이고 깊이가 있으며 놀라울 정도로 잘 읽힌다. 글렌 피셔가 다이렉트 마케팅 분야에서 최고의 카피라이터가 되게 했던 기술들을 소개한다. 철저한 리서치 단계부터 고객의 관심을 끌어 행동하게 하는 기술까지 전수한다. 또한, 카피의 마스터라 할 수 있는 세 명의 카피라이터와의 인터뷰를 담았다. 진정 설득력 있는 카피를 쓰길 원한다면 이 책을 읽어야 한다.

_톰 올브라이튼, 《쉬운 카피 쓰기》 저자

글렌은 '직접 반응 카피'의 대가다. 이 책은 글로 매출을 올리게 하는 실용적인 안내서다. 즉시 활용할 수 있는 기법들로 채워져 있으며, 전단지나 세일즈 레터처럼 전형적인 직접 반응 카피를 쓰든, 온라인 판매용 카피를 쓰든 많은 아이디어들을 얻어갈 수 있다.

_리에프 켄달, 프로카피라이터의 디렉터

'직접 반응 카피' 기술을 현대적으로 해석한 책이다. 글렌 피셔처럼 뛰어난 자질을 지닌 카피라이터에게 기대할 수 있는 매력적인 방식으로 작성되었다. 팔고 싶다면, 사라.

_라이언 웰맨, 웰마크의 부 크리에이티브 디렉터

# 읽는 즉시 구매로 질주시키는 법

## 무엇에 관한 책인가?

이 책은 다른 사람을 설득해서 직접 반응하게 하는 카피 작성법을 알려준다. 구체적인 카피 기술로, 고객이 카피를 읽고 즉시 구매하게 하는 '직접 반응 카피direct-response copywriting'를 설명한다.

직접 반응 카피는 제품이나 서비스를 살 준비가 된 고객에게 즉시 행동하게 한다. 즉, 온라인에서 광고를 클릭하게 하거나, 블로그 글을 읽고 제품을 사게 한다. 긴 시간과 많은 노력을 들여 제품이나 서비스의 이미지를 좋게 하는 브랜드 마케팅 방법과는 구분되는 것이다. 짧은 시간 안에 고객의 관심을 끌어 매출을 올리는 직접 반응 마케팅 방법에 활용된다.

직접 반응 카피라고 하면, 긴 세일즈 레터를 보내 구매하게 하는 직접 판매direct mail라는 오래된 마케팅 방식을 연상하곤 한다. 하지만 단순히 이 둘을 같다고 생각하는 것은 옳지 않다.

오늘날 많은 상거래가 온라인상에서 일어나고 버튼 하나만 클릭하면 구매가 되고 있음에도 불구하고, '직접 반응'이라는 개념이 얼마나 중요한지 알고 있는 업체는 놀라울 정도로 적다.

대신 많은 기업이 브랜드 아이덴티티, 간접광고, 소셜 네트워크 인플루언서 활용과 같은 간접적이고 추상적이며 측정하기 어려운 마케팅 콘셉트에 막대한 비용을 사용한다.

물론, 비즈니스를 알리는 데 이런 기술들이 필요한 때가 있고 판매에도 긍정적인 영향을 미칠 수 있다. 하지만 매출이 생기는 건 결국 고객이 '직접 반응'해야 하는 행동이다.

이 책에서는 언젠가 이루어질 막연한 현상, 로고, 유명인이나 협찬에 대해서는 다루지 않는다. 대신, 어떤 비즈니스든 적용해서 더 많은 매출을 낼 수 있는, 손에 잡히고 검증할 수 있는 변수에 관해 이야기할 것이다. 즉, 고객을 연구하고, 제품에 대해 소통하려는 아이디어를 생각하며, 전달할 메시지를 토대로 행동(구매) 가능성을 끌어올리기 위한 마케팅 메시지 작성법을 공유한다.

특히 지금처럼 온라인 시장이 붐빌 때, 직접 판매와 같은 오프라인 마케팅 경로에 대해서도 할 말이 많다. (얘기가 너무 길어지므로)

하지만 이 책에서는 디지털 방식에 의한 것에만 집중할 것이다. 실물 쿠폰이 아닌 '클릭의 기술'에 대해서만 논한다는 사실을 알아주길 바란다.

그렇긴 하지만, 여기서 공유된 아이디어와 조언은 온라인과 오프라인 모두에 적용할 수 있다. 특히, 겉보기에는 오프라인 시대에 어울리는 긴 카피long copy 세일즈 레터에 대한 분석이 결국 디지털 시대에 광고 카피를 읽는 고객들을 사로잡는 법과 통한다는 점에서 많은 것을 깨닫게 할 것이다.

마지막으로, 이 책은 즐거움에 관한 책이다.

고객을 사로잡는 가장 효과적인 방법 중 하나는 고객을 즐겁게 하는 것이다. 앞으로 이어질 이야기들을 즐겁게 할 수 있길 바란다. 책 전반에 걸쳐 제품 판매를 위한 카피 작성에 유용한 조언을 할 것이다. 동시에 시도할 수 있도록 과제를 제안하거나 고객을 더 잘 이해하기 위해 가보아야 할 현장학습도 제안해줄 것이다. 내가 제안하는 모든 것을 시도해보고 즐거움을 느끼길 바란다.

## 누구를 위한 책인가?

이 책은 매출을 늘릴 비장의 무기를 찾는 이들을 위한 책이다. 카피라이터를 위한 단순 지침서가 아니다. 당신이 디자이너든 마케팅 담당자든 사업주든 관계없이, 마케팅 인사이트를 얻고 관련 조언을 따라 적용해본다면 당신의 역할을 더욱 성공적으로 수행할 수 있을 것이다.

이 책은 사람들이 물건을 구매하는 사고방식에 대한 이해를 높인다. 따라서 직접 반응 카피를 활용해 세일즈 메시지를 작성하고, 고객을 즉시 행동하게 하려는 모든 이들을 위한 책이다.

## 어떻게 구성된 책인가?

이 책은 크게 세 부분으로 나누어져 있다.

1부는 카피를 단 한 자라도 쓰려고 시도하기 전에 고려해야 할 것들을 5가지로 정리했다. 성공한 '직접 반응 카피'에 관한 분석과 고객을 이해하는 것의 중요성, 카피로 쓸 가치가 있는 아이디어는 어떻게 생성되는지를 살펴본다.

2부는 '직접 반응 카피'를 파헤쳐보며, 현장에서 바로 적용할 수 있는 카피 작성법 중 12가지 기술을 정리했다. 제품이나 서비스의 특징을 어떻게 고객의 혜택이 되도록 표현할지, 고객의 관심을 끄는 헤드라인을 어떻게 구성할지, 고객의 관심을 계속 유지할 수 있는 카피는 어떻게 작성하는지 등을 살펴본다.

힘 있는 카피를 쓸 수 있는 날선 도구가 되어줄 것이다.

3부는 나의 경력에 큰 영향을 주었던 '직접 반응 카피라이터' 세 명의 인터뷰를 담았다. 책에 공유한 여러 팁 외에 '직접 반응 카피'에 대한 그들만의 특별한 인사이트를 전할 것이다.

책 전반에 걸쳐 이어지는 서사 구조가 있지만, 어떤 영감을 얻기 위해 특정 부분에 집중하길 원한다면 각각의 장을 따로 읽어도 된다. 카피를 쓸 때 옆에 둔다면 많은 도움이 될 것이다.

나의 소망은 이 책으로 인해 '직접 반응 카피'에 대해 관심을 갖고, 활용하는 것이다. 이 책에서 논의되는 기본 원칙이야 세월이 흘러도 변치 않지만, 기본 원칙을 실천하기 위한 기술은 발전한다.

이 책을 다 읽고 나서 당신이 지닌 아이디어를 더 탐색해 나갈 수 있길 기대한다.

차례



1부

# 카피를 쓰기 전에 꼭 해야 할 것

2부

# '직접 반응 카피'를 위한 12가지 도구

3부

# '직접 반응 카피라이터' 3인의 인터뷰

광고 없이 물건을 판다는 건

어둠 속에서 여인에게 윙크하는 것과 같다.

본인만 알 뿐 아무도 모른다.

스튜어트 헨더슨 브릿 Steuart H. Britt
(《마케팅의 심리학적 원리들과 소비자 행동》 저자)

# '직접 반응 카피'를 쓰면 고객은 즉시 행동한다

진짜 두통을 얻고 싶은가?
인터넷 광고를 이해하려고 시도해보길 바란다.
_**배리 딜러** Barry Diller(미국의 사업가)

## 매일 듣고 하는 말 '여기를 클릭하세요'

우리 강아지의 사진을 좋아하신다면 여기를 클릭하세요.

오늘 밤 밴드 공연을 예매하려면 여기를 클릭하세요.

제 이메일에 답하려면 여기를 클릭하세요.

주문을 확인하려면 여기를 클릭하세요.

작은 글자로 기재된 내용을 보려면 여기를 클릭하세요.

원하는 치수가 있는지 보려면 여기를 클릭하세요.

주소를 등록하려면 여기를 클릭하세요.

계약 조건을 모두 읽었다면 여기를 클릭하세요.

이 중에 익숙한 문구가 있는가? 당연히 있을 것이다.

그러면 다시 질문하겠다. 최근에 앞의 행동 중 하나를 누군가에게 요청한 적이 있는가?

우리가 인지하지 못하지만, 직간접적으로 누군가에게 클릭을 요청하는 일 없이 하루가 지나가는 경우는 거의 없다. 상대는 페이스북 친구거나 잠재 고객일 수도 있지만, 그게 누구든 관계없이 목표는 같다. 상대의 반응을 유도해서 클릭하게 만드는 것이다.

사람들이 뭔가를 클릭하게 만들기란 쉽지 않다.

썬팅캡을 쓴 강아지 사진을 인스타그램에 올렸는데 '좋아요'를 클릭한 사람이 왜 적은지, 혹은 목요일 밤 당신이 주최하는 250명 정원의 금융세미나 입장권이 왜 단 한 장만 팔렸는지 생각해본 적이 있다면 공감할 것이다.

더욱이, 상대의 클릭을 얻고자 노력하는 사람은 당신뿐만이 아니다. 친구나 잠재 고객이 스마트폰 화면을 켜거나 메일함을 확인하고 인터넷 서핑을 위해 온라인에 접속하는 순간, 뭔가를 클릭해달라고 아우성치는 사람들에 둘러싸인다. 점점 더 온라인으로 변하고 있는 현장에서 클릭하게 하는 기술을 이해하고 받아들여야만 하는 이유다.

단도직입적으로 이야기하겠다. 당신이 어떤 업계에 종사하든 온라인 시장에서 성공하려면 잠재 고객을 사로잡을 카피를 작성하기 위해 무엇이 필요한지 반드시 알고 있어야 한다.

신규 고객을 발굴해야 하는 마케팅 담당자, 기존 고객으로부터 수익을 창출해야 하는 카피라이터, 모든 업무를 도맡아 하고 있는 개인 사업가, 모두가 절실하게 순수익을 높여야 한다. 무엇이 사람들을 클릭하게 만드는지 배워야 한다.

좋은 소식은 당신이 제대로 된 책을 골랐단 사실이다.

이 책은 무엇이 사람들을 클릭하게 만드는지 이해하는 데 초점을 맞추고 있다. 사람들의 클릭을 유도할 카피를 작성하는 여러 방법을 알려줄 것이다.

당신에게 카피, 마케팅에 대한 사전 지식을 기대하진 않는다. 지금 마케팅 용어를 많이 알고 있거나 카피나 마케팅 전문가가 아니더라도 걱정할 필요가 없다는 말이다(이 책이 끝날 때면 전문가가 되어 있을 테니까).

아마 누군가는 이 책을 집어들면서 엣시Etsy(미국의 빈티지 거래 온라인 플랫폼) 계정에서 '지금 구매하기Buy Now'버튼을 클릭할 사람을 더 늘리고자 할 수도 있다. 멋진 생각이고, 나 역시 작은 장신구 제품을 더 많이 팔 수 있을 방법을 공유할 수 있길 희망한다.

혹은, 임대자산 전문가와 협업하여 완성한 흥미로운 결과물을 홍보하는 웹페이지에서 '리포트 신청하기Send Me Your Report'버튼을 클릭할 사람을 늘리고자 이 책을 샀을지도 모른다. 아무 문제 없다. 무료 리포트 신청이 더 많아지도록 해보자.

혹은, 책을 출간하고 판매부수를 더 늘릴 방법을 찾고 있다면 내가 공유하려는 내용이 분명 도움이 될 것이다.

이 책을 읽는 동기가 무엇이든 난 괜찮다. 사람들이 클릭하도록 만드는 방법을 보여줄 작정이니까. 혹은 다른 말로, 고객이 즉시 행동을 취하도록 할 테니까 말이다.

어떻게? 내가 알려주려는 방법은 '직접 반응 카피'라 불리는 카피 기술이다. 잠깐만. 생각하는 것보다 기술적인 개념으로 들릴지 모르겠다. 사실 개념의 명칭 자체가 쿨하게 들리지 않는 건 사실이다. 왜냐면 실제로도 쿨하지 않기 때문이다. 적어도 대부분 사람이 생각하기에는 말이다. 하지만 효과적이다. 그것도 매우.

나는 '직접 반응 카피'를 완벽하게 익힘으로써, 수년간 여러 사람과 기업체가 많은 돈을 벌 수 있도록 도와주었다.

당신의 야망이 얼마나 큰지는 중요하지 않다. 이 책을 제대로 읽는다면 회사의 마케팅 전략이 나아지고 월급이 오르는 데 도움이 될 것이다. 혹은 당신이 개최하는 금융세미나 입장권을 판매하기 위한 '직접 반응하는 세일즈 레터'를 쓰는 데 도움을 받아서 인생이 완전히 역전될 수도 있다. 나는 최선을 다해 이 책을 재미있게 읽어갈 수 있도록 돕고자 한다.

## '직접 반응 카피'란 무엇인가?

한번 생각해보자. 뭔가를 클릭한다는 건 어떤 요청에 대한 직접적인 반응이다. 맞는 말 아닌가?

그런데 오늘날 온라인상에서 떠도는 마케팅에 관한 글 대부분은 간접 반응 마케팅이라 불리는 실속 없는 세계의 영향을 받은 듯하다. 다시 말하지만, 마케팅 용어들의 정의를 곧 살펴볼 텐데 이미 답을 알고 있을지도 모르겠다.

간접 반응 마케팅을 옹호하는 이들은 마케팅한답시고 성급히 에이전시를 차린 소위 힙스터(hipster, 유행을 좇는 사람)라는 사람들이다. 브랜드 인지도가 얼마나 중요한지에 대해 열변을 토하며, 벤츠 광고에서 차가 얼마나 힘이 좋은지 표현하기 위해 호랑이를 써야 할지 퓨마를 써야 할지 이야기하는 이들이다.

혹은 이들의 선조일지도 모른다. 이태리제 양복을 입고 거짓 상냥함으로 무장한 광고인들로, 경비지출 내역을 보면 유명 셰프가 모인 축제에라도 방문한 듯 고급레스토랑 영수증으로 가득하다. 그들은 대기업 고객을 상대하는 에이전시를 운영하는데, 이 대기업은 워낙 큰 나머지 자신들의 마케팅 예산이 로고를 이탤릭체로 바꾸는 걸로 기업의 현대화를 표현하는 엉성한 리브랜딩rebranding 전략에 사용되고 있는 것도 모르고 있다.

미안하다. 잠시 버럭 모드가 켜졌다. 곧 본론으로 들어가겠지만, 간접 반응 세계에는 한 가지 근본적인 문제가 있다. 특히 오늘날

붐비는 온라인 시장에서의 마케팅이라는 측면에서 봤을 때 더욱 문제가 된다. 그것이 바로 내가 이 책에서 시간을 할애하여 '직접 반응 카피'의 힘과 활용법에 대해 설명하려는 이유다.

##  즉시 클릭하게 하는 카피

당신이 회사의 주인이건, 마케팅 부서에 숨어서 자신의 가치를 증명하기 위해 필사적으로 노력하고 있건, 이 책은 차별화된 직접 반응 카피를 쓰는 법에 대해 가르쳐줄 것이다.

현재 당신의 위치가 어디든 기본 원칙은 같다. 열린 마음을 유지하고 내가 하는 말을 듣고 약간의 연습을 하는 것. 어려운 일이 결코 아니다. 힘들고 어렵게 할 필요도 없는 일이다. 대신, 이제 어느 정도 시간을 비워두고 이 책에서 가르쳐주는 것들을 연습해야 한다.

직접 반응 카피의 세계에 대한 통찰과 경험을 공유하고, 어떻게 직접 반응 카피의 힘을 활용했는지 알려줄 것이다. 이 책을 다 읽을 때쯤 직접 반응에 대해 충분한 지식을 얻고, 어떤 것에 대해서든 누구라도 클릭하도록 설득할 수 있게 될 것이다. 멋진 이야기다. 그렇지 않은가?

하지만 그 전에 몇 가지 기본적인 사항들에 대해 다룰 필요가 있다. 예를 들어, 직접 반응 카피를 배워야 하는 근본적인 이유 말이다. 또, 왜 모든 사람이 클릭을 받는 일에 그토록 집착하는지를 알아볼 필요가 있다.

구체적인 질문으로 들어가기에 앞서 나를 소개하는 시간을 갖고자 한다. 물론 빨리 본론으로 들어가서 카피 쓰는 법을 알고 싶을 것이다. 하지만 나에 대해 그리고 직접 반응 카피에 어떻게 입문하게 되었는지를 말해주는 것이 이후 과정을 이해하는 데 도움이 될 것이다.

## 각자 자기만의 이야기가 있다

광기에는 이유가 있는 법이다. 내 이야기를 듣고 나면 '왜 반응 카피를 배워야 하는지'에 대한 답을 얻게 된다.

나는 2년제 전문대학을 졸업한 후 더이상 어떤 것도 배울 필요가 없다고 결심했다. 그래서 4년제 대학은 건너뛰고 곧바로 9시 출근, 5시 퇴근의 혹독한 직장생활을 시작했다(젊은 시절 나는 좀 지나치게 거만하긴 했다). 노스이스트 링컨셔 자치구의 지역의회에서 일했고, 이후 교육, 금융, 주택 수당 등 다양한 부서를 거친 뒤 감사팀으로 가게 되었다. 간단히 말하면 의회의 여러 부서 혹은 학교를 방문해서 그들의 고객과 내부 운영 시스템을 살펴보고 개선점 및 방법을 제안해주는 임무를 담당했다.

지나고 나서 보니, 일이라는 게 어떻게 돌아가는지 배우는 아주 좋은 기회였다. 하지만 당시에는 급여체계의 상위(당시 직급에서 가장 많은 급여)로 단기간에 도달하고 나니 모든 일이 따분하게 느껴졌다. 더 마음에 들지 않는 건 내가 올라갈 수 있는 사다리에 한계가 있다는 사실이었다. 잘해봤자 승진해서 상관이 되는 게 다였다. 그래도 내 위에 또 다른 상관이 있을 테고, 다시 승진한다 해도 또 다른 상관 아래에서 일하게 될 터였다.

어쨌든 당시의 나는 내가 원하는 것이 무엇인지 몰랐다. 뭔가 다른 걸 원한다는 건 확실했다. 지금의 나는 당시 내가 원했던 게 자유라는 걸 안다. 답은 간단했다. 그리고 지금 나의 상태가 바로 자유다. 이 모든 것은 '직접 반응 카피' 덕분이다.

사실 책의 지금 이 부분을 쓰고 있는 장소는 파리의 한 아파트다. 나는 지금 자유의 몸이다. 영화 〈아멜리에〉를 본 적이 있다면 아멜리에가 매주 방문하는 식료품점을 기억할 것이다. 지금 앉아 있는 곳이 그 가게 맞은편이다. 음악을 들으면서 와인 한 잔을 마시며 이렇게 글을 쓴다. 내일은 일어나서 아침거리를 사러 빵집까지 산책하려고 한다. 가장 좋아하는 서점에 들른 뒤, 이 책의 다른 장을 또 몇 페이지 집필한다. 오후에는 조용한 카페에 앉아서 와인 한 병을 주문하고 책을 읽을 계획이다. 그야말로 완벽한 하루다. 이것이 바로 내가 이 책을 통해 나의 지식을 공유하려는 이유다.

오해하지 말기를 바란다. 당신에게는 대단한 야망이 없을 수도 있다. 그저 일하고 있는 회사에서 좀더 나은 광고문구를 쓰려는 직원이거나, 제품 판매전략에 대해 조금 알고자 하는 사업주일 수도 있다. 나는 그저 당신이 직접 반응 카피에 대해 배움으로써 얻을 수 있는 잠재력에 대해 이해하기를 바랄 뿐이다. 그로 인해 모든 것이 바뀔 수 있기 때문이다.

## 직접 반응이란 읽는 순간 구매를 결정하는 것

"좋지 않은 때를 아는 건 좋은 일이다."

나는 이 문장을 좋아한다. 왜 직접 반응 카피가 좋은 기술이라고 생각하는지를 한마디로 표현한 글이다. 어떤 비즈니스든 그 운명을 바꿀 수 있는 가장 좋은 방법 중 하나가 직접 반응 카피라고 믿는 이유도 포함된다.

직접 반응 카피는 결과가 모든 것을 말해준다. 그 결과가 즉시 쉽게 측정할 수 있으므로, 카피를 재빨리 더 강력한 카피로 바꾸어 더 많은 클릭을 받고 더 나은 결과를 얻을 수 있다.

여기서 조금 앞서 나간 부분이 있다. 먼저, 우리가 이해하고 있는 내용이 같은지 확인하기 위해 중요한 단어들을 정의해보자.

"카피, 어떻게 정의할 수 있을까?"

간단히 답하면, 팔기 위한 글쓰기라 할 수 있다. '카피Copy'는 누군가 어떤 종류의 행동을 취하도록 유도하기 위해 사용되는 일종의 문구다(일반적으로 그 행동에는 어떤 형태건 금전거래가 따라온다). 이 정도는 쉬운 얘기다. '직접 반응direct-response'이란 문구는 조금 더 복잡하다. 그 뜻을 설명하기 위해 짧은 이야기를 하나 들려주겠다.

옛날 옛적에는 직접 반응 카피를 카피의 우두머리Don로 여겼다. 돈 드레이퍼Don Draper를 말하는 게 아니다. TV 드라마 〈매드맨Mad Men〉의 주인공인 카피라이터 돈 드레이퍼는 간접 반응 카피를 쓰는 인물이다. 그가 쓰는 카피는 잠깐 읽는 이의 관심을 끈 다음, 제품이 머릿속을 떠나지 않고 계속 기억나도록 한다.

좋은 간접 반응 카피라면, 제품이 머릿속에 적당히 오래도록 남아서 고객이 슈퍼마켓에 가거나 시내에 나갔을 때 눈앞에 제품이 보이면 후광이 비치면서 사게 될 것이다. 이것이 간접 반응 카피로 고객의 행동은 나중에 이루어진다.

하지만 직접 반응 카피는 이보다 더 직접적이다. 카피를 읽은 고객이 그 순간에 즉시 구매 결정을 내리도록 하는 카피다. 직접 반응 카피에서 고객은 바로 행동한다.

내가 돈 드레이퍼를 언급한 데는 이유가 있다. TV 드라마 〈매드맨〉은 1960년대 데이비드 오길비David Ogilvy 같은 광고인들이 누렸던 전성시대를 어느 정도 기반으로 하고 있다.

데이비드 오길비, 그는 광고계의 신과 같은 존재다. 카피에 대해 논할 때면 늘 언급되는 인물이다. 오길비는 말도 안 되게 영리한 사람이었다. 이 책에서 몇 번이고 그를 마주하게 될 것이다.

물론, 클로드 홉킨스Claude Hopkins, 유진 슈워츠Eugene Schwartz, 게리 핼버트Gary Halbert 등 카피의 세계에서 엄청난 일을 해낸 카피라이터들에게도 찬사를 보내야 한다.

오길비는 간접 반응 카피의 세계에서 성공에 성공을 거듭하면서, 카피에 완전히 새로운 시대를 열었다. 사실상 오늘날에도 오길비가 정의한 카피의 세계에 여전히 머물러 있다. 오길비의 그림자는 오늘날 보는 많은 광고 카피에 드리워져 있다.

대체 오길비가 왜 그렇게 훌륭했을까?

## 데이비드 오길비가 '직접 반응 카피'를 사랑한 이유

이제 다시 직접 반응 카피가 등장할 시간이다. 눈치챘겠지만, 데이비드 오길비는 매우 중요한 무엇인가를 알고 있었다. 바로 직접 반응 카피를 이해하려면 카피에 대해 제대로 알아야 한다는 것.

오길비는 2년 이상 직접 반응 카피를 공부하지 않은 카피라이터는 채용하지 않았다는 이야기도 있다. 정말 흥미로운 이야기다. 오길비가 왜 그랬을까? 여기 그 이유가 있다.

직접 반응 카피는 손쉽게 검증할 수 있지만,
간접 반응 카피는 그렇지 않다.

이것은 직접 반응 카피의 훌륭한 장점이다. 그래서 직접 반응 카피는 배워 두기 좋은 기술이라는 것이다. 직접 반응 카피를 사용하면 여러 변수를 바꾸며 상황을 통제해서 실험할 수 있는 능력을 갖게 된다. 즉, 간접 반응 카피에 비해 사람들이 더 빨리 구매 결정을 내릴 수 있도록 하는 카피의 요인이 무엇인지 알아낼 수 있다.

'간접 반응 카피'와 '직접 반응 카피'의 사례를 통해 그 차이점을 알아보자.

### 간접 반응 카피의 사례

뒹굴뒹굴하며 시간을 보내는 북극곰이 등장하는 코카콜라 광고가 있다. 2주 동안 전국에 배포되는 신문에 인쇄 광고를 진행한다. 광고가 어떤 효과가 있을지 즉시 알 순 없다. 그저 사람들이 광고에 눈길을 준 다음, 언젠가 고객이 실제로 슈퍼마켓이나 대형할인점에 방문했을 때까지 머릿속에 그 광고가 오래도록 머물길 바라는 수밖에.

2주 뒤, 코카콜라의 판매량이 증가했다는 사실을 알게 되었지만, 판매량 증가가 과연 북극곰 때문일까? 다른 요인 때문은 아닐까? 누가 알겠는가?

웹사이트 링크를 걸거나, 동시에 진행하려 했던 다른 광고 캠페인을 취소하거나, 혹은 작년 캠페인 당시 판매량과 비교해서 올해 진행한 광고의 효과를 측정하려고 시도해볼 순 있겠다. 하지만 그건 좀 애매모호하다.

## 직접 반응 카피의 사례

속임수를 쓰고 있지 않다는 걸 보여주기 위해 동일한 제품인 코카콜라 캔 제품을 예로 들겠다. 이번에는 전국적으로 배포되는 신문에 광고를 내면서 고객에게 쿠폰을 제공해보자. 콜라 한 캔을 구매 시 한 캔을 더 받을 수 있는 쿠폰이다. 공짜 콜라가 귀여운 북극곰보다 더 큰 보상이라는 사실은 잠시 무시하자.

여기서 중요한 것은 고객의 반응을 실험하는 능력이다. 이제 이 광고에는 즉시 반응이 나타날 것이다. 사람들이 반응하거나 하지 않거나, 둘 중 하나다. 광고가 효과가 있는지 아닌지 알아차리는 데는 오랜 시간이 걸리지 않을 것이다.

이제, 직접 반응 카피의 장점이 서서히 드러난다.

서로 다른 두 광고를 동시에 낼 수도 있다. 심지어 한 광고에는 무료 콜라 캔을 든 북극곰 이미지를 넣어 제작하고, 다른 광고에는 '무료 콜라 받아 가세요'라는 문구를 크게 적는다. 그 다음에 두 광고의 효과를 비교해볼 수도 있다.

여기서 핵심은 카피를 읽은 고객이 반드시 즉시 행동을 취해야 하므로, 다양한 변수에 대한 고객 반응을 훨씬 더 잘 측정할 수 있다는 사실이다. 클라이언트가 생각하기에 '괜찮을 거 같은' 카피를 채택하는 것이 아니라, 사실을 근거로 카피를 개선해 나갈 수 있게 됐다.

오길비는 이 사실을 알고 있었다. 그래서 이렇게 말했다.

"결코 실험하기를 멈추지 마라.
그러면 당신의 광고는 끊임없이 나아질 것이다."

카피 하나로 여러 변수를 실험할 수 있는 능력은 막강하다. 즉, 직접 반응 카피에 대해 높은 이해력을 가지면 날선 무기를 갖는 것과 같다. 이렇게 하나씩 터득해나가면, 제품과 서비스를 판매할 수 있는 더 나은 카피를 쓸 수 있다.

본질적으로 카피라는 건 메시지 전달이라는 걸 기억해두자. 그 메시지가 가야 할 곳으로 제대로 갔는지, 원하는 행동으로 연결되는지를 볼 수 있는 것이 바로 직접 반응이다.

## 이제 준비되었는가?

현재 당신이 인생에서 어느 시기에 있는지 모르겠다. 이미 카피라이터가 되는 길에 들어서서 앞으로 나아갈 방향에 대한 가이드를 찾고 있을지도 모른다. 그렇다면 뭘 하고 있는지 제대로 알면서 일할 수 있는 방법을 찾고 있는 상황이다.

혹은, 카피의 세계에 처음 입문했을 수도 있다. 이 책을 집어들고 마케팅 담당자나 디자이너로서 일하는 데 도움이 될 만한 기술을 배울 생각에 신 났을지도 모르겠다. 혹은, 뭐든 척척 해내는 사업가인데, 직접 반응 카피 기술까지 통달해서 세상을 제패할 꿈을 꾸고 있는지도 모르겠다.

좋은 소식은, 당신이 누구이고 어떤 배경을 가졌으며 기대하는 바가 무엇인지 관계없이 내가 도울 수 있다고 생각한다는 사실이다. 이미 어느 정도 성공한 작가라고 하더라도, 앞으로 이 책을 읽으면서 지금 당신이 알고 있는 모든 것은 잊길 바란다. 깨끗한 백지에서 시작해야 한다.

이 과정을 거친 사람은 당신뿐만이 아니다. 경험치가 천차만별인 다양한 사람들이 내게 와서 훈련받고 갔다. 카피에 대해 한 번도 들어본 적 없는 사람부터 나와 함께 일하면서 성공을 지켜본 후 카피 기술을 배우기 위해 온 오랜 전문가들도 있었다.

현재 자신이 성공한 카피라이터가 아닌 것 같다고 걱정하지 말기 바란다. 메시지를 전달할 수 있다는 확신만 있으면 된다.

이제 준비되었는가?

편한 자세로 앉아 있는가?

마음이 들뜬 상태인가?

그렇길 바란다. 왜냐하면 이 책의 처음 몇 장에 걸쳐 직접 반응 카피에 대한 이해의 기초와 작성 능력을 형성할 여러 가지 개념을 다루게 될 것이기 때문이다.

제발, 어떤 것도 건너뛰지 말기를 바란다. 해보라고 말하는 것 중 몇 가지는 힘든 일처럼 들릴 수도 있다. 하지만 필수 코스다. 성공한 직접 반응 카피라이터라면 누구나 겪어야 하는 과정이다. 그러니 당신도 마찬가지다.

## 이 책을 읽을 때 알아야 할 것

오랜 카피 멘토 중 업계에서 약간 기인으로 불리는 인물이 있었다. 수년간 성공적인 카피를 쓰며 자기 능력을 입증해 보인 그는 기분이 내키면 출근했다가 아니면 다시 퇴근하는 식으로 일하곤 했다.

내 자리 옆에 그의 책상이 있었지만 거의 사용한 적이 없다. 나는 자리에 앉아 그가 출근하길 기다리며, 내게 카피 작성에 대한 방향이나 인사이트를 제시하길 기대했다. 때로는 며칠을 기다리기도 했다.

이윽고 그가 책을 잔뜩 들고 출근해서 자리에 앉았다. 그중 카피와 관련된 책은 단 한 권도 없었다. 그러다가 어떤 때는 예고도 없이 동네 술집에 맥주나 한잔하러 가자고 했다. 나는 자연스레 따라나섰다.

대체 카피라이터가 되는 훈련은 언제 시작하는지 궁금하기 짝이 없었다. 그런 훈련이 있었는지도 확실하지 않다. 체계적인 방법의 훈련은 아니었을 것이다.

그가 작업한 것을 읽고, 이상한 질문을 던져보고, 내 나름대로 연구하며 배운 것이 대부분일 뿐. 인터넷 웹페이지를 읽고, 무슨 일이 일어나고 있는지 사무실 사람들에게 물어보고, 다른 멘토들의 이야기를 들었다. 이런 식으로 나는 경력을 쌓아가면 발전하기 시작했다.

하지만 여전히 나의 첫 번째 훈련이라 할 수 있는 그 멘토와의 훈련은 딱히 정해진 것 없이 그때그때 즉석에서 이루어졌다. 그런 방식이 나쁘다고는 생각하지 않는다.

이것이 바로 이 책 전반에 걸쳐 예상치 못한 것들을 예상해야 하는 이유다. 분명히 나는 많은 공을 들여 이 책을 감당할 수 있을 수준의 여러 부분으로 나누었다. 단숨에 매료되어 버리거나 걸음마를 배우기도 전에 달리기를 시도하지 않도록 했다. 이 책에 내포된 일종의 구조가 존재하는 셈이다.

걱정은 하지 않아도 된다. 지나치게 극적이거나 마구잡이인 건

하지 않을 것이다. 물론 때때로 아무 관계없어 보이는 것들에 대해서도 다루게 될 것이다. 하지만 절대 아무 관계없는 것들이 아니라 결국에는 나의 광기 뒤에 숨은 이유를 보게 될 것이다.

이 방식이 당신에게도 괜찮기를 바란다.

## 일단 쉬운 단어로 쓰기

직접 반응 카피를 쓸 때 사용하는 단어는 단순하면서도 이해하기 쉬운 단어여야 한다.

그런데 학교 수업 시간에서는 가능한 한 있어 보이도록 어려운 단어를 사용해 글을 쓰라고 배우고 그래야 높은 점수를 받을 수 있다.

하지만 그런 글은 일반 고객들이 결코 이해하지 못한다. 이미 엄청난 어휘력을 지닌 성공한 작가라 하더라도 제발 그런 어휘들은 사용하지 말기를 바란다.

화려한 단어들은 잊어버리고 평소 말할 때처럼 글쓰기를 시작해야 한다.

# 카피를 쓰기 전에 꼭 해야 할 것

The Art of the Click

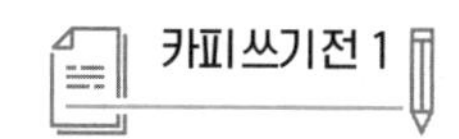


# 모든 위대한 카피라이터의 출발점

좋은 광고는
단순히 정보만 전달하지 않는다.
_**레오 버넷**Leo Burnett

## 광고판에 지미가 너무 많아

지미는 금융 관련 자문을 제공하는 대형 정보제공업체에서 이제 막 주니어 카피라이터로 일하기 시작했다. 지미는 카피에 대해서 아무것도 모르는 상태다. 대학에서 미디어를 전공했는데 직장을 구하기까지 힘들었다. 글 쓰는 걸 즐기긴 했지만 작가가 될 정도는 아니었다.

그런 지미가 어쨌든 운 좋게 면접을 통과했고, 지금은 사무실에 앉아 뭘 하면 좋을지 두리번거리고 있다. 지미는 짧은 메시지 두 개를 쓰라는 지시를 받았다. 메시지에 담을 내용도 전달받았고 메시지 수신 대상이 누군지도 들었다. 이제 메시지를 쓰기만 하면 된다. 각 메시지는 500자 정도 길이다. 지미는 최선을 다해 메시지를 작성해서 상사에게 제출했다. 하지만 돌아온 상사의 반응은 퉁명스러웠다.

"이게 뭡니까?"

지미는 뭐라고 대답해야 할지 몰랐다. 그저 상사가 시킨 대로 했을 뿐이다. 관련 교육은 받은 적도 없고, 지금 이 업무를 왜 하는지도 사실 이해하지 못하고 있다. 그냥 시키니까 했을 뿐.

상사는 사실 자신도 약간 멍청하면서, 지미를 괴짜 같은 녀석이라고 생각한다. 그리고 꼬투리 잡을 단점을 좀더 발견하면 바로 해고해 버려야겠다고 마음먹는다.

가엾은 지미. 물론 우리는 지미가 잘못한 게 없단 걸 알고 있다. 짧은 메시지 두 개를 쓰라는 말을 들었고, 전달할 내용에 대해서도 들었다. 지미는 지시에 따라 할 일을 했을 뿐이다. 메시지 작성의 이유에 관해 이해하고 있는지 묻는 사람은 아무도 없었다. 그 이유에 대해 생각해볼 기회조차 주어지지 않았다.

자기 윗사람이 멍청한 건 지미 잘못이 아니다. 상사가 진짜 원하는 게 뭔지 이해하는 데 3개월이 걸렸고, 결국 자기가 맡은 일이 무엇인지 이해하기 시작할 때쯤 해고당했다.

슬픈 이야기다. 하지만 우리 주변에서 흔하게 볼 수 있는 이야기다. 특히 고객의 반응을 즉시 끌어내야 하는 '직접 반응 카피'의 세계에서는 더 흔한 일이다. 불행히도 나는 이런 업무 시스템을 거쳐 가는 지미들을 많이 봐왔다. 더 나쁜 건, 지미의 상사와 같은 사람들도 너무 많다는 사실이다.

하지만 여전히 대부분은 카피 쓰는 법을 배우기 위해 이런 방식을 택한다. 메시지의 목적에 대한 진정한 이해 없이 무작정 먼저 짧은 메시지를 쓰고 보는 것이다. 더 큰 그림은 못 본 채 말이다.

물론 그들 중 일부는 그럭저럭 괜찮은 카피라이터로 성장하지만, 그들의 시야도 결코 넓지 못하다. 그들은 진정으로 성공한 카피라이터는 될 수 없다.

이건 내가 바라는 바가 아니다. 내가 바라는 당신의 미래는 이런 모습이 아니다. 내가 카피라이터 교육법을 바꾼 이유다.

## 좋은 카피는 샴페인 분수와 같다

샴페인 분수를 본 적 있는가?

샴페인 잔을 마치 피라미드처럼 한 층씩 쌓아서 맨 꼭대기에 딱 하나의 샴페인 잔이 올라가도록 만든 것이다. 꼭대기의 잔에 샴페인을 따르면 여신처럼 영롱한 샴페인이 반짝거리며 여러 층의 잔을 거쳐 내려와 모든 잔을 다 채우게 된다. 그렇다.

카피는 샴페인 분수 같은 방식으로 이루어져야 한다.

우선, 긴 카피long copy에 대해 알아보는 것부터 시작하자. 모든 카피의 출발점은 긴 카피 쓰기에서 시작한다. 긴 카피에 대해 배우고 나면 다른 형태의 카피는 훨씬 쓰기 쉬워진다.

지미의 문제는, 작성하라고 지시를 받은 짧은 메시지 두 개가 사실은 훨씬 긴 메시지의 일부라는 사실을 몰랐던 거였다. 만약 지미가 그 사실을 알았다면 짧은 메시지를 더 쉽게, 그리고 그의 멍청한 상사가 흡족해할 기준에 맞게 작성할 수 있었을 것이다.

하지만 여기서 잠깐. 그렇다면 대체 긴 카피란 무엇인가? 아, 이런. 내가 또 혼자 앞서 나가고 말았다. 본격적으로 카피에 대해 알아보기 전에 약간의 용어 정리를 해보자.

## 직접 반응의 중요한 특징

카피를 읽는 대상이 누구냐에 따라 직접 반응 카피의 세계에는 다양한 용어 정의가 존재한다. 처음 시작할 때는 벅찰 수 있겠지만 걱정할 필요는 없다. 어느 정도 시간이 지나면 카피 용어들이 마치 습관처럼 자연스러워진다.

우리가 택할 수 있는 최고의 방법은 직접 반응 카피의 핵심이 되는 몇 가지 특징에 대해 빠르게 알아보고 간단한 설명을 살펴보는 것이다. 가장 먼저 소개할 개념은 긴 카피로 구성된 세일즈 레터sales letter다.

## 긴 카피의 세일즈 레터

긴 카피로 된 세일즈 레터는 직접 반응 카피의 꽃이다.

앞으로 세일즈 레터가 어떤 식으로 작용하는지 알아볼 것이다. 세일즈 레터를 이해하기 쉽도록 여러 조각으로 나누어서, 자신만의 긴 카피 세일즈 레터를 써볼 수 있게 할 것이다.

세일즈 레터가 어떤 효과를 주는지 이해하면 어떤 매체에 대해서건 강력한 힘을 지닌 카피를 쓸 능력이 생긴다. 클릭당 광고비를 내는 '페이 퍼 클릭pay-per-click, PPC' 광고나 페이스북 포스팅, 혹은 전형적이지 않은 독특한 광고를 위한 카피를 써낼 수도 있을 것이다.

지금 이 시점에서 긴 카피의 세일즈 레터는 단 하나의 기능을 지닌다는 사실을 알 필요가 있다. 바로 세일즈 레터를 읽는 대상이 즉시 행동하도록 설득하는 것이다. 여기서 즉시 행동이란 세일즈 레터에서 다룬 제품이나 서비스를 구매하는 행동을 말한다. 이 기능 오직 하나다.

지금으로서는 당연한 소리로 들릴지 모르나, 긴 카피의 세일즈 레터가 가진 중요한 단 하나의 기능은 레터를 읽은 대상이 즉시 구매하도록 설득하는 것이란 사실을 절대 잊어선 안 된다.

이 책을 읽어갈수록, 사람들이 카피의 목적에 대해 끔찍할 만큼 심사숙고하게 되는 걸 발견하게 된다. 여기서 갈팡질팡하지 않길 바란다. 나를 믿고 이 사실만은 꼭 기억해주길 바란다.

긴 카피의 세일즈 레터가 지닌 기능은 레터를 읽는 대상이 즉시 행동하도록 설득하는 것이다.

카피 세계에서 사용되는 전문 용어를 보면, 긴 카피 세일즈 레터를 세일즈 프로모션, 프로모promo, 패키지, 팩이라고 말하는 걸 듣게 된다. 본질적으로 동일한 개념이다.

## 이메일 카피

지미를 기억하는가? 지미는 두 개의 짧은 메시지를 작성하라는 지시를 받았다. 사람들이 긴 카피 세일즈 레터를 읽게 하려면 그들을 유인할 하나의 카피 문구가 필요하다. 본인이 작성할 메시지의 목적이 '긴 카피 세일즈 레터'로 유인하기 위한 것이란 사실을 몰랐던 지미의 문제였다.

긴 카피 세일즈 레터를 읽게 하려고 사람들에게 보내는 이메일에는 다양한 이름이 존재한다. 어떤 사람들은 세일즈 레터에 대해 '인도스(endorse, 홍보)'하고 있다는 의미에서 '인도스먼트endorsement'라고 부르기도 하고, 우편을 통한 직접 판매가 이루어지던 시절의 영향을 받아 '리프트 노트lift notes'라 부르는 사람들도 있다. 혹은 간단히 이메일 카피라고 말하기도 한다.

이 경우 이메일 카피가 지닌 단 하나의 목적은 이메일 카피를 본 사람이 세일즈 레터를 읽을 적절한 기분으로 유도되도록 하는 것이다. 이에 관해서는 이 책의 다른 부분에서 다시 알아보도록 하겠다. 여기서 다룰 내용이 많이 남아 있다.

### 자동 응답 카피

직접 반응 카피라이터로서 일하면 많이 듣는 용어지만, 연속적으로 자동 발송되는 많은 이메일 카피를 의미하는 것에 지나지 않는다. 자동 응답auto-responder 시리즈는 인터넷 마케터들이 카피의 신규 고객들에게 최초 접촉 시 수동으로 작업해야 하는 경우를 피하고자 사용한다. 신규 고객들이 순서대로 받아볼 수 있도록 일련의 이메일을 설정할 수 있으며, 궁극적으로는 그들이 긴 카피 세일즈 레터를 읽도록 하는 데 목적을 둔다.

### 스퀴즈 페이지

랜딩 페이지landing page라고 불리기도 하는 스퀴즈 페이지squeeze page는 매우 짧은 세일즈 레터의 일종이다. 일반적으로 한두 페이지 정도 길이로, 스퀴즈 페이지를 읽고 이메일 주소를 입력해서 제품이나 서비스에 대해 추가 정보를 수신하도록 유도한다.

### 콘텐츠

전체 마케팅 캠페인과 관련된 블로그 포스트나 기사를 의미한다. 기사, 블로그 포스트를 직접 반응 카피의 일부로 여기지 않는 사람들이 종종 있다. 어떤 사람들은 기사, 블로그 포스트를 묶어 하나의 틈새시장으로 승격시키기도 해서 '콘텐츠 마케팅content marketing'이라는 한심한 이야기가 들리기도 한다.

콘텐츠 마케팅이란 건 없다. 모든 마케팅에는 콘텐츠가 수반된다. 직접 반응 카피에 관해서라면, 나는 동일한 주제를 중심으로 작성된 기사나 블로그 포스트는 전체 마케팅 캠페인의 일부로서 작성하는 카피의 하나로 본다. 카피의 씨앗을 콘텐츠 안에 심어 녹여낼 수 있다면 카피라이터로서 성공가도에 들어선 것이다.

지금 수준에서 알아야 할 카피의 주요 요소들은 여기까지다. 주문서, 주문 확인서, 신규 고객 환영문 등 여러 가지가 있지만, 아직은 거기까지 알 필요가 없다.

다시 핵심으로 돌아가면, 직접 반응 카피에 대한 모든 것, 특히 배울 때는 기본적으로 긴 카피 세일즈 레터에서 시작해야 한다.

이메일 카피 문구에서 필요한 '설득의 기술'을 긴 카피 세일즈 레터에서 사용하게 될 것이다. 스퀴즈 페이지에서 사용할 심리학 도구들도 긴 카피 세일즈 레터에서 사용할 것이다. 자동 응답 카피를 위해 이해해야 할 '반복의 법칙' 역시 긴 카피 세일즈 레터에 대해 배우면서 다룬다.

이것이 바로 내가 긴 카피 세일즈 레터에 대해 알고 있는 모든 것을 전수하려는 이유다.

이 과정을 마치고 나면 다른 모든 건 아주 쉬워질 것이다. 한 가지 형식에만 초점을 맞추는 것처럼 보일 수도 있고, 누군가에게는 느리게 진행되는 것처럼 느껴질 수도 있다. 하지만 이 책이 끝날 때쯤 경쟁에서 한참 앞서 있는 자신을 발견하는 순간 나에게 고마워할 것이다.

### 즐겁게 읽길 바란다

본격적으로 시작하기에 앞서, 시간을 내어 긴 카피 세일즈 레터 전체를 한번 읽어보길 바란다. 그렇게 오래 걸리진 않을 텐데 전체를 읽는 데 20~30분 정도 예상한다. 레터가 그렇게 작성된 이유나 메시지가 구성된 방식에 대해 이해하려고 너무 애쓰지 않아도 된다. 그냥 한번 읽어보길 바랄 뿐이다.

직접 반응 카피에 대해 배우는 첫 단계는 자연스러워야 한다. 서두르지 말자. 대신, 지금 자신이 무엇을 하고 있는지 의식적으로 생각하지 않고 완벽히 몰입하길 바란다. 당신의 뇌와 정보 소화 능력을 믿어라.

가능하다면 레터를 읽을 때 주변 상황에 변화를 주어라. 정원으로 가든지 침대에 누워라. 방해받지 않고 읽을 수 있는 편안한 곳을 찾으면 된다.

다음에 이어질 세일즈 레터는 내가 수년 전에 작성한 것이다.

아주 성공적이었고 좋은 카피가 반드시 지니고 있어야 하는 요소가 많이 포함되어 있다. 완벽한 카피 문구는 아니지만 수천 건의 판매로 이어졌으므로, 이후 카피 작성법을 이해하는 좋은 출발점이 될 것이다.

이 세일즈 레터는 '카피 작성법에 대한 안내'를 위해 작성한 것이다. 고객들과 몇몇 비결을 공유하기 위한 목적으로 썼다. 레터의 내용 하나하나에 너무 집중하지 않아도 된다. 우리가 목표하는 바가 아니다. 전체적으로 한번 읽고 나면 다른 내용으로 넘어갈 것이다. 이 책에 나오는 카피 작성법을 이해하는 용도임을 다시 한 번 밝혀둔다.

세일즈 레터를 다 읽고 나면, 우리가 나아갈 여정의 다음 부분으로 넘어갈 수 있다. 하지만 제발 세일즈 레터를 먼저 읽어주길 바란다. 건너뛰고 다음 부분으로 넘어가면 중요한 것을 놓치게 될 것이다.

세일즈 레터를 읽을 동안, 나는 잠시 쉬어야겠다. 차 한잔을 만들어 올 테니, 곧 다시 만나자.

(※다음에 나오는 '세일즈 레터'는 카피 연습을 위한 샘플입니다.)

(세일즈 레터 샘플)

직접 반응 카피 전문가, 글렌 피셔가 20여 년의 시행착오를 통해 발견한 '세일즈 카피 작성법'을 공개합니다.

## 팔리는 카피를 쓰는 비결

세일즈 레터, 홈페이지 문구, 혹은 전형적인 틀을 벗어난 광고 카피 등 어떤 작업을 하고 있든 지금부터 공유해 드릴 조언이 효과가 있을 것입니다.

사실, 일대일 코칭의 기회라도 마련해서 지금 작업 중인 카피를 더 잘 쓸 방법에 대해 논의하고 싶습니다. 하지만 우선, 잠재 고객 대응법, 그리고 카피에 대한 미신부터 떨쳐 버리도록 하겠습니다.

존경하는 마케터와 카피라이터 여러분,

사람들은 오직 어려운 글을 잘 쓴 글이라고 생각합니다.

고전을 공부하는 수년의 시간 동안 우리는 어휘력을 쌓고 문장과 문단을 구성하는 법을 배웁니다. 그 기간에는 뭔가 암묵적인 전제가 있습니다.

바로 '읽고 나서 이해하지 못한다면, 그건 나의 탓'이라는 거죠. 책이 어려운 게 아니라 내가 너무 멍청해서 이해하지 못한 거라는 믿음이 있습니다.

그래서 우리는 더 읽고, 더 공부하면서, 아무런 의미도 없고 그저 난감하기만 한 문학에 파고드느라 시간을 허비합니다. 나도 그랬고, 그도 그랬습니다. (내 옆에 상상의 친구가 있다고 생각하며)

어떤 종류든 글을 쓰는 사람이라면 아마 당신도 그랬을 겁니다. 그런데 걱정하지 마세요. 누구에게나 그런 일은 일어나게 마련입니다. 문제가 되는 점은, 이런 일을 겪은 후 광고계에서 일해야겠다고 결심했다면 완전히 잘못 짚었다는 것입니다.

나 자신도 내다 버리려 했고, 어떤 카피라이터 지망생을 만나더라도 억지로 버리게 하는 가장 첫 번째는 '어려운 글만이 잘 쓴 글이라는 오해'입니다.

작가 지망생이 스스로 '예술가'라는 걸 드러내려고 쓰는 쓰레기 같은 미사여구는 혹독한 비난을 받아 마땅합니다. 꺼내서 바닥에 내동댕이친 다음 발로 짓밟아서 잭슨 폴락(Jackson Pollock, 미국 추상주의 화가)의 그림처럼 만들어야 합니다.

반드시 그 물건을 살 필요가 없는 누군가에게 어떤 물건을 팔고자 한다면, 가능한 간단하고 직접적으로 말해야 합니다. 마치 친구에게 설명하는 투로 제품에 관해 써야 합니다. 격의 없고 편안하게. 필요하다면 장황하게 설명해도 좋겠죠. 하지만 자연스러워야 합니다.

자신이 쓴 글 속에 자연스러운 자기 모습이 녹아 들어간다면 전달하려는 메시지가 무엇이건 관계없이 눈부시게 빛날 거라 확신합니다.

카피라이터건 마케터건 카피를 쓰는 이유는 팔기 위해서입니다.

더 많이 팔수록, 더 많은 돈을 버는 건 당신입니다.

바로 감이 오지 않나요? 이것이 바로 카피가 가능한 한 효과적이어야 하는 이유입니다. 자기 자신의 제품을 위한 카피를 쓰건 다른 사람의 제품을 위한 카피를 쓰건 상관없습니다.

카피가 더 효과적일수록 당신이 받는 돈은 많아집니다.

그러니 내가 지금 당장 일대일 카피 코칭 시간을 잡아서 20여 개의 간단하면서도 빠르게 사용할 수 있는 기술을 공유하고자 하는 것입니다. 이 기술들은 내가 개인적으로 적어도 두 배의 전환(conversion, 상품이나 서비스를 구매하는 것)을 얻고 엄청나게 많은 판매를 달성하는 데 사용했던 기술들입니다.

잘난 체하는 게 아니라 진짜 이 기술들을 사용해서 1천만 파운드(약 160억 원) 이상 매출을 올린 카피를 썼습니다. 판매 물품은 온라인 마케팅 코스부터 엘비스의 머리카락까지 다양했죠.

- 각 기술은 구매 증가에 대한 실험 및 검증이 완료되었습니다.
- 각 기술은 팔고자 하는 제품이나 서비스의 종류와 관계없이, 이해하기 편하고 어떤 세일즈 카피에도 쉽게 적용할 수 있습니다.
- 각 기술은 언제든 필요할 때 몇 번이고 다시 사용할 수 있습니다.

현재 어떤 수준의 카피라이터라도 이렇게 실험과 검증을 통해 얻은 기술을 사용할 수 있게 될 것입니다. 카피 수준은 향상되고 매출은 폭발적으로 증가할 것입니다. 진심입니다.

이미 엄청난 매출을 올린 카피를 썼다고 하더라도, 지금까지 시도해보지 않은 여러 기술을 이 책에서 발견하게 될 것입니다. 전혀 힘들이지 않고서도 카피를 훨씬 더 효과적일 수 있게 하는 기술이죠. 그리고 기억하길 바랍니다. 다시 한 번 말합니다.

"카피가 더 효과적일수록
당신이 받는 돈은 많아집니다."

물론, 이미 경험이 있는 카피라이터라면 충분히 알고 있을 겁니다. 그렇지 않나요? 전문가의 인사이트는 최대한 많이 모아두는 것이 얼마나 중요한지 알고 있을 겁니다.

아, 그리고 카피에 새로 입문하는 분이라면 역시 이해하리라 확신합니다. 직접 작성한 세일즈 카피로 성공을 거둔 동료 카피라이터들의 기술을 배우는 것이 이 분야에서 성공하는 데 절대적으로 도움이 된다는 걸 이해하고 있을 거라 믿습니다.

좋은 소식은, 오늘 발견할 기술들이 기대보다 훨씬 더 많은 판매량을 올리게 할 거란 점입니다. 지금까지의 카피 경험과는 무관하게 말이죠. 여기 블랑카(Blanca, 저널리스트이자 카피라이터)가 남긴 후기를 살펴봅시다.

**"〈팔리는 카피를 쓰는 비결〉은 마케팅이라는 거친 바다에 발을 담갔다가 가라앉고 있는 이들을 위한 구명조끼다. 내가 카피를 배우기 시작했을 때, 내 마음속에 떠오르는 모든 생각을 잘 정리해줄 제대로 된 도구가 절실하게 필요했다. 그 도구를 바로 여기서 찾았다."**

나중에 진행방식에 관해 설명할 테지만, 카피를 코칭하는 동안 이런 아이디어들에 대해 깊이 파고들어서 카피를 한 차원 끌어올리게 될 것입니다. 개인적으로 이 기술들을 사용했더니 전환이 네 배 혹은 다섯 배까지 늘어났던 적이 한두 번이 아닙니다. 이런 기술이 카피를 어떻게 변화시킬 수 있을지 생각해보십시오.

완전히 백지상태에서 시작할 필요는 없습니다.
기존의 세일즈 자료를 약간 변형하기만 하더라도
매출을 두 배로 늘릴 수 있습니다.

가장 좋은 점은 이 기술들 몇 가지를 적용했을 뿐인데 현재 카피의 전환율이 올라갈 뿐만 아니라 상승하는 효과가 즉시 가능하다는 점입니다. 이렇게 간단하면서도 쉬운 기술을 활용하려면, 현재 카피에 재빨리 몇 가지 변화만 주면 됩니다! 지금까지 작성한 내용을 모두 지우고 완전히 새로 쓸 필요가 전혀 없죠.

카피 작성에 많은 공을 들였지 않았나요? 처음부터 다시 시작하는 건 제일 하고 싶지 않은 일입니다. 본격적으로 시작하기 전에, 이미 가진 것을 최대한 활용할 수 있도록 도와주고자 합니다. 오늘 제가 공유할 기술 중 한두 가지를 선택하십시오.

몇 분 정도 시간을 내서 지금 카피를 조금 변경해봅니다. 그 다음, 변경한 카피를 고객 앞으로 가져가서 새로운 힘을 불어넣은 카피가 알아서 일하도록 내버려 두세요.

기존 버전 대비 새 버전의 비교 실험을 진행해보고 싶다면, 그것도 좋습니다. 사실 그렇게 비교해야 할지도 모르겠습니다. 나의 조언이 얼마나 도움이 되는지 확인하려면 말이죠.

그런데 솔직히 말하면 알려줄 기술들을 사용해 변경한 카피라면 기존보다 뛰어난 성과를 보일 거라고 100퍼센트 확신합니다.

앞으로 발견할 내용은 다음과 같습니다.

- **세일즈 레터, PPC 광고, 웹사이트 배너 등 무엇이든 종이에 펜을 대기 전에 반드시 고려해야 할 한 가지**

- **판매하는 대상에 대해 생각하는 방식**

  획기적인 헤드라인, 고객에게 다가가는 카피를 쓸 수 있도록 도와줍니다. 매출을 늘릴 뿐 아니라 자유시간을 확보해주기 때문에 카피로 번 돈을 쓸 여유가 생깁니다.

- **카피를 잘 마무리하는 법**

  매출이 늘고 의심하던 사람들의 마음도 바꿀 수 있습니다. 카피 업무에서 가장 크게 실수하는 부분 중 하나로 이제 그 실수를 피할 수 있습니다.

- **문장 몇 개에 적용할 수 있는 '인셉션 트릭inception trick'**

  고객이 알아차리지 못하는 상태에서 고객의 마음에 어떤 아이디어를 주입하기 위한 전략입니다. 과하게 사용해선 안 되지만 사용했을 때는 참을 수 없이 매력적인 카피를 만들 수 있습니다.

- **실험적인 카피 작성 기술 사용법**

  팔고 있는 제품이나 서비스를 단순히 고객이 사고 싶다고 만드는 것을 넘어서, 그들에게 판매해준 것에 고마움을 느끼고 뭔가 배우는 것이 있도록 하는 방법입니다.

- **이미지를 적절하게 다루는 법**

  업계 최고의 카피라이터들조차도 여기서 실패해 전환율에 손실을 보곤 합니다.

- **내가 카피를 쓴 제품이나 서비스마다 반드시 이 작업은 진행해야 한다고 주장했던 단 한 가지**

  지금까지 배운 어떤 것보다도 이 요소 하나가 카피의 성공에 가장 크게 작용했습니다.

- **실패한 프로모션에 차별화된 '공감 표현'섹션을 더해, 엄청난 판매 증진을 이끌어 내는 법**

  대부분 사람들은 지나치는 이 과정이 완벽히 실패한 마케팅과 실패를 극복한 마케팅의 차이를 만들 수 있습니다.

- **헤드라인을 제외하고 세일즈 프로모션 핵심 요소 하나에 많은 단어를 사용하면 안 되는 이유**

  정말 간단한 것 같지만, 실제로 그 효과를 목격하고 나면 앞으로 무조건 이 규칙을 지키게 될 것입니다.

어떤 걸 먼저 사용할지 모르겠지만, 그게 무엇이건 간에 결과는 같을 것입니다. 바로, 카피가 훨씬 효과적으로 개선된다는 점입니다.

현재 진행 중인 프로모션을 더 효과적으로 만들 수 있을 뿐 아니라, 스스로 학습에 사용할 수 있는 간단한 '카피 연습'도 할 수 있습니다.

하지만, 어떻게 사용하느냐는 결국 자기 자신에게 달렸습니다.

오늘 발견할 여러 아이디어 각각을 읽어 나가다가 두 번 생각할 것 없이 바로 행동에 옮길 수도 있습니다. 그것도 좋습니다.

그리고 카피라이터로서, 특정 카피 기술은 전환으로 이어지는데 다른 기술은 그렇지 않은 이유를 배우는 게 더 가치 있을 것입니다.

나 역시 어떤 기술이 효과가 있고 어떤 것이 아닌지 파악하는 데 수년이 걸렸죠. 세미나, 세계 각지를 돌아다니며 탑승했던 항공편, 기억나는 것보다 훨씬 더 많이 사들였을 카피 '노하우' 책에 들어간 엄청난 비용은 말할 것도 없고요.

빌 보너Bill Bonner, 마이클 마스터슨Michael Masterson, 존 포드John Forde와 같은 카피의 전설적인 인물들 밑에서 공부하고 클로드 홉킨스Claude Hopkins, 유진 슈워츠Eugene Schwartz, 게리 핼버트Gary Halbert 등 과거 거장들의 가르침을 분석하면서 매우 단순하고 핵심적인 무언가를 깨닫게 되었습니다.

카피라이터로서 기량을 진정으로 향상시키는 열쇠는 바로 연습이란 사실이죠. 아이디어와 콘셉트를 실제 펜을 들고 종이로 옮겨 적는 연습을 하는 사람은 결코 이길 수 없습니다. 이런 행동이 섹시하게 일하는 모습이거나 재미있는 작업으로 들리진 않을 겁니다. 하지만 사실 그렇게 나쁘기만 한 건 아닙니다. 장기적으로 봤을 때 더 많은 돈을 벌도록 해줄 밑거름이 됩니다.

이건 단순하지만 명확한 사실입니다.

이것이 바로 내가 이 지침서에 소개한 전환율 향상 기술 하나하나마다 간단한 '카피 연습'을 포함한 이유입니다. 훈련을 통해 카피의 근육을 단련하고 카피 작성 능력을 향상하고 싶을 때마다 연습해볼 수 있습니다.

나 역시 카피 실력을 키우기 위해 이 연습을 했을 뿐만 아니라 업계에서 성공한 카피라이터들을 훈련하는 데도 똑같은 연습법이 사용되었습니다. 이 연습을 통해 그들은 상상했던 것보다 훨씬 많은 돈을 벌어들이는 데 도움을 받았습니다. 앞으로 공유할 기술들과 함께 '카피 연습'은 카피를 꾸준히 개선하는 데 도움이 될 것입니다.

그리고 기억할 것은, 앞으로 60일간 각 기술을 테스트해보고 카피 연습을 해본 뒤에도 카피 작성 능력이 향상되지 않았다면 전액 환불받을 수 있습니다.

60일 동안 지침서 전체를 잘 읽어보고 충분히 파악한 뒤 결정을 내리면 됩니다. 조건 같은 건 없어요. 내가 개인적으로 1천만 파운드(약 160억 원) 이상의 매출을 올렸던 기술들을 공유하고자 단순히 제안하고 있을 뿐입니다. 이 모든 아이디어는 더 나은 카피를 쓰는 데 도움이 될 것입니다.

앞서 말했듯이, 자신의 제품과 서비스를 위해 카피를 쓰건 다른 누군가를 위해 카피를 쓰건 무관합니다. 카피가 더 효과적일수록 당신이 받는 돈은 커집니다.

내 카피의 전환율을 최소 두 배로 신장시키고 매출을 증대시키는 데 사용했던, 간단하면서도 빠른 적용이 가능한 전환율 향상 기술을 공유하고자 하는 이유가 바로 그것이죠. 그런데 사실, 이렇게 아이디어를 공유하는 건 그저 시작에 불과합니다.

### 카피 실력을 높일 보너스 1

실패한 카피를 되살리는 비법이 담긴 독점 동영상 시리즈에 대한 접근 권한을 드립니다.

첫 번째 보너스입니다.

사실, 이 독점 동영상 시리즈에 대한 접근 권한을 얻을 수 있는 다른 방법은 아예 없습니다. 하지만 오늘 내가 공유하고자 하는 기술 지침서를 구매하면, 이 동영상 시리즈에 대한 무제한 접근 권한을 추가 비용 없이 제공합니다.

단 한 가지, 부탁드리는 바는 카피 회생 비법을 혼자만 알고 있길 바란단 겁니다.

동영상마다 제대로 성과를 내지 못하고 있는 세일즈 카피를 살펴보고 문제를 수정하는 내 개인적인 기술이 하나하나 공개됩니다.

동영상에 담긴 내용은 다음과 같습니다.

- **'삼진 아웃 전략'이 어떻게 작용하는지 및 카피의 지루한 부분을 제거하는 법.**

  현재 여러분이 작성한 모든 카피에 이 간단한 전략을 즉시 적용해볼 수 있습니다.

- **막 작성을 마친 세일즈 레터를 어떤 편견도 없이 독자의 관점에서 바라보는 법.**

  아무도 보고 있지 않을 때 쓰지 않으면 이상한 사람으로 오해받지만, 보장하건대 분명 카피의 질을 높여줄 것입니다.

- **헤드라인이 읽는 이의 관심을 끌어서 무조건 읽어야 하게끔 만들기 위해 확인해야 할 4가지.**

  이 비법 덕분에 실패한 프로모션이 꾸준히 수익을 내도록 바뀐 경우가 여러 번 있죠.

오늘 개인 상세정보를 입력하는 즉시 회원만 접속할 수 있는 페이지를 안내해드리겠습니다. 언제든 원하는 때에 횟수 제한 없이 동영상 시청이 가능합니다. 보너스는 이것뿐만이 아닙니다.

### 카피 실력을 높일 보너스 2

여러분이 선택한 프로모션을 제가 직접 검토해드립니다. 프로모션 개선 방안에 대해 구체적인 맞춤형 자문을 얻을 수 있습니다.

1천 파운드(약 160만 원)의 비용이 드는 서비스입니다. 심지어 가장 가까운 카피라이터 지인 중 선별된 몇 명에게만 해주는 일입니다. 하지만 오늘은 제가 할 수 있는 한 최대로 여러분을 돕고 싶으며, 이번 기회를 우리 관계의 출발점으로 삼고 싶습니다.

내가 여러분을 위해 집대성한 효과적인 직접 반응 기술이 담긴 지침서를 구매하면, 일대일 개인 이메일 상담 기회를 드립니다.

여러분이 선택한 프로모션에 대해 개인적으로 비평해드립니다. 현재 작업 중인 새로운 카피든, 성과가 좋지 않아 개선할 필요가 있는 카피든 관계없이 수정 방법에 대해 구체적인 맞춤형 자문을 제공해서 더 많은 매출을 창출하도록 합니다.

여러분과 내가 여러분의 카피를 더 강력하게 변화시킬 방법을 찾아 나서는 일입니다. 우리가 함께. 나와 함께 작업하며 획기적인 세일즈 프로모션을 구상해서 수백만 파운드의 수익을 올린 카피라이터들도 마찬가지였습니다. 이번에는 바로 당신과 함께 당신의 프로모션이 최대 성과를 낼 수 있도록 하겠습니다.

오늘 개인 상세정보를 입력하는 즉시 특별 회원을 위한 독점 교육 동영상을 볼 수 있는 페이지의 접근 권한도 함께 드립니다. 교육 동영상에는 별도의 추가 비용이 없으므로 꼭 시청하세요. 또한, 함께 작업하길 바라는 프로모션을 보낼 수신처의 상세 정보도 알려드리므로 곧바로 작업을 시작할 수 있습니다.

그런데 누군가는 내가 어떻게 다른 사람의 카피라이팅을 개선할 방법을 알려줄 위치에 있는지가 궁금할 수 있습니다.

**카피라이팅에 대해 내가 배운 모든 것은 엄격한 직접 반응 테스트로부터 나온 것입니다. 여러 카피라이팅 기술 중 더 나은 기술이 무엇인지 실험을 통해 파악된 상태입니다.**

솔직하게 말하면 나에 대해서는 많이 이야기하고 싶지 않습니다. 왜냐하면 여러분을 돕기 위한 자리이기 때문이죠.

그런데 내가 부딪히는 가장 큰 장애물 중 하나가 바로, 왜 자신보다 내가 카피 개선하는 법을 더 많이 안다고 생각하는지 물을 때란 걸 깨달았습니다.

지금껏 인생에서 배운 한 가지는 바로, 내가 아는 것이 많지 않다는 사실입니다. 하지만 카피라이팅에 대해서는 조금 아는 것 같고, 대부분 사람에 비해 한 가지 장점이 있습니다. 바로, 지금까지 발견한 모든 것은 테스트를 통해 입증된 상태란 사실입니다.

나의 클라이언트 중 하나인 아고라The Agora는 전 세계에서 가장 큰 정보 제공기업 중 하나입니다.

아고라는 전설적인 카피라이터 빌 보너가 시작한 회사로, 또 다른 전설적인 카피라이터 마크 포드와 함께했습니다. 마크 포드는 그의 필명인 마이클 마스터슨Michael Masterson으로 더 많이 알려졌을지도 모르겠습니다.

빌과 마크로부터 개인적으로 가르침을 받을 수 있었던 사실만으로도 충분히 운이 좋았을 뿐만 아니라, 방대한 규모의 아고라 고객 데이터베이스 덕분에 고객을 두 부류로 나누어 실험하는 범위도 놀라운 수준으로 수행할 수 있었습니다.

물론, 내가 발견한 많은 전환율 향상 기술은 직감에 의한 것이었지만, 철저한 테스트를 통해 카피를 분석할 수 있었습니다. 실제 이런 작업을 해볼 수 있는 기회를 얻는 카피라이터는 몇 명이 되지 않습니다. 특히 그 정도 수준의 작업은 불가능하죠.

진짜 중요한 것은 내가 여러분과 나누려는 모든 내용이 실험 및 검증을 통해 고객 반응으로 이어졌다는 것이 확인되었단 사실입니다. 그러므로 사실 여러분에게 뭔가를 가르치는 주체도 내가 아닌 셈입니다.

당신의 성공률 향상을 알려주는 것은 고객의 반응 그 자체이며 여러분은 그 고객을 대상으로 더 많은 판매를 이어갈 것입니다.

오늘 여러분이 받을 다른 보너스 이야기로 넘어가겠습니다.

### 카피 실력을 높일 보너스 3

더 나은 카피를 쓰는 방법에 대한 인사이트와 조언을 정기적으로 받을 수 있습니다. 추가 비용 없이 말이죠.

직접 반응 카피를 개선할 수 있는 20여 개의 기술을 확보할 수 있을 뿐만 아니라 독점 교육 동영상도 볼 수 있습니다. 선택한 세일즈 프로모션 개선을 위해 일대일 협업 기회도 드립니다.

그리고, 더 좋은 카피 작성법을 공부하도록 매주 뉴스레터도 이

메일로 무료 수신하실 수 있습니다. 매번 발행되는 뉴스레터마다 카피라이팅의 효과를 증대할 수 있도록 곧바로 실천할 수 있는 주요 아이디어들이 하나씩 포함되므로 매출과 수익이 늘어날 것입니다.

그리고, 읽는 재미도 있습니다. 뉴스레터의 큰 목적은 정보 제공이지만 그와 동시에 독자에게 즐거움을 제공합니다.

최근 이슈에서 독자와 공유한 내용을 몇 가지 소개해드립니다.

- 독자와 함께 자는 것이 어떻게 실제로 더 나은 카피라이팅으로 이어질 수 있는지에 관해 썼습니다. 걱정하지 마세요. 들리는 것처럼 위험하거나 변태 같은 일은 아닙니다. 하지만 획기적인 프로모션을 구상할 때 정말 도움이 됩니다.
- 우디 앨런으로부터 배우는 카피라이팅에 관한 내용도 있었습니다. 한때 광고 에이전시에서 근무했던 경력자들이 쓴 교과서를 파고드는 데만 시간을 낭비한다면 어떤 것도 얻을 수 없습니다. 카피의 영감은 가장 독특한 사람들에게서 찾을 수 있습니다.
- 하지 말아야 한다고 생각하는 때조차 했던 말을 반복하는 것이 왜 중요한지 알려드렸습니다. 전문 카피라이팅 및 온라인 마케팅에 있어서 가장 논쟁이 되는 사안 중 하나지만, 때때로 거슬리게 하는 행동이 왜 수익으로 이어지는지 확인할 수 있습니다.

그리고 여기 최고의 혜택이 있습니다.

지침서가 당신에게 맞지 않고 카피라이팅 개선에도 도움이 되지 않는다고 판단했더라도, 교육 동영상에 대한 접근 권한은 여전히 유효하며 주간 뉴스레터도 매주 받아볼 수 있을 것입니다. 일대일 카피 리뷰의 기회도 유효하므로 여러분이 선택한 프로모션을 개선하는 데 도움이 될 것입니다.

오늘 지침서를 구매하고 살펴본 후 원하던 내용이 아니라고 생각하시면 환불을 요청하십시오. 그렇다 하더라도 보너스 3가지는 여전히 유효합니다.

물론 여러분이 환불을 원할 거라고는 생각하지 않습니다. 사실 아주 적은 비용으로 더 큰 가치를 얻을 수 있는 기회이기 때문에 어쩌면 내가 속였다고 생각하고 있을지도 모르겠습니다.

간단하게 〈팔리는 카피를 쓰는 비결〉이라고 부를 수 있는 이 지침서를 한 부 다운로드 받으면, 내가 지금까지 카피 전환율을 최소 두 배로 높이고 엄청난 매출을 올릴 수 있었던 20여 개의 간단하고 효과 빠른 전환율 개선 기술을 확인할 수 있습니다.

독점 접근 권한을 통해 정말 어디서도 구할 수 없는 특별한 교육 동영상을 만날 수 있습니다. 제대로 성과를 내지 못하는 세일즈 카피를 고치는 나만의 테크닉을 동영상에서 볼 수도 있습니다.

이메일을 통해 일대일 맞춤형 카피 리뷰를 받음으로써 여러분이 선택한 세일즈 프로모션의 개선을 도모할 협업의 기회가 부여됩니다. 그리고 여러분의 메일 수신함으로 매주 직접 발송되는 주간 뉴스레터는 카피라이팅 인사이트와 조언으로 가득 차 있을 것입니다.

오늘 당신이 내야 할 금액은 겨우 19파운드 95페니(약 3만 1,500원)이며 미국 내 고객이라면 30달러 98센트입니다.

비용은 오직 한 번만 결제하면 됩니다. 추가 요금 같은 것은 절대 없습니다. 결제는 클릭뱅크Clickbank를 통해 원하는 통화로 안전하게 진행되니 100퍼센트 신뢰해도 됩니다.

전환율 증진 기술을 공유받고, 독점 교육 동영상에, 일대일 카피 리뷰 기회, 그리고 매주 뉴스레터까지. 단돈 19파운드 95페니, 또는 30달러 98센트라는 적은 금액을 한 번만 내면 됩니다.

전환율 증진 기술 중 딱 하나만 실행에 옮겨도 현재 세일즈 프로모션의 전환율이 두 배 이상이 될 수 있다는 걸 고려하면, 아무것도 아닌 비용입니다.

오늘 발견할 전환율 상승 기술이 얼마나 많고 다양한지 생각해 볼 때, 여러분의 카피라이팅에 얼마나 큰 효과를 미칠지 생각할 때 현명한 소비라 생각하길 바랍니다.

세일즈 프로모션을 수정하기 위해 나를 고용해서 그 개선책에 대해 구체적인 맞춤 자문을 얻으려고 한다면 얼마나 큰 비용이 드는지는 고려해보지도 않은 상태입니다.

60일이라는 기간 동안 내가 제공한
모든 것을 테스트해보고 카피 개선과 매출 증진에
얼마나 도움이 되는지 직접 확인해볼 수 있습니다.

받게 될 혜택이 무엇인지 다시 생각해보길 바랍니다.

그런데 정말 오늘 바로 구매해서 검증된 기술들이 당신의 카피를 개선하는 데 얼마나 도움이 되는지 확인해보고, 독점 교육 동영상을 살펴보고, 나와 함께 일대일 리뷰까지 진행해도, 어쨌든 여러분은 아직 돈을 쓰지 않은 상태입니다.

앞으로 60일 동안은 언제라도 환불을 요청할 수 있고, 난 아무런 이의도 제기하지 않고 19파운드 95페니, 미국 내 고객에게는 30달러 98센트를 돌려드릴 것입니다.

앞으로 두 달 동안 언제든 여러분에게 잘 맞지 않는 지침서라 판단되면, 어떤 질문도 하지 않고 전액 환불 받을 수 있습니다.

본인에게 맞지 않는 내용이라면 그에 대해 돈을 내서는 안 된다는 것이 내 신념입니다. 말한 것처럼, 동영상에 대해서는 무제한 접근 권한, 이메일을 통한 나와의 일대일 카피 리뷰가 보장되며 주간 뉴스레터도 계속해서 받을 수 있습니다.

적어도 지금 바로 구매 결정을 하는 데 대한 감사의 표시라 여겨주길 바랍니다. 왜냐하면 지금 여러분이 하고 있듯이 자신의 실력을 높이기 위해 적극적으로 행동하는 사람을 정말 존경하기 때문입니다.

### 신규 보너스

처음 시작하는 직접 반응 카피라이터를 위한 10가지 원칙을 공개한 평점 5점의 전자책 무료 제공.

말한 것처럼, 내가 줄 수 있는 최대한 많은 조언과 인사이트를 제공하고 싶으며 여러분이 더욱 성공한 카피라이터가 될 수 있도록 돕고 싶습니다.

그래서 오늘 〈팔리는 카피를 쓰는 비결〉을 구매하면 〈지금 구매하세요 : 직접 반응 카피라이팅 입문자 가이드〉를 다운로드 받을 수 있습니다.

읽기 쉽고 재미있는 이 책에서는 당신의 카피가 군중 속에서 돋보이게 하려면 반드시 해야 하는 10가지 간단한 사항이 소개되어 있습니다.

다양한 어휘의 중요성을 이해하는 일부터 당신의 창의적 자신감을 삼키는 법까지, <지금 구매하세요>는 직접 반응 카피라이터로서의 길고 성공적인 경력으로 나아가는 데 완벽한 디딤돌이 될 것입니다.

사람들이 이 책을 얼마나 유용하다고 여기는지는 지금 여기서 확인해볼 수 있습니다.

이 책은 직접 반응 카피를 쓰기 위해 선택한 책입니다. 글렌의 매력적인 문체는 책을 한번 펼치면 끝날 때까지 눈을 뗄 수 없게 합니다. 심지어 그의 문장 구성조차 직접 반응 광고가 어떻게 작용하는지 이해할 수 있도록 도와줍니다. 카피로 돈을 벌고자 한다면, 지금 이 책을 다운로드 하세요.

**_엘리자베스, 카피라이터**

완전히 끝내주는 책. 잘 쓴 책이고 형광펜으로 표시할 만한 지혜로운 말들로 가득합니다. 의심의 여지 없이 '다시 읽을 책' 목록에 포함될 책입니다.

**_매트 R, 카피라이터**

최근 출간한 내 책의 판매를 늘리기 위해 직접 반응 레터와 함께 웹사이트를 개설하려던 참입니다. 세상에나! 이 책을 알게 되어 얼마나 기쁜지. 카피의 기술에 관해 많은 책을 읽어봤지만, 이 보석 같은 책이 그중 최고라 말할 수 있습니다. 저자는 경험이 풍부한 전문 카피라이터일 뿐 아니라 문학적이고 재미있어요. 이토록 다양한 관점을 아우르는 사람을 찾게 되어 얼마나 신선한지 모르겠어요.

**_행복한 남성 독자, 사업가이자 카피라이터**

다시 본론으로 돌아가면, 요점은 아주 간단합니다.

바로 지금, 내가 공유하고자 하는 것은 카피라이팅 전환율을 최소 두 배로 끌어올렸고, 매출은 훨씬 더 높인 20여 가지의 간단하면서도 빠르게 적용할 수 있는 전환율 증진 전략입니다. 게다가 앞으로 60일 동안은 이 전략이 유용하지 않다고 판단되면 지불한 돈을 돌려받을 수 있습니다.

지침서뿐 아니라 독점 동영상 미니시리즈에 대한 접근 권한도 부여되며, 일대일로 카피를 검토받을 수 있고, 나의 조언이 담긴 뉴스레터도 무료로 수신하게 됩니다. 또한, 〈지금 구매하세요〉도 무료로 받을 수 있습니다.

지금 구매해서 혜택 중 어떤 것도 놓칠 수 없다는 사실을 깨닫기만을 바랄 뿐입니다. 사실, 지침서를 구매했을 뿐인데 얻을 수 있는 모든 혜택을 고려한다면 지금 이 기회를 놓치는 건 좀 어리석은 행동입니다. 하지만 선택은 여러분이 하는 것이니까요.

나로서는 오늘 시작한 여러분과 나와의 관계가 앞으로 몇 주 혹은 몇 개월간 더 많은 아이디어를 공유하는 관계로 발전할 첫 번째 단계이기를 바랍니다.

오늘 여러분과 나누고자 하는 모든 게 지어낸 이야기거나 가설이 아니란 사실을 기억하는 것이 중요합니다. 더 좋은 카피를 쓰기 위해 내가 개인적으로 사용했던 팁, 테크닉, 심지어는 몇 가지 속임수까지 공유하고자 합니다.

당신의 카피가 효과적일수록 받는 돈이 커질 거란 건 어느 누구보다 당신이 더 잘 알고 있습니다.

그러니 오늘 당신의 카피를 더 효과적인 카피로 만들기 위해 여기 링크를 클릭하거나 다음의 '지금 주문하기Order Now' 버튼을 클릭해 〈팔리는 카피를 쓰는 비결〉을 19파운드 95페니에 가져가십시오. 미국 내 고객의 경우 30달러 98센트를 내면 됩니다.

행운을 담아, 글렌 피셔

직접 반응 카피라이터, 〈더 좋은 카피 쓰기〉의 저자

**추신 1**

기억하세요. 오늘 개인 상세정보를 입력하면 〈더 좋은 카피 쓰기〉를 다운로드할 수 있을 뿐 아니라, 독점 교육 동영상에 즉시 접속할 수 있습니다. 그리고 여러분과의 일대일 카피 리뷰가 언제 가능할지 일정 조율을 위해 이메일로 내게 연락을 취할 수 있습니다.

지금 주문하기

**추신 2**

여태까지 언급하지 않았지만, 지침서를 구매하면 그 안에 특별 초청장이 존재합니다. 여러분이 작성한 카피에 대해 내가 실제로 돈을 지불할 기회를 얻게 됩니다.

지침서 내에서 모든 것에 대해 설명할 테지만, 기본적으로 곧 여러분이 손에 쥐게 될 전환율 상승 전략을 사용하면 앞으로 수년간 로열티를 수표로 보내드린다는 내용입니다.

농담이 아니에요. 이번에 맺은 우리의 관계를 상호 이익이 되는 수준으로 끌어올릴 수 있기를 희망한다는 진지한 제안입니다.

자, 바로 오늘 19파운드 95페니에 혹은 미국에 계신다면 30달러 98센트에 이 놀라운 기회를 잡으십시오.

## 카피 자료 모으는 법

스와이프 파일swipe file이라는 것을 만들어본다.

자신이 썼거나 다른 사람이 썼던 인상적인 카피를 보관하는 곳이다. 이 파일은 하나의 폴더가 될 수도 있고 워드 문서일 수도 있다.

좋은 카피만 기록하는 건 효과가 떨어진다.

좋은 카피와 나쁜 카피 모두 포함해야 한다.

좋은 카피는 카피를 작성할 때 영감을 얻을 수 있는 카피다.

나쁜 카피는 같은 실수를 반복하지 않기 위해 활용한다.

오래되고 지루한 카피는 피하고, 새로운 카피를 위한 영감을 얻는 것이 바로 스와이프 파일의 목적이다.

좋은 카피를 간직하는 일의 핵심은 단순히 카피를 수집하는 일이 아니다. 파일 속 카피를 모두 분석해야 한다. 이 책에서 얻은 인사이트를 활용해서 말이다.

그러면, 나중에 스와이프 파일을 살펴볼 때 카피 작성과 관련된 다양한 팁들을 참고해 더욱 실력을 높일 수 있다.

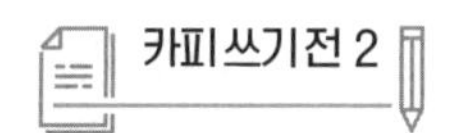


# 기계적 학습 : 확실히 실력을 쌓는 일

행복이란 반복에 대한 욕구다.

_**밀란 쿤데라**Milan Kundera

## 카피라이터의 필수 코스

처음 이 기술에 관해 이야기하면 힘들다고 생각할 수도 있다. 이건 확실히 짜증나지만 쉬운 방법이다. 훌륭한 카피 작성법을 배우기 위한 최고의 방법 중 하나다.

문제는, 사람들이 카피를 배우기 시작할 때 실제로 이 방법을 실천에 옮기기에는 너무 자만하거나 너무 게으른 경향이 있다는 사실이다. 안타까운 일이다.

왜냐하면 내가 이야기해본 최고의 카피라이터들 모두 적어도 몇 번은 이 방법을 사용했기 때문이다. 이 방법에 대해 생각해볼수록, 나 스스로 더 많은 카피를 써볼수록, 이 방법이 얼마나 중요한지를 새삼 깨닫게 된다.

더 강력한 헤드라인을 쓴다든가, 제품의 혜택을 언급한다든가, 참을 수 없이 좋은 제안을 하는 등 핵심으로 파고들기 전에 이것을 위해 꼭 시간을 내야 한다.

이것이 대체 무엇일까? 좋은 카피를 손으로 써보는 일이다.

지루한 일이지 않은가? 그렇다고 해도 나를 믿어라. 직접 반응 카피의 힘을 활용하길 원한다면 직접 손으로 써보는 행동이 가장 강력한 토대를 마련해줄 것이다. 이 작업을 함께 하는 훌륭한 동료들도 있다.

어니스트 헤밍웨이, 훌륭한 작가로 인정받는 인물이다. 소설가 스티븐 킹도 들어봤을 것이다. 베스트셀러 여러 권을 쓴 작가다. 속한 분야와 엇각 관계에 있는 장르를 선호할지도 모른다.

디스토피아를 그린 공상과학소설로 유명한 JG 발라드는 어떤가? 세 작가의 공통점은 작가 경력을 시작했을 때 책상 앞에 앉아서 다른 작가들의 작품을 손으로 베껴 쓰곤 했다는 사실이다. 필사 훈련을 한 것은 비단 소설을 쓰는 작가에 국한되지 않는다.

앞서 이야기했듯이 내가 아는 모든 훌륭한 카피라이터들은 책상 앞에 앉아 그들의 동료들이 쓴 세일즈 프로모션을 베껴 쓰며 연습했다.

최소한 세 개의 서로 다른 세일즈 프로모션을 손으로 써보지 않았다면 제대로 된 직접 반응 카피라이터가 아니다. 지루하고 단조롭고 어찌 보면 무의미하게 들리지만, 필사 훈련은 현재보다 더 높은 수준의 카피를 쓰는 데 도움이 된다.

이 연습 후에는 모든 것이 훨씬 쉬워진다. 대단한 비밀도 화려한 기술도 아니다. 하지만 그 효과는 확실하다. 이런 방식의 학습을 일컬어 기계적 학습Rote Learning이라고 한다. 기계적 학습의 효과에 대해 무수히 많은 논의가 있었다.

많은 사람이 그 효과에 대해 무시하지만, 직접 반응 카피를 작성하는 한 분명 도움이 된다. 하나의 카피를 몇 번이고 반복해서 써보면 스타일, 문법, 문장 구조, 행간이 눈에 보이기 시작한다. 느낌이 오기 시작하는 거다.

물론 왜 이런 특정한 방식의 단어를 선택했는지 그 이유는 모를 수도 있고, 나중에 이해할 수 있을 것이다. 하지만, 지금은 해당 단어가 사용된 방식, 단어 선택의 모방에 대해 이해해볼 수 있다.

괜찮은 긴 카피 하나를 여러 번 써보면 아무것도 없는 백지상태에서 뭔가를 써 내야 할 때 훨씬 편하게 카피를 쓸 수 있게 된다. 카피 작성 자체도 더 자연스러워진다.

### 펜을 꺼내서 베껴 쓰라

이 훈련의 핵심은 두 부분으로 나눌 수 있다.

첫 번째는 필수로, 이 책을 제대로 활용해서 더 나은 카피라이터가 되기 위해 반드시 수행해야 하는 부분이다.

두 번째는 첫 번째의 연장으로 필수는 아니지만 더 뛰어난 작가가 되기 위해 수행하기를 권한다. 장기적인 관점에서 분명 도움이 될 것이다.

먼저 조금 전 읽었던 긴 카피 세일즈 레터를 그대로 손으로 베껴 쓴다. 간단하지 않은가? 다시 말하지만, 이 단계에서 너무 많은 생각은 하지 않아야 한다. 당신의 뇌를 믿어야 한다. 뛰어난 카피라이터가 되는 여정의 첫 단계는 그냥 하는 것이다.

걱정하지 마라. 앞으로 다가올 장에서 더 나은 카피를 쓸 수 있는 기술적인 내용을 다룰 예정이니까. 지금은 아까 읽은 그 세일즈 레터를 손으로 베껴 쓰기를 바란다. 그게 전부다.

(※이것은 보관하고 있어주길 바란다. 카피의 기술 중 '4P 법칙'을 배울 때 필요하다.)

좋다. 이제 이 훈련의 첫 번째 부분을 다루었다. 두 번째 부분에는 약간의 리서치(자료 조사)가 요구된다.

## 괜찮은 예술가는 모방하고, 위대한 예술가는 훔친다

괜찮은 카피를 몇 개 더 찾으면 그 카피도 손으로 베껴 쓰길 바란다. 어떤 카피가 괜찮은 카피인지 모르겠다면 그걸 찾는 방법이 있다. 기본적으로 하나의 동일한 프로모션이 여러 다른 경우에 사용된다면 그 프로모션에 사용된 카피는 효과 있는 카피일 가능성이 크다.

다양한 매체를 통해 긴 세일즈 레터를 찾아도 좋다. 자신에게 가능한 방법으로 자료를 모아라. 읽을 만한 '직접 반응 카피'를 찾아보려면, 이번 장 마지막에 나오는 팁을 참고해보라.

몇 가지 카피를 찾았다면 시간을 내서 베껴 쓰기를 한다. 한 번 쓰고 나면 또다시 해본다. 진정 잘해보고 싶다면 다시 한 번 베껴 쓰기를 해본다.

앉은 자리에서 한 번에 다 쓸 필요는 없다. 여기저기 장소를 옮겨가며 한 시간씩 해도 된다. 중요한 것은 적힌 대로 정확히 썼다는 것, 견딜 수 있는 횟수만큼 반복해서 써보는 것이다.

받는 연봉보다 더 많은 수익을 창출해 내는 카피라이터가 솔직히 조언해준다면, 누구나 이 훈련을 해보라고 말할 것이다. 세상에서 가장 위대한 카피 비법을 듣는다고 하더라도, 이 훈련으로 기본 토대를 만들지 못해 받아들일 그릇이 준비되어 있지 않으면 어떤 조언도 쓸모없다.

사람들에게 클릭을 얻고 직접 반응 카피 기술을 이해하길 바란다면, 성공한 긴 카피 세일즈 레터들을 찾아보라. 자세히 들여다보라. 어떤 카피가 효과적일지 생각해보며 할 수 있는 한 최대한 많이 손으로 필사해보라.

이런 노력을 한다는 것만으로도 카피라이터가 되고자 하는 다른 경쟁자들보다 이미 100걸음은 앞서 나간 것이다.

이 훈련을 때와 장소를 가리지 않고, 매일 딱 한 시간 정도만 몇 주, 몇 달 동안 이어간다면 분명 머지않은 미래에 보상 받을 것이다. 생각했던 것보다 훨씬 더 좋은 카피를 쓰게 될 것이다.

## 습관을 유지하라

주의할 점은 세일즈 레터 한두 개를 필사했으니, 이 훈련을 더는 하지 않아도 된다고 생각하면 안 된다. 직접 반응 카피를 잘 쓰기 위해선 결코 배움을 멈추면 안 된다. 실제 업계에서는 항상 새로운 발전사항, 새로운 기술, 새로운 도전과제가 있을 테지만, 최소 하루에 하나의 새로운 세일즈 레터를 읽어주기만 해도 남들보다 앞서 나갈 수 있다.

어떤 날은 읽기로 선택한 카피가 그야말로 쓰레기 같은 카피라 하더라도 여전히 읽어야 한다. 그 카피가 왜 나쁜지 분석해본 뒤 당신의 카피는 나쁜 카피 속 실수를 반복하지 않게 해야 한다. 다른 사람의 프로모션이 좋든 나쁘든 혹은 완전히 엉망이든 프로모션용 카피에서는 항상 유용한 뭔가를 도출해낼 수 있다.

도전하라, 그리고 자신에게 약속하라. 지금부터 매일 최소한 하나씩 새로운 세일즈 프로모션을 읽겠다고. 때때로 카피 필사도 수행해야 한다. 분명 도움이 될 거다.

## 긴 카피 자료

긴 카피로 된 세일즈 레터가 많은 자료 제공처로는 제휴 마케팅 플랫폼인 '클릭뱅크Clickbank', 'JVZoo'가 있다.

사람들이 물건 및 제품을 파는 시장의 역할을 하는 이 두 곳에는 판매 과정에서 사용되는 긴 카피로 된 세일즈 레터 수백 개가 온라인상에 올라와 있다.

모두 다 훌륭한 세일즈 레터는 아니지만, 매출액을 살펴보면 어떤 세일즈 레터가 읽어볼 만한지, 필사할 가치가 있는지 알 수 있다.

(※해외 사이트는 번역기를 사용하는 것이 도움이 된다. 국내 사이트의 경우, 제휴 마케팅 플랫폼이나 네이버 스마트스토어의 상세페이지 등을 참고할 수 있다.)

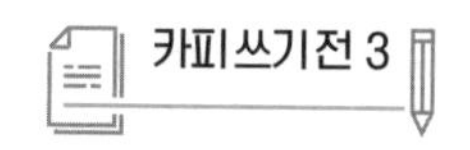


# 고객에 대한 이해 : 설득을 위한 첫걸음

나는 영화를 만들 때 관객이 된다.

_**마틴 스코세이지** Martin Scorsese

## 고객에 대해 알고 있다는 착각

흔히 카피를 작성할 때 '고객을 제대로 알라'고 말한다. 하지만 이 말은 무의미할 뿐만 아니라 효용가치도 없다. 그리고 엄청난 착각이다. 생각해보라. '고객을 알라'고 말할 때 그들이 의미하는 바는 무엇일까?

예를 들면, 수년 전 내가 참석했던 결혼식에서 내 친구 T가 야한 신랑 들러리 연설을 했다. 결혼식 하객 중 한 명으로서 신랑 들러리의 연설은 약간 야한 농담이 있는 게 맞다. 물론, 신랑과 신부를 축하해주는 내용도 들어가야 하지만, 동시에 약간 위험요소를 안고 있어야 분위기를 띄울 수 있다고 생각한다. 이상야릇한 신랑의 과거 이야기를 폭로하는 것이 전통이다. 나는 T의 연설이 재미있었다고 생각했고, 그 자리에 있던 다른 많은 이들도 동의했다. 하지만 일부는 그렇지 않았다. 대체 왜 그럴까?

문제는 결혼식에 온갖 종류의 사람들이 모인다는 사실이다. 다양한 연령대는 물론이고, 뻔뻔한 성격의 소유자, 쉽게 기분이 상하는 사람, 유머 감각이 있는 사람과 그렇지 않은 사람 등.

사실 결혼식뿐만이 아니라 거의 모든 상황에 해당하는 이야기다. 한 명 이상과 소통이 필요한 경우라면 어디든 적용된다.

정원 가꾸기 행사에 참석해 정원 물 대기에 관한 강연을 한다고 가정해보자. 사람들은 '청중에 대해 알고 가라'고 말할 것이다. 좋다, 그러면 청중은 200명의 정원사다. 간단하게 정리됐다. 모든 정원사는 완벽하게 똑같다고 생각하지 않겠는가?

정원 조경 분야의 일을 하려면 특정 연령대여야 하고, 정원 가꾸기에 대해 구체적인 관심이 있어야 하며, 특정 외부 활동을 즐기고, 재미있다고 생각하는 농담 유형이 정해져 있다고 생각할 수 있다. 다시 말해, 200명 모두 정원 가꾸기에 빠진 사람들이니 반드시 서로 같다고 생각한다. 그런데 현실은 전혀 그렇지 않다. 사람은 모두 관심사와 개성이 다르다.

이 책의 경우는 어떨까? 지금 당신은 이 책을 읽고 있다. 그렇다면 영국 작은 도시의 조용한 사무실에 앉아 점심시간에 이 책을 읽고 있는 키이스Keith와 완전히 같은 사람이어야 한다. 좋아하는 텔레비전 프로그램, 코미디언, 음악도 모두 같아야 한다. 그런가? 당연히 그렇지 않다!

우리는 모두 한 명의 인간이다. 자신만의 관심사가 있고, 자신이 누구인지 규정하는 고유한 개성이 있다. 조용한 사무실에 있는 키이스 역시 그만의 관심사와 개성을 지니고 있다.

그런데 만약 당신과 키이스가 둘 다 정원사라면 어떨까?

둘 다 정원 물 대기에 대한 재미없는 강연을 끝까지 앉아서 듣고 있다면?

당신은 강연이 조금 더 재미있으면 좋겠다고 생각할지 모른다. 문제는, 키이스가 그렇지 않다는 사실이다. 키이스는 따분하고 단조로운 강연이 마음에 든다. 여기서 문제가 보일 것이다.

대규모의 다양한 청중과 성공적으로 소통하기 위해서는 듣거나 읽는 대상을 하나의 독립체로 파악하는 것은 전혀 의미가 없고 가능하지도 않다.

모든 사람에게 맞추려고 하면 이야기는 지루해질 것이고, 전달하고자 하는 아이디어는 빨리 잊힐 가능성이 높다. 이런 상황에서 도움이 될 만한 팁 몇 가지를 소개하겠다.

## 청중을 대하는 4가지 팁

### 1. 한 사람에게 말하라

한 번에 전체 청중을 대상으로 말하려 하지 마라. 항상 한 사람에게 이야기하라. 어떤 사람들은 한 인물을 떠올린 뒤, 그 인물이 누구이고, 직업이 무엇이며, 인생에서 바라는 것은 무엇인지 등 그의 자세한 배경까지 지어내보라고 말한다.

더 나은 방법도 있다. 왜 굳이 가상의 인물을 만드는가? 말하고 있는 사람이 실제 당신 친구 중 한 명이라고 상상해보라. 진짜 친구조차 때때로 당신에게 동의하지 않는 때가 있다. 그렇다고 친구에게 말하는 방식을 바꾸는가? 그렇지 않다. 왜냐하면 친구와의 소통은 언제나 진심이기 때문이다. 대규모의 청중에게 이야기하는 것도 이와 같아야 한다. 진심으로 대하기, 꼭 기억하길 바란다.

### 2. 주제에 대해 확신하라

전달하고자 하는 아이디어가 항상 가장 중요한 부분이다. 누군가는 당신의 생각에 동의하지 않을 수 있고, 다른 사람들은 완벽히 공감할 수도 있다. 그 아이디어에 대한 인식이 당신의 강연이나 청중과의 소통을 흐리게 해선 안 된다. 말하고자 하는 주제에 반드시 솔직하게 다가가야 한다. 말하는 내용에 확신이 있으면 의견에 반대하는 사람과 이성적인 논쟁이 가능할 것이다.

### 3. 불필요한 공격은 하지 마라

무미건조할 필요는 없지만, 그렇다고 사용하는 언어나 전달하는 이야기가 불필요하게 공격적일 필요도 없다. 예를 들어, 욕설은 많은 사람의 기분을 언짢게 하면서 주장이나 생각의 전달에는 도움이 거의 되지 않는다. 무엇보다 중요한 것은 주제의 전달이다.

### 4. 마지막으로, 자기 자신이 돼라

사람은 일을 복잡하게 만들려고 한다. 많은 사람을 대상으로 말을 하거나 글을 쓸 때 일종의 전문가 같은 태도를 보여야 한다고 생각한다. 그런 생각은 버려라. 사랑하는 이에게 사랑한다고 말할 때 전문가처럼 보일 것인가?

"제가 감히 당신에 대한 애정을 선언해도 되겠습니까?", "오늘 외모의 수준이 매우 우수 등급입니다"고 말하진 않을 것이다. 이런 식으로 말한다고 해서 당신의 생각이 더 효과적일까? 당연히 아니다. 사실 그 반대다. "사랑해"나 "너 오늘 예쁘다"고 표현하는 것이 훨씬 자연스럽고 효과적이다.

평상시 말하고 글 쓰는 태도와 같은 마음가짐을 가져야 한다는 것을 잊지 마라. 그렇게 하면 당신의 아이디어를 더욱 진실하고 효과적으로 전달할 수 있다.

나는 입장료 5파운드(약 8천 원) 정도를 내면 포스트록 공연을 볼 수 있는 허름한 동네 술집에서 마주칠 법한 사람이다. 그런 내가 드레이크Drake 공연을 보기 위해 셰필드 아레나Sheffield Arena에 모인 청중 속에 있었다. 드레이크는 오늘날 활동하는 래퍼 중 켄드릭 라마Kendrick Lamar, 카니예Kanye 다음으로 성공한 래퍼일 것이다.

나는 어쩌다 보니 힙합에 대해 꽤 깊이 있는 지식을 쌓게 되었다. 켄드릭 라마, 맥 밀러, A$AP 록키 등 내가 본 힙합 뮤지션이 꽤 된다. 어떤 공연은 실제로 즐겁게 보기도 했지만, 그렇지 않은 공연도 있었다.

어쨌든 나는 성공한 캐나다 출신의 래퍼 드레이크를 보기 위해 반쯤 헐벗은 젊은이들 틈새에 끼여 셰필드 아레나에 갔다. 관객을 사로잡는 명강의를 직접 목격하게 될 거라고는 전혀 상상하지 못했다. 공연은 괜찮았다. 드레이크는 히트곡 대부분을 불렀다. 공연 자체는 에너지로 가득했다. 하지만 내가 정말 인상 깊었던 점은 관객에 대한 래퍼의 태도였다.

기억하라. 사업에 있어서 장기적인 성공의 진정한 비결은 고객이 다시 찾아오도록 하는 것이다. 한 명의 고객이 재방문해서 두 번 돈을 내도록 하는 것이 전혀 새로운 고객을 찾는 것보다 쉽다. 이는 고객의 재방문을 유도하는 카피인 리뉴얼 카피renewal copy가 매우 중요하다는 뜻이다.

이 점에서 드레이크는 정말 인상 깊었다. 그가 공연에서 보여줬던 세 가지 행동은 배울 점이 많은데, 그것을 소개하고자 한다.

먼저, 공연이 진행되는 대부분의 시간 동안 관객들의 모습이 무대 뒤 대형 스크린에 비쳤다. 스크린에 비친 이미지는 비현실적으로 화질이 좋을 뿐 아니라 관객들이 진정으로 공연에 참여하고 있다고 느끼게 했다. 실제 라이브 공연을 보는 동시에 라이브 DVD를 보는 것과 같은 독특한 느낌 말이다.

드레이크가 선 무대 뒤 화면에 자기 얼굴이 비친 팬이라면 모두 실황 DVD가 발매되었을 때 당장 구매하러 뛰어갈 게 뻔했다. DVD 영상에서 자기 모습을 찾기 위해서 말이다.

두 번째로 드레이크가 한 영리한 행동은 관객 중 건장한 체구의 여성을 무대로 초대해서 그녀에게 세레나데를 불러준 점이다. 사실 이건 더이상 새로운 공연 효과는 아니다. 수십 년간 예술가들은 관객을 무대로 불러서 그들에게 노래를 선사해주었다.

하지만 여기서 드레이크가 특히 영리했던 점은 우리가 일반적으로 예상하는 유형의 여성을 무대에 올리지 않았다는 사실이다. MTV 채널에서 팝음악 비디오를 보면 비현실적으로 마른 여성이 등장한다. 드레이크는 그런 여성 대신 체격이 있는 여성에게 세레나데를 선사했는데 어떤 냉소도 없는 진심 어린 태도였다. 그의 행동은 모든 체형과 체격의 여성에게 자신의 사랑을 주는 모습을 보였다. 이제 모든 관객은 자신에게도 그런 꿈과 같은 일이 일어날 기회가 주어진다고 믿을 것이다.

지금까지 모든 것이 좋았지만 공연의 피날레가 그야말로 걸작이었다. 공연시간 대부분을 무대 위에서 보낸 드레이크는 공연의 마지막 한 시간은 아레나 천정에서 서서히 내려오는 런웨이 위에서서 관객들 위를 걸어다녔다. 이런 방식으로 관객들과 어울렸고, 일단 관객 틈에 들어간 후 드레이크가 한 행동이 단연 최고였다.

드레이크는 30분에서 45분 정도 런웨이를 뛰어다니며 보이는 모든 관객, 특히 대부분 여성 관객에게 즉석에서 랩을 만들어 노래를 선사했다. 금발의 여성을 가리키며 그녀가 얼마나 예쁜지 랩으로 표현했다. 분홍색 티셔츠를 입은 여성에게 손짓하며 얼마나 매력적인지 노래했다. 드레이크 티셔츠를 입고 온 남성 팬의 응원에 감사를 표했다. 그의 모든 가사는 진심에서 우러나왔다. 어떤 공연에라도 이런 퍼포먼스는 동일한 효과를 내며 반복할 수 있을 것 같았다.

한 가지 아쉬운 점은 있다. 내가 그 공연장에서 트위드 재킷을 입고 스카프를 두른 유일한 남자였는데도 나에게 랩을 해주지 않왔다. 드레이크에게 마음이 좀 상했다. 드레이크에게 나를 충분히 어필하지 못했나 보다.

내가 말하고자 하는 바는, 드레이크가 관객 사이를 걸어다니며 한 명씩 지목하며 매우 직접적인 방법으로 관객을 반복해서 유치한다는 점이다. 드레이크가 지목해서 랩을 선사해준 모든 여성과 남성 팬은 드레이크의 다음 음반이 발매되면 서둘러 구매할 것이 틀림없다. 이제 드레이크와 팬들 사이에 연결고리가 생겼다.

그 연결은 제 역할을 톡톡히 했다. 이 글을 쓰는 시점을 기준으로 드레이크의 새 음반은 미국에서 몇 백만 장이 판매되었다.

흥미롭지 않은가? 카피의 측면에서도 드레이크로부터 배울 점이 있다. 항상 고객을 참여시킬 방법을 찾아야 한다는 점이다. 말하고 있는 이야기의 일부분이 되도록 해야 한다. 세일즈 메시지의 앞부분부터 이렇게 할 수 있다면 당신이 게임의 승자다.

세일즈 카피를 쓸 때도 동일한 기술을 사용해야 한다. 어떻게? 고객에 대해 알아보고 고객이 공통적으로 어떤 생각을 하는지, 어떤 믿음을 갖는지, 어떤 행동을 하는지 이해해야 한다.

물론, 다수의 고객을 알기란 불가능하다. 하지만 구체적인 사항을 짚어서 말하고 각자의 생각에 관해 이야기하듯 개개인에게 직접 대화하고 있다는 착각이 들게 한다면 좋은 결과로 이어진다.

결국 핵심은 사전조사다. 고객과 연결고리 형성에 문제가 있다면, 글쓰기에 문제가 있다기보다는 말하고자 하는 대상에 대한 적절한 조사가 이루어지지 않았을 가능성이 크다.

드레이크의 공연장에 가보라는 이야기가 아니다. 드레이크가 얼마나 설득력 있는 방법으로 청중과 연결고리를 만들어서 거듭 앨범을 사고 공연 티켓을 구매하도록 하는지 배우라는 것이다.

결정적인 사건은? 내가 드레이크 공연을 보고 몇 주 후, 내 동생과 동생의 여자친구와 함께 런던에 식사하러 갔다. 내가 드레이크의 공연을 보고 왔다고 말했더니, 드레이크의 엄청난 팬인 동생의 여자친구가 자신도 공연에 간 적이 있다고 했다. 그녀가 간 공연은 맨체스터 공연이었다. 공연이 어땠는지 그녀에게 물었더니 흥분된 말투로 이렇게 답했다.

**"관객들 사이로 들어와서 사람들을 가리키더니 우리가 서 있는 곳으로 왔어요. 제가 노란색 원피스를 입고 손을 흔들고 있었는데 저에게 손을 흔들면서 큰 소리로 노래를 불러줬어요!"**

## 설득에 중요한 건 길이가 아니다

미국 작가예술가협회에서 주최한 카피 컨퍼런스 참석차 플로리다 델레이 비치Delray Beach에 다녀왔다. 성공한 정보제공기업들의 본거지이기에 '직접 반응 카피'업계 최고의 카피라이터들과 정기적 교류를 위해 수년간 델레이를 방문하고 있다.

그 당시에 컨퍼런스 참가자와 했던 토론 중 '직접 반응 카피를 제대로 이해한다는 게 무엇인지'에 관해 이야기해보겠다.

한 참가자는 "직접 반응 카피란 긴 카피 세일즈 레터 작성법이라는 기술적인 면을 잘 알아야 한다"고 주장했다. 나는 동의하지 않았다. 물론 직접 반응 카피라이터에게 긴 카피 세일즈 레터를 쓰는 능력이 엄청나게 유용하다는 건 말할 필요도 없다. 이 책에서도 그것에 초점을 맞추고 있다.

직접 반응 카피 안의 모든 내용은 긴 카피 세일즈 레터 작성법에 대한 이해로부터 시작된다. 결국, 직접 반응 카피는 긴 카피와 매우 밀접한 관계다. 역사적으로 두 개념은 늘 함께했다.

긴 카피를 통해 상대를 설득하는 시간을 길게 가지면 카피를 읽는 상대로부터 직접 반응을 유도할 가능성이 크기 때문이다. 문제는, 직접 반응과 긴 카피의 자연스러운 연관 관계로 인해 사람들이 잘못된 정의를 내린다는 점이다. 내가 토론을 벌였던 컨퍼런스 참가자와 같은 실수다.

세일즈 레터의 구체적 작성이라는 기술적인 측면은 직접 반응 카피의 일부에 해당할 뿐이다.

직접 반응 카피에 대해 이해하려면 '감성적인 측면'을 배우는 데 많은 시간을 들이는 것이 중요하다. 진정한 직접 반응 카피 마스터가 되려면, 무엇이 사람을 자극하는지 알아야 한다. 혹은, 무엇이 사람에게 영향을 미치는지에 대한 심리학을 깊이 들여다봐야 한다. 단순한 구매 결정의 심리보다 더 깊은 사람의 마음을!

카피라이터로서 실제 사람에게 메시지를 전달하는 역할을 한다는 사실을 기억하라. 오늘은 어떤 양말을 신을지, 출근할 때 어떤 길로 갈지 등 사람들이 결정을 내릴 때 영향을 주는 요인에 관해 탐구해야 한다. 카피를 읽을 고객에 관해 연구하는 데 엄청나게 많은 시간을 쏟아야 한다. 우리가 흔히 말하는 '인간'에 대한 연구를 해야 한다. 이것이 바로 내가 현장 학습을 추천하는 이유다. 어디로 떠나야 할지는 다음 장에서 이야기하겠다.

지금은 직접 반응 카피가 단순히 사람들이 물건을 사게 하려고 긴 카피 세일즈 레터를 쓰는 '행동'이 아니라는 걸 이해하는 게 중요하다. 직접 반응 카피는 하나의 아이디어를 '사람'에게 제시하고 마지막에는 '직접적인 행동'을 취하도록 '설득'하는 행위다. 직접 반응의 진실은 바로 여기서 출발한다. 카피의 길이나 세일즈 레터의 형식과는 아무런 관계가 없다.

세일즈 레터는 그저 형식에 불과하다. PPC 광고가 광고 형식 중 하나인 것과 같다. 혹은 스퀴즈 페이지처럼. 혹은 잡지의 한 페이지 귀퉁이에 싣는 쿠폰처럼. 물론 이 책의 후반부에서 다룰 간결한 언어, 명확한 문장 구조 등 여러 기술적인 개념들 역시 직접 반응 카피의 다양한 형식에 쉽게 적용될 수 있다.

많은 전문가들 역시 형식에 대한 고민보다는 독자에 대한 고민을 많이 해야 한다고 생각한다.

광고 전문가 데이브 트로트는 몇 년 전 런던에서 열린 '프로페셔널 카피라이터 네트워크' 컨퍼런스에서 같은 내용을 강연했다. 다양한 소셜 미디어 플랫폼에 관해 이야기하고 있었지만, 그가 각 플랫폼에 대해 느끼는 감정은 같았다. 페이스북, 트위터, 스냅챗 모두 독자에게 메시지를 전달하기 위한 형식에 불과하다는 것이다.

형식은 바뀌더라도 고객은 변하지 않는다. 그러므로 트로트는 형식이 아니라 고객에 초점을 맞춰 고민해야 한다고 했다.

나도 같은 생각이다.

"좋은 카피란 고객을 영웅으로 만들어야 한다."

## 특정 고객을 생각하며 글 쓰기

고객에 대한 상세정보는 많을수록 좋다.

가족 구성원 한 명을 선택할 것을 추천한다. 누구를 선택할지는 카피를 쓸 대상 제품이나 서비스에 따라 달라질 수 있다.

제품이 노년층을 목표로 하고 있다면, 할아버지에게 직접 이야기하듯 카피를 써보라.

궁극적으로 카피를 읽을 주체가 10대라면 나이가 어린 친척이나 조카를 살펴봐야 한다.

카피의 대상을 특정 인물로 정하면서 이미 눈치챘을 것이다. 카피에 진정성이 더해지고 더 넓은 고객층으로부터 공감대를 형성할 수 있다는 사실을.

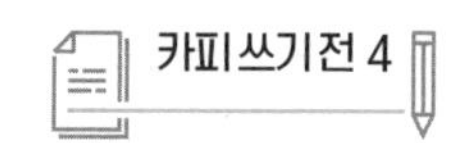


# 충분한 리서치 : 쓴은 시간만큼 보상받는다

영감을 얻기란 쉽지 않다.
발견하는 순간 가져야 한다.
_**밥 딜런**Bob Dylan(미국 싱어송라이터)

## 충분히 진정성 있는 글을 쓰고 있는가?

요즘 이런 질문은 거의 '클리셰cliche'에 가깝다. 그래도 나는 어니스트 헤밍웨이의 글이 카피라이터에게 유용한 자원이 된다고 생각한다. 주기적으로 헤밍웨이의 작품을 읽고 있지 않다면 읽을 것을 권한다. 쓸모없는 카피 책을 읽으며 따분해하는 것보다 《노인과 바다》를 읽을 때 좋은 카피에 대해 훨씬 더 많이 배울 수 있다.

헤밍웨이의 글에서 도움을 얻을 때 사람들은 대개 문장의 간결함에 초점을 맞춘다. 이때 도움받는 부분은 주로 기술적인 측면이다. 사용하는 언어는 담백하게, 문장은 짧게 쓴다.

작은 카페에서 책을 읽다가, 카피라이터가 되려는 이들에게 가르치려고 했던 내용을 발견했다. 참고로, 카페 이름은 리버헤드 커피Riverhead Coffee로 세인트피터스 가에 있으며 커피 맛이 좋다. 책에서 발견한 부분은 기술적인 면은 덜 하면서 실질적으로 도움이 되는 내용이다. 한번 읽어보기를 바란다.

> **"산문을 쓰는 작가가 자신이 쓰고 있는 내용에 대해 충분히 안다면, 작가는 자기가 아는 부분은 생략할 수 있다. 만약 작가가 충분한 진정성을 가지고 글을 쓴다면, 독자는 작가가 생략한 내용을 보지도 못했지만 마치 그 내용이 적혀 있는 것과 같은 강한 느낌을 받을 것이다.**
> **빙산의 움직임이 품위 있어 보이는 이유는 수면 위로 보이는 부분이 빙산 전체의 8분의 1에 불과하기 때문이다. 잘 모르는 내용이기 때문에 그 부분을 삭제하는 작가는 자신의 글에 텅 빈 구멍을 만들 뿐이다."**

투우에 관한 소설인 헤밍웨이의 《오후의 죽음》에서 가져온 글이다. 훌륭한 작품이니 읽어보길 추천한다. 작가의 감정을 읽는 것도 중요하다. 충분히 자료를 조사했고 제품이나 서비스에 대해 진정으로 이해했으며 정확한 방법으로 카피를 쓴다면, 고객은 해당 제품이나 서비스를 자연스레 신뢰한다.

어떻게? 솔직히 나도 모른다. 하지만 좋은 카피의 마법이라고 부르고 싶다. 명쾌하지 못하단 점을 나도 안다. 하지만 정말로 하나의 답이라는 틀 안에 옭아맬 수 있는 것이 아니며 옭아매서도 안 된다. 직관 같은 것이다. 어떤 사람들은 즉시 알아차릴 테지만, 작가의 감정을 느끼고 클릭으로 이어질 때까지 시간이 걸리는 사람들도 있다.

누군가 당신을 현혹하려고 할 때, 그들의 목소리, 사용하는 단어, 눈빛, 얼굴에 띈 미소가 심상치 않을 때 어느 정도 눈치채게 된다. 단서가 무엇이든 간에 뭔가 개운치 않은 기분이 들게 마련이다. 실제 대화에서는 그럴 가능성이 크다. 하지만 글에 있어서는 헤밍웨이가 《오후의 죽음》에서 말했던 것과 같이 오로지 진정성의 문제다.

오해하지 말고 듣길 바란다. 세계적으로 뛰어나다는 카피라이터들은 진정성을 위조하는 데 꽤 능숙한데, 카피를 쓰면서 어느 순간에는 그런 적이 있을 것이다. 만약 카피라이터에게 그들의 가장 성공한 프로모션이 어쩜 그토록 진정성 있게 들리도록 했는지 설명하길 요청한다면, 프로모션의 내용과 제품에 대해 진심으로 믿었기 때문이라고 답할 것이 분명하다.

바로 이 부분이 어려운 점이다. 성공한 카피, 고객의 클릭을 얻는 데 숨겨진 대단한 비밀 같은 건 존재하지 않는다. 헤밍웨이가 말했듯, 충분히 진실한 글쓰기를 하기만 하면 된다. 그와 반대로, 게을러서 세부 사항을 상세히 조사하지 않고 회피하려고 한다면 그 역시 고객 눈에는 분명히 보인다. 카피 안에서 '빈 곳'을 찾아낸다.

따라서 리서치(자료 조사)를 하는 데 인색하지 마라. 성공한 카피로 향하는 가장 쉬운 길은 제품이나 서비스 자체에 대해 깊이 파고드는 것이 진리다.

헤밍웨이의 비유를 빌려 말하면, 물속에 잠긴 빙산의 아래를 바라봐야 한다. 이해하고 감탄하며 바라보고, 찾은 것을 남과 공유할 때 충분히 알게 될 것이다. 충분히 진실한 카피를 쓰면, 고객은 해당 제품이나 서비스에 강력한 끌림을 느낄 것이다. 다시 말해, 그 제품을 구매하고자 할 것이다.

## 집을 떠나야 많이 배운다

지금 당장 현장 학습을 떠나길 바란다. 특별히 정해진 장소로 떠나는 것이 아니라 현장 학습을 가고 싶은 곳이면 어디든 선택해도 좋다. 유일한 조건은 사람이 아주 많은 곳이어야 한다는 점이다.

동네 카페를 추천한다. 혹은 슈퍼마켓도 좋다. 아니면 약간 크고 탁 트인 번화가의 은행 중 한 곳도 추천한다. 사람들을 관찰할 수 있어야 한다는 점이 핵심이다. 내가 바라는 건 그게 전부다. 5분, 30분, 혹은 가능한 한 오랫동안 그저 사람들을 바라보며 그들이 선택의 갈림길에 섰을 때 어떻게 행동하는지 살펴보라.

카페에 갔다면 사람들이 메뉴를 어떻게 분석하는지 관찰하라.

- 직원과 상담 없이도 이미 자신이 원하는 메뉴를 알고 있는지?
- 카페 점원에게 질문을 하는지?

주문하는 줄에 선 앞사람에게 메뉴 추천을 받을 수도 있겠다.

그런 모습들을 바라보며 생각해보라. 적극적으로 무엇인가 선택해야 하는 상황에서 사람들 사이의 유사점을 발견할 수 있고 이를 토대로 카피를 작성할 수 있다.

사람들이 메뉴판을 받으면 종종 식사 메뉴는 무시하고 곧장 음료 메뉴로 넘어가는, 단순한 행동 패턴도 관찰할 수 있다. 이런 공통적인 특성을 활용해 카피에 고객이 공감하도록 할 수 있다.

슈퍼마켓에 간 경우도 마찬가지다.

- 쇼핑 중인 고객이 왜 X라는 브랜드를 선택할까?
- 잠시 멈추고 제품 설명을 자세히 읽어 보는가?
- 두 개의 시리얼 브랜드 제품에서 영양성분표를 비교하는가?

평범한 모습들을 보며 생각해보라. 사람들이 제품을 고를 때 고급 브랜드를 먼저 골랐다가 손에 들고 제품 뒷면을 본 뒤, 결국에는 조금 저렴한 슈퍼마켓 자체 개발 제품을 많이 선택한다는 사실은 흥미로운 발견이다. 이와 같은 제품 선택 과정은 고객이 과시적 소비를 하지 않는다는 사실을 보여준다. 물론 고객은 더 고가의 제품을 선택할 상황이 되기를 바랄 것이다. 카피에서 이런 고객의 심리를 저격할 수 있다.

은행에 간 경우, 선택의 과정을 더 쉽게 목격할 수 있다. 사람들이 얼마를 저축하는지 살펴보라. 인출 금액을 결정할 때 얼마나 지체하는지 살펴보라. 어떤 입금 장표가 필요한지 선택하는 과정을 지켜보라.

그런 모습들을 바라보며 생각해보라. 대부분 카피에 있어서 최종 단계는 어떻게 해서든 고객이 돈을 쓰도록 하는 것이다. 이것이 바로 사람들이 돈을 어떻게 사용하는지 지켜보는 이유다.

은행에서 신용 카드 상세정보를 보호하고자 한다면, 온라인에서 물건을 구매할 때도 분명 거래정보 보호에 민감할 것이다. 이런 사실을 이해하면 카피 작성 시 고민되는 사항들을 하나씩 해결해나갈 수 있다.

여러 곳으로 현장 학습에 나서길 추천한다. 슈퍼마켓을 돌아다닌다는 게 한심하게 들릴 수도 있지만, 고객을 관찰하기 위해 시간을 들이는 일은 중요하다. 사람들의 의사결정에 영향을 미치는 감정에 대해 집중적인 리서치를 할 수 있는 기반이 된다.

고객을 이해해서 더 효과적인 카피를 작성하는 것은 당신의 능력에 달렸다. 그 카피가 직접이든 간접이든, 길든 짧든, 온라인이든 오프라인이든 관계없다. 형식은 중요하지 않다. 중요한 건 카피를 읽는 고객이다.

## 카피의 핵심은 같다

상상해보라. 당신은 지금 프랑스 노르망디에 있다. 구불구불한 도로에서 멀리 떨어져 건초로 가득한 구릉지대에 드문드문 서 있는 몇 채의 벽돌 건물을 제외하고는 어떤 형태의 문명과도 멀리 떨어져 있는 상태다.

몇 채의 오래된 건물 중 대형 정보제공기업, 아고라의 설립자 빌 보너가 소유한 16세기의 저택이 있다.

저택 안에는 단 하나의 목표를 가지고 전 세계에서 온 카피라이터들이 모여 있다. 카피에 대해 논의하고 서로의 아이디어 노트를 비교하기 위해서다.

성공한 헤드라인과 그렇지 못한 헤드라인을 살펴본다. 고객의 주문 과정에 중대한 영향을 미칠 수 있는 설득의 기법에 대해 알아본다. 카피에 대해 접근하는 방식을 완전히 바꿔버릴 수 있는 가격책정에 대해 알아본다. 인도, 브라질, 아르헨티나, 스페인, 호주, 심지어 중국에서 온 카피라이터들을 만난다. 각국의 카피라이터들이 각자의 시장에서 맞닥뜨리는 다양한 도전과제들을 들어보는 일은 정말 흥미롭다.

하지만 더욱 흥미로운 것은 표면에 드러난 부분을 걷어내고 보면 그 핵심은 크게 다르지 않다는 사실이다.

## 진정 무엇을 쓰고 있는가?

앞의 이야기는, 몇 해 전 직접 반응 카피의 세계에 입문했을 때 나의 모습이다. 자신들의 프로젝트에 대해 여러 카피라이터가 설명하는 걸 듣고 있다 보니, 많은 카피라이터가 하는 가장 큰 실수 중 하나를 발견하게 되었다. 이는 입문한 지 얼마 되지 않은 카피라이터들에게도 적용되는 이야기다.

바로, 자신들이 팔고자 하는 제품에 대해 충분히 알고 있지 못한다는 사실이다. 사용했던 제품, 들어왔던 노래, 느꼈던 감정 등 어떤 것에 대해 진실된 글을 쓸 수 있다면 마법같이 놀라운 일이 일어난다. 이것은 훈련이나 연습을 통해서 얻을 수 있는 것이 아니다. 진실된 글은 고객들도 알아차리게 되어 있다.

초보건 숙련된 카피라이터건 관계없이 많은 카피라이터가 가진 문제는 카피에 써야 하는 내용이라고 생각하는 걸 쓴다는 사실이다. 기존에 작성된 카피들을 너무 많이 읽고 내용과 전달되는 메시지를 따라 하려고 하다 보니, 카피의 정석에 맞게 보이는 카피만 만들게 된다. 카피의 마법은 사라져 버린다. 진실성 없는, 말 그대로 카피만 남는다.

## 준비될 때까지 쓰지 말라

나 역시 경험했던 문제다. 문예창작 석사학위 과정을 해볼까 생각하고 있을 때, 짧은 단편소설을 써서 지도교수에게 건넨 적이 있다. 그는 "정말 좋은데 그냥 폴 오스터Paul Auster 소설 같다"고 말했다. 나는 경악했다.

- '좋은데'라고 말한 이유는 무엇일까?
- 폴 오스터 소설 같으면 좋은 거 아닌가?

나는 당시에도 지금도 여전히 폴 오스터를 사랑하기 때문에 '오스터 같은' 이야기를 썼다는 건 큰 성과였다.

물론 진실은 그렇지 않다. 나는 단순히 뭔가 좋아 보이는 걸 모방했을 뿐이다. 훌륭한 모조품이었지만 그래도 모조품은 모조품일 뿐이다. 나만의 목소리로 다시 써야 했다. 진정성이 있어야 했다. 그래서 나는 당시 석사학위 과정을 위한 준비가 되어 있지 않다는 결론을 내렸다.

더 많은 리서치를 해야 했다. 나 자신, 나만의 목소리를 찾아 나서야 했다. 나만의 진정성을 찾기 위해 더 깊은 내면적 탐구가 필요했다. 당신 역시 카피 작업을 위해서 이런 시간을 갖길 바란다.

지금 당장은 카피 쓰기를 시작하지 마라. 당신이 얼마나 많은 자질을 갖추었는지 모르겠지만 아직은 리서치를 할 게 많다. 카피를 작성하는 제품에 대해 더 많이 알아낸 후 그 인사이트를 고객과 공유하면 고객은 분명 감동할 것이다.

그러기 위해선 끊임없이 '왜?'라는 질문을 던져야 한다. 카피가 전달하려는 이야기, 제품 그 자체를 끊임없이 파고들어야 한다. 늘 마음속에 '왜?'라는 질문을 품고 뭐든 많이 읽어라.

제품을 써본 고객들에게 제품이 좋은 이유를 물어보라. 제품 개발자에게 처음에 이 제품을 왜 만들었는지 물어보라.

예를 들어, 건강제품 개발자가 처방받은 약은 먹지 말아야 한다고 생각한다면 왜 그런지 물어보라. 그런 주제의 책을 읽었기 때문이라고 답한다면, 애초에 그 책을 왜 읽게 되었는지 물어보라. 우간다의 작은 오두막에서 의사 역할을 하던 지역의 주술사가 준 책이라는 이야기까지 듣고 나면, 훨씬 더 진정성 있는 이야기 구조가 갖춰진다.

금융 분야의 뉴스레터 편집자가 금에 투자할 것을 권유한다면, 그 이유가 무엇인지 물어보라. 금값이 떨어지고 있는데 반등할 것이라고 답한다면, 왜 그렇게 생각하는지 물어보라. 옥스퍼드대학과 케임브리지 출신의 경제학 전공자들로 구성된 팀과 함께 영국의 중앙은행인 잉글랜드 은행의 금융정책을 지난 2주 동안 철저히 분석하고 막 돌아왔다고 답한다면, 더욱 진실에 가까운 이야기를 쓸 수 있게 된다.

핵심은 더욱 깊이 파고들어야 한다는 것이다. 제품 뒤에 숨은 아이디어, 제품 가격, 고객이 원하는 것에 대해 대강의 아이디어를 가지고 예전에 썼던 카피에 맞춰 쓰는 걸로는 부족하다.

실제 제품을 판매하는 직원보다 제품에 대해 더 많이 알고 있어야 한다. 불가능한 요구인 건 알지만, 목표는 높게 세워야 한다. 물론 단기간에 더 많은 일을 해야 하고 고생스러울 것이다. 하지만 그 노력이 결국에는 보상으로 돌아온다.

## 카피 작성을 위한 두 번의 리서치

리서치는 반드시 두 단계로 나누어 진행해야 한다.

1단계는 기본적인 리서치라고 생각하면 된다. 관련 서적을 읽고 인터넷 검색을 하는 모든 기초적인 리서치의 단계다. 소파 회사에 대해 블로그 글을 쓰고 있다고 가정해보자.

해당 업체는 최근에 전국적 체인망을 가진 커피전문점에 소파를 납품하기 시작했으며, 새로운 소파를 찾고 있는 신규 커피숍 고객들에게 자신들을 홍보하고자 한다. 소파 전문가가 아닌 이상 이쪽 업계의 흥미로운 소재를 온라인으로 검색하고, 소파의 제작 과정이 실제로 굉장히 흥미롭다는 사실을 발견했다.

1단계에서 전문가가 아니고 온라인 검색에만 의존할 가능성이 크기 때문에, 발견하는 모든 것이 잠재적인 흥미요소라고 생각할 수 있다. 하지만 대부분의 소파업계 종사자와 새로운 소파를 구매하려는 커피숍 주인들은 이미 소파가 제작되는 과정에 대해 잘 알고 있다. 고객에게는 전혀 새로운 이야기가 아닌 셈이다. 오직 카피라이터인 당신에게만 새로운 이야기다. 이것이 바로 1단계 리서치가 끝나면 2단계 리서치를 해봐야 하는 이유다.

2단계로 더 심도 있는 리서치를 실시해야 한다. 발견한 흥미요소들을 살펴보고 업계에 이미 알려진 것과 완전히 새로운 것을 구분해야 한다.

여기서 핵심은 1단계 리서치는 카피를 작성하는 업계에 빠르게 녹아들도록 하는 데 가치가 있다. 그런 다음, 스스로 다시 한 번 채찍질해서 더욱 깊이 있는 2단계 리서치를 추가로 해야 한다.

The Art of the Click

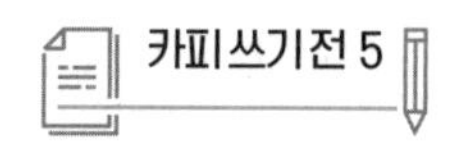


# 좋은 아이디어 :
# 힘 있는 카피를 위한 뿌리

나는 하나의 아이디어로 시작하는데,
나중에 그 아이디어는 뭔가 다른 것이 된다.
_**파블로 피카소**Pablo Picasso

카피 작성을 시작하기 전에 어떤 시각으로 접근할지 결정해야 한다. 적절한 관점을 어떻게 선택할 수 있을까? 대부분의 마케팅 종사자들은 성공하는 비즈니스의 열쇠는 검증이라고 말할 것이다. 하지만 검증 외에도 몇 가지 요소가 더 있다.

자, 설명을 위해 이론 물리학자의 도움을 요청하자! 갑자기?

믿기 힘들겠지만, 성공한 마케팅은 과학의 기본 원리와 상당한 공통점을 지닌다. 이론 물리학자 리처드 파인만이 《물리학 강의》에서 말한 바와 같이, '모든 지식의 검증은 실험을 통해서 이루어진다.' 파인만의 책을 읽다 보면 이 말이 가장 와닿는다.

## 모든 지식의 검증은 실험이다

남성의 체중 감량에 대한 책을 썼다고 가정해보자. 고객에게 도움이 되는 좋은 책이다. 이제 사람들에게 이 책을 홍보하고 몇 부를 판매해야 한다. 여기서 질문.

어떻게 책을 홍보할 것이며 누구를 대상으로 해야 할까? 자연스럽게 첫 번째로 떠오른 생각은 남성을 대상으로 한 홍보일 것이다.

살을 빼고 싶나요? 맞나요? 그렇다면 이 책을 사세요!

하지만 잠깐, 이 책을 읽지 않으면 살이 더 찔 수 있다고 남성들이 겁을 먹게 할 수도 있고, 혹은 이 책을 읽으면 날씬해질 수 있다고 희망을 줄 수도 있다. 어떤 관점이 더 나을까? 여기서 파인만의 책에서 찾은 문구를 다시 떠올려보자.

'모든 지식의 검증은 실험을 통해서 이루어진다.'

그렇다면 실험을 해보자. 두 가지 관점을 각각 실험해보고 어떤 것이 더 나은지 살펴보라.

실험은 일종의 힌트를 준다는 의미에서 우리가 결론에 도달하게끔 도와줄 뿐이다. 실험 결과, 두려움이 가장 큰 비중을 차지한다고 가정해보자. 남성들은 체중 감량에 실패할까 두려워한다. 실험 결과는 더 큰 의미로 무언가에 대한 실마리를 제공한다.

## 성공한 마케팅의 3단계 사이클

파인만은 실험과 더불어 더 필요한 것을 그의 책에서 다음과 같이 설명했다.

**'이렇게 얻은 실마리로부터 일반화를 도출하려면 상상력이 필요하다. 그 아래 숨겨진 경이롭고 단순하면서도 매우 이상하기까지 한 패턴을 추측하려면 상상력이 필수다. 그런 다음에는 올바른 추측을 했는지를 검증하는 또 다른 실험이 계속 이어져야 한다.'**

우리에겐 남성은 체중 증량을 두려워한다는 실마리가 있다. 이제 상상력을 사용해야 할 차례다. 더 깊이 파고들어야 한다.

남성은 왜 살이 찌는 걸 두려워하는 것일까?
살이 찌면 스스로 매력이 떨어진다고 생각하기 때문일까?

그럴 수 있다. 이제 남성은 여성에게 매력적으로 보이고 싶어 한다는 생각에 도달하게 된다. 그렇다면 체중 감량에 대한 책을 판매하는 좋은 방법은 여성에게 매력적인 남성이 되도록 하는 데 목표를 둘 수 있다.

또 하나의 다른 추측은, 남성은 자신이 과체중일 때 여성들이 좋아하지 않을 것을 두려워한다고 생각해볼 수 있다. 근거 없는 추정이 아니라고 말해도 무리가 없다. 따라서 여성은 남성의 체중에 관심이 있다고 추측해볼 수 있다.

**자신의 남자친구가 살을 빼길 원하는 여성들이 존재하지 않을까?**
**그런 여성들을 목표로 할 수 있지 않을까?**
**남자친구의 허리둘레가 좀 커지지 않았나요?**
**누구나 그럴 수 있습니다.**
**이제 이 책으로 날씬한 남자친구를 되찾으세요!**

우리가 추측한 사항들을 확인하기 위해 다시 실험을 통해 검증해본다. 이야기를 계속 이어가기 위해 남성의 체중 감량에 관한 책이 실제로 여성 고객에게 가장 많이 팔렸다고 가정해보자.

이것은 새로운 일반화이자 수익성을 높일 수 있는 일반화다. 실험, 상상력, 검증이 없었다면 이와 같은 발견은 할 수 없었을 것이다. 이와 같은 세 가지 요소가 반복되어 하나의 사이클을 구성한다고 볼 수 있다.

가장 먼저 실시되는 실험은 상상력의 단계에 연료를 제공하고, 상상하는 과정에서 검증을 위한 아이디어가 생성되며 검증의 결과는 또 다른 실험의 근거가 될 수 있다.

어떤 사업 분야든 위대한 일반화를 성립하고 최고의 성과를 내며 최대 이익을 도출하는 마케팅 법칙을 발견하려면, 다음과 같이 간단한 3단계 과정을 수행하면 된다.

- **1단계**

먼저 실험한다. 시도해보고 어떤 일이 일어나는지 확인하라.

- **2단계**

상상의 과정을 거친다. 최초 실험에서 얻은 힌트가 알려주는 더 큰 아이디어는 무엇인가? 무엇이 아이디어를 발전시키고 더 큰 아이디어가 될 수 있을지 추측해본다.

- **3단계**

아이디어를 검증한다. 추측이 옳았는지 확인한다.

앞으로 발견하게 될 새로운 마케팅 아이디어에 스스로 놀라게 될 것이다.

## 광고의 아버지, 오길비 책 다시 읽기

이 책을 쓰는 동안 나는 오길비의 《광고 불변의 법칙》을 다시 읽었다. 경이로울 만큼 유용한 책이다. 오길비가 다룬 아이디어가 너무 많아서 내용 전체를 말하려면 하루를 몽땅 써야 할 정도다.

지금 이 책에서는 몇 페이지만 할애하여 오길비가 계속해서 반복했던 총체적인 아이디어 하나만 공유하고자 한다. 말도 안 되게 단순하면서도 말 그대로 상식에 해당하는 내용이다. 까다로운 부분이 있다면 자기 자신의 몸에 밸 수 있도록 항상 기억해두는 것이다. 쉽지 않은 일이다. 나 역시 길을 잃고 다음의 기본 원칙을 지키지 못하는 경우가 허다하다.

"아이디어를 전달할 때 절대로 영리하게 굴면 안 된다."

제품, 서비스, 뉴스, 조언, 의견 등 어떤 아이디어를 전달하든 간에 메시지 안에서 우선순위를 차지해야 하는 것은 그 아이디어 자체다. 창의적인 사람으로서 이 원칙은 삼키기 너무 힘든 알약과도 같다. 자연적인 본능은 언제든 가능하다면 최대한 독창적일 것을 요구한다. 이는 비즈니스에서 큰 문제를 일으킨다.

물론 항상 독창성을 위한 자리는 있고, 새로운 방식이 효과가 있는 경우 언제든 해결책을 찾을 수 있을 것이다. 하지만 독창성을 향한 욕구는 지금까지 좋은 성과를 보인 아이디어들을 망각하게 만든다.

나 역시 독창적인 방식으로 아이디어를 표현하려고 시도하다가 그 아이디어 자체를 흐려버리는 실수를 한 적이 있다. 너무 영리하게 굴려고 한 나머지 아이디어 전달에는 실패한 경우다. 이전에 이미 성공한 내용들을 확인해서 간결하게 유지하고, 아이디어 자체를 최우선 순위로 삼았다면 더 큰 성공을 거둘 수 있다.

전하고자 하는 아이디어가 효과적으로 전달되도록 하려면 반드시 기억하라. 아이디어는 간결하게 유지해야 한다. 지나치게 영리하게 머리를 쓰려고 하지 마라.

### 독창적이고자 시도할 수 있지만 수익은 적어진다

하지만 여기서 문제가 발생한다. 사람들은 독창적인 걸 사랑한다. 아이디어를 전달하기 위해 새로운 방법을 고안해내는 걸 좋아한다.

수년 전 영화관에서 본 앱솔루트 보드카Absolute Vodka가 마음에 와닿았다. 이 광고를 본 적이 있는가? 돈을 주고 물건을 사는 사람들의 모습 대신, 포옹하고 입 맞추고 악수하는 사람들의 이미지를 보여준다. 그리고는 '완벽한 세상입니다'라는 문구가 보이면서 앱솔루트 보드카를 사라고 말한다.

그런데 이 메시지 앞에 등장하는 일련의 이미지들은 보드카를 사라는 메시지와는 전혀 관련이 없고, 솔직히 말해 메시지에 대한 흥미를 잃게 해서 결과적으로는 혼란스러움만 남게 된다. 그들이 전달하려는 메시지를 내가 놓쳤다면 나 같은 사람이 또 있을 거란 뜻이고, 영화관 관객 중 일부도 메시지를 파악하지 못했다는 의미가 된다.

앱솔루트 보드카 측에 따르면, 그들의 광고는 브랜드가 추구하는 역동적 세계의 모습을 묘사한 것이다. '포옹Hugs'이라는 이름의 광고를 통해 공동체 정신을 전달하고 '완벽한Absolute' 세계에서 돈은 친절로 대체될 수 있다고 한다. 좋다.

그런데 대체 그 메시지가 보드카와 무슨 관계가 있는가?

보드카를 마시는 행위가 취하는 것 외 다른 것을 떠올리게 한다고 생각하는 사람이 있으면 알려주길 바란다.

메시지는 사라지고 말았다. 전작에 브리트니 스피어스와 카니예 웨스트의 뮤직비디오 작업을 했던 광고감독은 크리에이티브 팀과 함께 작업하면서 자신들이 분명 독창적이라고 생각했을 것이다.

기억해야 할 중요한 사실은 아이디어의 표현이 아니라 아이디어 자체를 우선으로 해야 한다는 것이다. 이 원칙을 지킨다면, 전달하려는 조언, 뉴스, 제품, 서비스, 혹은 의견을 항상 효과적으로 전달할 수 있다.

## 좋은 아이디어를 파악하는 법 'CIA 3단계'

카피를 작성하기 전 아이디어가 좋은지부터 확인해야 한다. 아이디어가 별로면 최종적으로 나올 카피도 별로인 게 된다. 설상가상으로 형편없는 아이디어는 기본 카피를 쓰는 것조차 힘들게 한다.

반대로 아이디어가 훌륭하다면 카피 작성이 쉽고 빨라진다. 그리고 효과적일 가능성도 크다. 그러므로 카피를 작성하기 전에 당신의 아이디어가 좋은지부터 확인할 수 있어야 한다. 다행히 좋은 아이디어를 파악하는 데 도움을 줄 수 있는 3단계 공식을 고안해 두었다.

우연히도 그 공식의 이름은 각 단계인 확인Confirm, 정보 전달Inform, 충격Astound의 앞 글자를 따서 'CIA'로 지었다.

### 1단계 확인Confirm

아이디어는 반드시 본질적으로 탄탄하고 믿을 수 있어야 하며, 고객이 의심했던 사항이 진실임을 입증할 수 있어야 한다.

좋은 아이디어란 명석한 사고에 기반을 두고 있으며 이해하기 쉽다. 당연한 이야기처럼 들리겠지만, 내 앞에 가지고 오는 무수히 많은 카피 중 형편없는 생각으로 만들어진 카피가 얼마나 많은지 들으면 깜짝 놀랄 것이다.

잘 작성된 카피의 예로 미국의 최고 카피라이터이자 인간적으로 정말 좋은 사람이기도 한 스콧 바델리Scott Bardelli가 쓴 카피를 들어보자. 바델리가 만든 획기적인 카피는 '팟 프로모The Pot Promo'라고 알려져 있다. 카피의 기본 전제는 미국 내 대마초 합법화를 위한 투표를 준비하는 과정에서, 합법화가 진행되면 큰 이득을 볼 여러 마리화나 업체들에 투자를 추천하는 내용이었다.

'대마초가 합법화되었다. 더 많은 사람이 대마초를 원한다. 대마초 회사의 매출이 증가한다. 만세!'

바델리가 쓴 카피는 꽤 좋은 성과를 거두었다. 아이디어의 합리성은 좋은 아이디어를 알아보고자 할 때 기억해야 할 요소 중 하나다.

또 다른 예는 1960년 폭스바겐의 '작게 생각하라Think Small' 캠페인이다. 이 광고 시리즈에는 폭스바겐의 자동차 모델 비틀Beetle의 작은 이미지와 '작게 생각하라'는 간결한 헤드라인이 등장한다.

이 카피를 작성한 카피라이터들은 미국 차는 크고 유럽 차는 작다는 사람들의 생각을 재차 확인하고자 하는 의도가 있었다. 사람들의 선입견을 바꾸려고 설득하기보다는 오히려 기존 선입견을 제품 판매에 유리한 점으로 삼았다. 아주 간단하지만, 효과는 뛰어났다.

좋은 아이디어란 대단하고 큰 아이디어여야 한다고 생각하는 사람이 많다. 그래서 지나치게 목표를 높게 세운 나머지 그냥 믿을 수 없는 것이 되고 만다.

그리고 사람들의 마음을 바꾸려고 하지 마라. 사람들은 자신이 믿고 싶은 대로 믿기 마련이다. 누군가 이미 믿고 있지 않은 제품을 그 사람에게 팔 순 없다. 팔려고 시도는 할 수 있겠지만 힘만 들고 시간만 낭비하는 어리석은 짓이다.

일례로 지난 10년간 가장 성공한 긴 카피인 '미국의 종말The End of America'을 살펴보자. 세계 곳곳에서 채택되어 수백만 달러를 벌어들인 카피다. 왜 그럴까?

다양한 원인이 있겠지만, 기본적으로 이 카피는 이미 사람들이 믿고 있는 것에 대해 이야기한다. 현대 세계에서 가장 발전한 국가들이 부채로 인해 큰 문제를 안고 있다는 사실이다. 사람들은 이미 그럴 것으로 의심했기에 이는 얼토당토않은 이야기가 아니라 타당한 이야기였다. 간단한 논리다.

지금까지 말한 내용이 1단계다. 정리하면, 아이디어가 본질적으로 탄탄하고 믿을 만해야 한다.

### 2단계 정보 전달Inform

진정한 전문가만이 알 수 있는 새로운 무엇인가를 고객에게 가르쳐줄 수 있어야 한다.

마이크 팔머Mike Palmer는 세계 최고의 직접 반응 카피라이터 중 한 명이다. 하지만 아마 그의 이름을 들어보지 못했을 것이다. 팔머는 자신을 드러내지 않고 있다.

나는 운이 좋아서 팔머의 강연을 여러 차례 본 적이 있다. 그의 강연 내용 중 내가 항상 기억하는 것 중 하나는 좋은 아이디어의 발견에 대한 그의 생각이다. 소수의 사람만이 아는 뭔가를 고객에게 가르쳐주는 아이디어가 있어야 한다는 것이다. 자신의 아이디어에 대해 스스로 열광해선 안 된다.

카피라이터는 카피를 작성하는 대상에 대해 전문가가 되어야 하는 임무를 지닌다. 심지어 전문가조차 알지 못하는 부분까지 찾아내야 한다. 힘들지만 꼭 필요한 일이다. 업계 종사자들이 이미 다 이해하고 있는 아이디어를 가지고 마치 굉장히 새로운 것처럼 꾸미려고 한다면 바보 같아 보일 수밖에 없다.

약간 다른 관점을 지니면서 아이디어를 고유하게 만들어줄 요소가 무엇인지 정의해볼 필요가 있다. 여기서 내가 말하는 건 아이디어란 말이다. 카피가 아니다. 카피를 특별하게 만들려고 시도하기 전에 아이디어부터 특별한 것으로 만들어야 한다.

자, 지금까지 다룬 내용을 정리해볼까?

사람들이 이미 생각하고 있는 바를 확인해주는 본질적으로 탄탄한 아이디어면서, 그들이 들어본 적 없는 고유하고 새로운 요소에 대해 알려줄 수 있어야 한다.

좋다, 이제 마지막 한 단계만 더 거치면 된다.

### 3단계 충격Astound

아이디어는 고객의 흥미를 끌고 고객에게 충격을 주는, 새로우면서도 간단한 방법으로 전달되어야 한다. 좋은 카피의 원칙이 적용되는 부분이 바로 이 시점이다. 앞서 두 단계에 걸쳐 아이디어를 적절히 살펴봤다면, 카피를 쓰는 것 자체가 훨씬 쉬워질 것이다. 시작 부분에서 이야기했듯, 진짜로 참신하고 특별한 아이디어라면 카피 쓰는 속도가 빨라지고 광고 효과까지 높을 것이다.

마지막 단계에서 아이디어로 사람들에게 충격을 줄 방법을 모색해야 한다. 나는 이럴 때 유진 슈워츠의 고객 인식이라는 개념을 다시금 떠올린다. 아이디어에 대해 고객이 인식하고 있는 수준이 어느 정도인지 정립할 필요가 있다.

예를 들어, 시카고라는 의외의 지역에서 세탁기가 처음 발명되었을 당시인 1908년에 세탁기를 판매해야 하는 상황이라고 가정해보자. 당시에는 가전제품 시장에 이런 메시지를 전달할 수 있었을 것이다.

"더러운 옷을 모두 네모난 상자에 넣고
1시간 뒤에 꺼내면 깨끗하게 되어 있습니다."

당시 사람들은 당신이 대단한 빨래 마술을 부리는 마녀라고 생각할 것이다. 하지만 시간을 빠르게 돌려 현대에 이런 세탁기 광고는 사람들에게 비웃음거리가 된다. 오늘날 세탁기 광고들이 기이한 미래의 과학기술에 대해 논하고 있는 이유다.

1908년에는 세탁기에 대한 인식이 매우 낮았기 때문에 기본적인 아이디어조차 충격적이었다. 하지만 요즘엔 세탁기가 옷을 세탁하고 나온 먼지로 맥주도 만들 수 있다고 정도는 해야 그나마 효과적인 세탁기 광고일 수 있으려나?

당신의 아이디어에 대한 고객의 인식 수준은 어떻게 판단할까?

여기서 결코 해선 안 되는 행동은 동료 카피라이터나 마케팅 담당자 혹은 업계 사람들과 카피를 공유하는 일이다. 카피를 공유받은 이들은 많은 부담을 느낄 것이고, 이미 아이디어를 잘 이해할 정도로 능력이 있다는 사실을 증명하려 할 것이며, 당신에 대한 호감도에 따라 선입견도 있을 것이다.

그들에게 물어보는 대신, 거리로 나가 무작위로 최대한 많은 사람을 상대로 검증에 나서야 한다. 비즈니스에 어떤 지분도 가지고 있지 않은 사람들이어야 한다. 파트너, 어머니, 동네 친구가 될 수도 있고, 방문할 때마다 이상하리만큼 친근하게 구는 동네 작은 가게의 점원도 좋다. 아이디어에 대한 그들의 의견을 물어보라.

요점은, 카피를 다 쓰고 난 후에야 아이디어를 검증하겠다고 미루지 말라는 것이다. 그건 어리석은 행동이다.

CIA 단계를 활용하여 현재의 아이디어가 좋은 아이디어인지 알아보라. 만약 좋은 아이디어라면 그대로 추진하라. 그렇지 않다면 괜히 고민하지 말고 다시 생각해보라.

## 아이디어는 불편하다

어떤 때는 아이디어가 바로 얼굴 앞에서 마치 세상의 모든 이치를 다 안다고 착각하는 10대처럼 소리치고 있을 때가 있다. 하지만 또 다른 경우에는 술집에서 술을 살 차례가 되면 항상 화장실에 가버리는 빈털터리 친구 스티브처럼 코빼기도 안 보일 때가 있다.

그런데 문제가 우리에겐 아이디어가 필요하다. 사람들이 카피를 클릭하도록 하려면, 그 어떤 기술보다 필요한 것이 바로 좋은 아이디어를 끌어내는 능력이다.

모든 좋은 카피의 뿌리는 좋은 아이디어다. 탄탄한 아이디어가 뒷받침되지 않는 카피는 축 늘어져 힘이 없고 불필요한 말만 늘어놓다가 결국 실패하게 된다. 업계에서 소위 폭탄bomb이라고 부르는 카피가 되는데, 이건 내가 굳이 말해주지 않아도 잘 알 것이다. 긴

'직접 반응' 세일즈 레터건, 세 줄 길이의 PPC 광고건, 그 뒤에는 아이디어가 존재해야 하고 그렇지 않으면 형편없는 카피가 된다.

실력이 검증된 카피라이터들 역시 좋은 아이디어를 끌어내는 능력이 있다면 카피의 어떤 결점도 대부분 극복 가능하다는 데 동의할 것이다.

맞춤법을 잘 모른다면? 걱정하지 마라. 맞춤법 검사 도구가 괜히 있는 게 아니다. 문법을 자주 틀린다? 아무도 신경 쓰지 않는다. 카피를 크게 소리 내어 읽거나 누군가에게 대신 읽어 달라고 하면 된다. 편집 기술이 부족한가? 미적지근한 태도는 이상적이지 않지만, 각 문장 위에 엄지손가락을 올려놓고 보면 불필요한 문장이 무엇인지 찾아낼 수 있고 쉽게 지워낼 수 있다.

하지만 새로운 아이디어가 떠오르지 않는다면? 큰 문제이므로 당장 고쳐야 한다. 어떻게? 간단히 보면 균형의 문제다. 머리에서 새로운 것이 나오게 하려면 뭔가 새로운 걸 집어넣으면 된다. 우리의 뇌는 먹이를 줄 필요가 있다.

아이디어는 어느 날 갑자기 발견하게 되는 새로 생긴 가게와 같다. 리모델링 공사가 진행되거나 새 간판이 설치되는 모습을 본 기억은 없지만, 갑자기 어느 날 새로운 가게가 들어서 있는 상황이다. 그간 진행된 공사를 눈치채지 못했다고 해서 그 일이 없었던 건 아니다. 아이디어도 마찬가지다. 서서히 쌓아 올리는 개념이다.

오직 한 가지 문제가 있다면 아이디어는 무의식 속에서 형성되기 때문에 그 과정을 우리가 볼 수 없고 정확히 어떤 재료가 필요한지 아는 것이 어렵다. 아니 불가능하다. 따라서 확보할 수 있는 한 최대한 다양한 재료를 갖추는 일이 필요하다.

좋은 소식은 식자층의 문학부터 형편없는 리얼리티 TV쇼까지 뭐든 유용한 재료가 된다는 사실이다. 무의식 속에서 아이디어를 형성하기 위해 뇌에 필요한 재료를 공급하는 방법으로 내가 추천하는 방법은 다음과 같다.

"카피 관련 콘텐츠와 무관한 콘텐츠를
일대일의 비율로 섭취하라."

## 아이디어 원재료의 중요성

로버트 치알디니Cialdini의 《설득의 심리학》을 읽거나 히스Heath 형제가 출간한 화려한 표지의 문고판 도서를 읽어도 좋다. 칩 히스Chip Heath와 댄 히스Dan Heath 형제의 저서 중 특히 《순간의 힘》, 《스틱!》을 추천한다.

유능한 카피라이터라면 업계에서 상위권을 유지하기 위해 하루에 하나, 최소한 일주일에 하나의 카피는 읽어야 한다고 조언할 것이다. 하지만 여기서 멈춰선 안 된다.

새로운 아이디어를 끌어내기 위해 얼마나 다양한 재료들을 많이 접해야 하는지 설명하기 위해, 최근 내가 도움받았다고 생각하는 재료들을 공유하겠다.

- **세 편의 그래픽 소설 : 피델 카스트로 전기, 프로이트의 가장 유명한 환자 볼프만에 관한 이야기, 그리고 유명한 신여성, 몽파르나스의 키키에 관한 소설이다.**
- **세 편의 소설 : 주노 디아스의 《오스카 와오의 짧고 놀라운 삶》, 마리오 바르가스 요사의 《안데스의 리투마》, 조나단 레덤의 《머더리스 브루클린》**
- **두 편의 비소설 : 데이비드 번의 《음악의 원리》, 댄 애리얼리의 《상식 밖의 경제학》**

정확히 말하면 《상식 밖의 경제학》은 두 번째 읽고 있다.

다섯 개의 세일즈 프로모션을 전체적으로 읽었다. 빌 보너와 마크 포드의 오래된 프로모션, 내가 작성한 프로모션과 지인이 작성한 최신 프로모션 두 개. 둘 중 하나는 성공했고 하나는 '폭탄'을 맞았다. 그리고 다른 카피라이터들이 검토해달라고 요청한 프로모션들도 읽었다.

네 편의 영화를 봤다. 〈마이 펫의 이중생활〉, 〈슈퍼배드 3〉은 둘 다 어린이용 영화다. 누구나 한 번쯤은 봤을 법한 우디 앨런의 〈결혼 기념일〉, 그리고 이혼을 결정한 문인 커플의 이야기를 다룬 〈오징어와 고래〉를 봤다.

TV 드라마 〈소프라노스〉도 다시 봤고, 영국 최고의 보컬을 찾는 예능 프로그램 〈더 보이스〉도 봤는데 꽤 중독적이었다. 그리고 영국 축구 리그의 다양한 부에 속한 여러 축구 경기도 봤다.

마지막으로 아이언 앤 와인, 모과이, 더 이펙트의 신규 앨범을 들었다.

이 모든 재료를 흡수하는 동시에, 암스테르담에서 일주일 머물며 암스테르담 국립미술관과 건강에는 좋지 않지만 대마 박물관도 들렀다.

이 모든 것은 고작 한 달 동안 내 머릿속에 집어넣은 것들에 불과하다. 여기에는 내가 매일 사람들과 교류하고, 펍에서 맥주 몇 잔을 기울이며 대화하고, 전화와 이메일로 소통한 내용은 포함되지도 않았다.

내가 문화적으로 얼마나 많은 양식을 쌓고 있는지 자랑하기 위해 이렇게 나열하는 것이 아니다. 말하고자 하는 요점은 다양한 재료를 많이 접하라는 것이다. 그 모든 것이 내 마음속에서 어떤 작용을 할지 생각해보라.

피델 카스트로를 동정하여 그를 공공 교도소로 보낸 병사가 없었다면, 카스트로는 혁명을 일으키지도 못하고 죽음을 맞았을지도 모른다는 이야기와 〈더 보이스〉 프로그램에 나와 놀랍도록 절절한 무대를 보여준 보컬에 대해 생각해보라.

이 정보들이 앞으로 내가 작성할 카피에 어떻게 직접적으로 등장할지는 아무도 모른다. 카스트로의 이야기는 아마 기회에 대한 문구 혹은 사소한 결정이 얼마나 큰 결과를 불러올 수 있을지에 대한 카피를 쓸 때 영향을 끼칠지 모른다. 멋진 무대를 보여준 경연자는 다른 사람이 뭐라고 생각하든 자신의 꿈을 좇으라는 내용의 문구를 작성할 때 영감을 줄지 모른다. 누가 알겠는가?

우리가 아는 건 지금 나의 뇌에 방대한 양의 원재료가 축적되어 있고 이를 바탕으로 아이디어를 형성할 수 있다는 사실이다.

머릿속을 충분히 채웠다면, 이제 좋은 카피를 쓰기 위해 머리가 스스로 일할 수 있도록 믿어줘야 한다. 아이디어를 짜기 위해 할 수 있는 연습 방법도 있고 의식적으로 좌뇌와 우뇌를 분리해 새로운 생각을 유도할 수도 있다.

하지만 궁극적으로 새로운 아이디어를 도출하는 능력은 당신이 설득하는 사람으로서 얼마나 성공을 거둘 수 있을지를 좌우한다. 결국 어느 수준의 카피라이터건 아이디어 도출 능력을 키우고 유지하기 위해서 반드시 해야 할 것은 자신의 뇌를 다양한 종류의 재료로 채우는 일이다.

## 한 가지 아이디어를 끌고 가는 힘

'한 가지 아이디어를 굳게 지켜라.'

내가 지금까지 들었던 가장 간단하면서도 효과적인 조언 중 하나다. 나를 가르쳤던 카피라이터 중 한 명인 마크 포드는 이를 두고 '하나의 힘'이라 불렀다. 마크는 이렇게 말했다.

**"매번 내가 어떤 주제에 관해 이야기할 때마다 사람들이 그 내용 전체를 듣고 싶어 하지 않는다는 사실에 놀랐다. 사람들은 오직 하나의 유용한 제안이나 아이디어로 자신들이 더 성공할 수 있기를 원했다."**

불리는 명칭은 여러 가지일지 모르지만 원칙은 같다. 글쓰기, 특히 판매를 위한 글쓰기에 있어 하나의 메시지를 지키는 것은 일의 성패가 갈릴 정도로 중요한 사안이다.

당신의 배우자가 세 가지 집안일을 하라고 부탁한다. 설거지, 쓰레기 버리기, 그리고 다림질. 세 가지를 모두 다 할 수 있을 리 없다. 기껏해야 두 가지 정도 해낼 것이다.

한 통의 이메일을 받는다. 세 개의 다른 메시지를 읽을 것을 요청하는 이메일이다. 다 읽을 가능성은 없다. 기껏해야 하나 정도는 읽고, 나머지는 대충 훑어볼 것이다.

아이스크림 트럭 옆면에 메뉴가 적혀 있다. 20개의 옵션이 제공되어 있다. 그렇다고 20가지 종류의 아이스크림을 모두 살 것인가? 당연히 아니다. 그렇게 많은 아이스크림을 먹으면 머리만 아플 뿐이다.

이 사례들에 '하나'의 힘을 적용해보자.

여보, 설거지 좀 해줄 수 있을까? 물론 할 수 있으며 당연히 할 것이다. 아이스크림 판매상이 '초코 플레이크를 곁들인 아이스크림콘'이라는 대형 간판을 걸어 두었다면 무슨 아이스크림을 먹을까? 당연히 초코플레이크를 곁들인 아이스크림콘이다. 문제해결이다.

하나의 아이디어에 집중하면 아이디어가 전달된다. 메시지가 흐려지면 전달되지 못하고 사라진다.

먼저, 전하고자 하는 메시지의 핵심 요소를 파악해야 한다. 이때 도움이 될 소소한 트릭이 하나 있다. 메인 아이디어를 한 줄로 요약해서 적는다. 공간을 띄우고 같은 내용을 또 한 줄 적는다.

책의 지금 이 장을 예로 들면, 메인 아이디어는 '한 가지 아이디어를 굳게 지켜라'가 된다. 같은 두 문장 사이에 적고 싶은 내용을 쓴다. 아이디어를 실제 종이나 화면 위에 적어본다.

일반적으로 글을 쓰다 보면 전달하려는 메시지의 핵심 요소에서 멀어지는 경향이 있다는 사실을 발견하게 된다. 누구나 그렇다. 나도 다른 사람들과 마찬가지다. 하지만 작성하는 내용의 마지막에 핵심 요소가 포함된 문장이 있도록 배치해두면 거기서 크게 벗어날 수 없게 된다. 각 문장과 문단에 대해 생각하게 되고, 전달하려는 요점과 연관이 있는지 스스로 질문하게 된다.

자기 자신에게 엄격하라. 사고의 과정이 오락가락하도록 두지 않으면 어떤 주제에 대해 글을 쓰건 원하는 메시지를 보다 효과적으로 전달할 수 있다. 카피의 마지막에 도달했을 때, 하나의 힘을 성공적으로 잘 활용했다면 자연스레 결론에 도달할 수 있다.

한 가지 아이디어를 굳게 지켜라.

## 아이디어를 모으는 법

나는 아이디어를 만들 때 작가이자 사업가인 제임스 알투처(James Altucher)로부터 배운 기술을 애용한다.

그는 뇌는 근육과도 같아서 운동을 해줄 필요가 있다고 주장한다. 이를 위해 제안하는 방법은 항상 메모장을 들고 다니면서 매일 생각나는 아이디어를 최소 10개 적는 것이다.

지금 작업 중인 주제와 무관한 아이디어일 수도 있고 연관된 것일 수도 있으며 갑자기 머릿속에 떠오른 아이디어일 수도 있다.

매일 습관처럼 아이디어를 적다 보면 뇌가 활성화되고, 하루에 10개의 아이디어를 메모하면 1년에 3천 650개의 아이디어가 모이게 된다. 이 아이디어 중 적어도 1개는 좋은 아이디어일 것이다. 물론 그보다 더 많을 수도 있다.

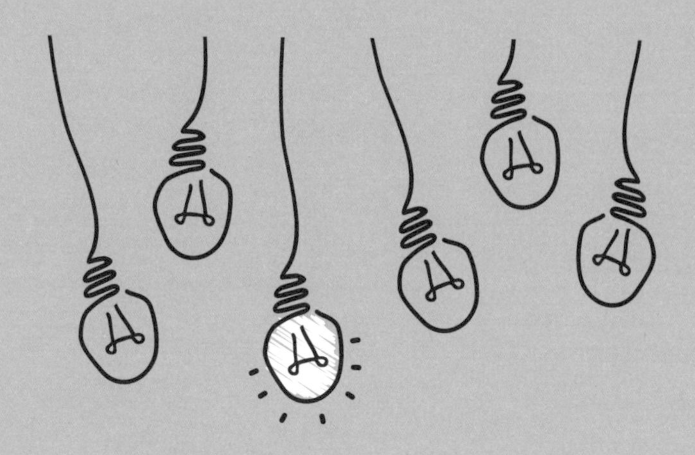

하나의 아이디어에 집중하면 아이디어가 전달된다.
메시지가 흐려지면 전달되지 못하고 사라진다.
한 가지 아이디어를 굳게 지켜라.

2부

# '직접 반응 카피'를 위한 12가지 도구

The Art of the Click

# 특징과 혜택의 차이점을 아는 것부터

고객이 가장 먼저 떠올리는 질문은
본인에게 무슨 이득이 되느냐는 것이다.
_**클레이턴 메이크피스** Clayton Makepeace(미국 카피라이터)

## 반드시 갖추어야 할 핵심 기술

초보 카피라이터를 교육할 때 항상 주는 과제 중 하나는 '특징'을 '혜택'으로 전환하는 능력이 있는지 확인하는 것이다. 겉으로 보기에는 매우 간단한 연습처럼 보인다.

솔직히 매우 간단하다. 하지만 테스트를 통해 진정한 카피라이터의 자질을 지니고 있는지 즉시 확인할 수 있다. 그 자질이란 바로 판매하는 제품이나 서비스의 특징보다 혜택이 주는 장점을 이해하는 능력이다.

나는 인터뷰 참가자 모두에게 양복 한 벌이나 HB 연필 한 자루를 나에게 판매한다고 생각하고 500자 길이의 카피를 써보라고 한다. 어려워 보이지 않는 테스트다. 그렇지 않은가? 실제로도 어렵지 않다. 대부분 참가자는 매우 유사한 방법으로 문제를 풀어낸다. 진정 독창적인 방법으로 문제를 해결한 예는 극히 드물다.

하지만 요점은 그게 아니다. 내가 찾는 건 오직 하나다. 이 카피를 쓴 사람이 제품을 팔기 위해 오직 제품의 특징에만 집중했는지, 혹은 제품의 특징 덕분에 얻을 혜택에 대해 최소한 무의식적으로라도 생각해서 쓴 카피인지를 본다. 사람들이 이 테스트에 어떻게 임하는지 비교해보면 굉장히 흥미로우며, 카피라이터 연습생이 앞으로 얼마나 성공할지 마치 리트머스 시험지처럼 확연히 드러나기 때문에 더욱 놀랍다.

그런데 예전에 들어본 적이 있는 이야기 같지 않은가? 특징과 혜택에 관한 이런 이야기? 카피에 있어서 특징과 혜택이라는 주제의 역사는 무려 수십 년을 거슬러 올라간다.

데이비드 오길비, 유진 슈워츠가 쓴 책에도 언급되어 있고 심지어는 더 오래전인 클라우드 홉킨스Claude Hopkins의 책에도 나온다.

오늘날 어떤 카피 행사에 가더라도 주제로 흔하게 나온다. 만약 주제에 포함되어 있지 않다면 행사 참가비의 환불을 요청하라. 진심이다.

이 주제는 카피의 기본 중의 기본이다. 너무도 뻔한 이야기다. 그렇게 중요하기에 정기적으로 논의할 가치가 있다. 사실 카피에 대해 한 가지만 배운다고 한다면 그 한 가지는 바로 특징보다 혜택을 강조하는 방법이다. 당신이 외치는 소리가 들리는 것 같다.

"알겠어요, 글렌. 알겠다고요. 이미 배워서 알고 있다고요."

만약 그렇다면 다행이다. 하지만 그래도 돌다리를 다시 두드려보고 건너야 한다. 만약의 경우를 대비해서 말이다.

안타깝게도, 세일즈 레터, 페이스북 광고를 살펴보거나 운전하면서 옥외 광고판을 보면 아직도 제품의 혜택 대신 특징에 집중한 문구들을 많이 목격하게 된다. 그런 광고는 고객에게 메시지를 전달하지 못한다.

### 1 특징과 혜택의 차이는 이것

아직 이 기술을 터득하지 못한 이들을 위해 특징과 혜택의 차이가 정확히 무엇인지 살펴보고, 혜택을 강조해서 더 효과적인 카피를 만들기 위해 무엇을 할 수 있을지 알아보자.

연필을 예로 들어보자.

연필의 한 가지 특징은 흑연 심이 있다는 것이다. 이 특징이 지닌 혜택은 잘못 써도 쉽게 지울 수 있다는 사실이다. 잉크 펜은 쉽게 지워지지 않는다.

이렇게 간단한 사례만 보더라도 제품의 혜택을 언급하면 그 즉시 잠재 고객에게 더 매력적인 제품이 된다. 로켓을 쏘아 올리는 대단한 과학이 아니라 고객의 일상이 더욱 편해지도록 하는 것뿐이다. 고객 스스로 제품을 사용해보고 어떤 혜택도 찾아내지 못할 위험부담까지 안기보다는 그 혜택을 말로 표현해주는 것이다.

정말 간단하지 않은가. 카피에 있어서 최소한으로 해야 할 일이 바로 이것이다. 특징을 혜택으로 바꾸어 말하는 것.

하지만 여기서 할 수 있는 일이 더 있다.

## 2 혜택에 감성적인 이야기를 더하라

잘못 쓴 걸 쉽게 지울 수 있다는 혜택은 알지만, 한 명의 고객이 제품의 혜택과 자신과의 연관성을 찾기란 결코 쉬운 일이 아니다. 우리는 종종 이런 기본적인 혜택들을 당연한 것처럼 받아들이고 있다.

따라서 잠재 고객과 진정으로 이어지려면 제품이 줄 수 있는 혜택을 다른 차원으로 끌어올려야 한다. 바로 감성을 자극하는 이야기로 채우는 전략이다.

예를 들어, 시험 치는 날에 관해 생각해볼 수 있다. 일 년 내내 시험 치는 날만을 기다리며 공부해온 학생이 있다. 시간이 흘러가서 시험이 끝나갈 때쯤이다. 문제를 잘 푼 학생은 의자 뒤로 기댄 채 긴장을 풀고 시험이 끝났다는 사실에 행복해한다. 시험 이후의 삶을 상상하면서 앞으로 이룰 성과에 대해 생각한다.

하지만 갑자기 허둥지둥하게 된다. 4번 문제가 기억이 났는데 오답에 표시했다는 사실을 깨달았기 때문이다. 시간이 단 몇 초밖에 남지 않았지만, 연필을 사용한 덕분에 재빨리 오답을 지우고 정답을 다시 써넣을 수 있었다.

1주일 뒤, 아침에 시험 결과지를 받은 학생은 술집에 앉아 자축하고 있다. 1점 차이로 가장 높은 점수를 받아 합격했다는 소식이었다. 지우고 정답을 적었던 그 한 문제 덕분에 시험의 1, 2위가 뒤바뀐 순간이다.

황당한 예이긴 하지만, 내가 말하고자 하는 바를 눈치챌 수 있을 것이다. 오래전부터 연필이 가지고 있던 작은 특징이 빛을 보기까지 오랜 세월이 걸렸다. 그저 흑연 심에 불과했지만, 이제는 시험 점수의 차이를 만드는 결정적 요인이 되었다.

사람들은 제품의 특징을 보고 지갑을 열지 않는다. 제품이 주는 혜택을 보고 항상 구매를 결정하는 것도 아니다. 사람들이 진정으로 사길 원하는 건 스토리(인과 관계가 있는 허구 또는 실제 이야기)다.

힘이 좋은 엔진이라는 특징이 있어서 마세라티를 타는 것도 아니고, 빠르다는 혜택이 있어서 사는 것 역시 아니다. 대부분 스포츠카는 빠른 게 당연하다. 사람들이 마세라티를 사는 이유는 부와 성공이라는 감성을 자극하는 스토리로 가득 차 있기 때문이다.

카피를 작성할 때 단순히 제품의 특징에만 의존해서 뭔가를 팔려고 하지 않도록 주의해야 한다. 그 특징이 고객에게 가지고 올 혜택에 대해 생각하고 그 혜택을 토대로 제품을 팔려고 해야 한다.

이에 대한 정리가 이루어지고 나면 혜택을 활용하는 데 부담을 느끼지 않을 것이고, 거기에 감성을 자극하는 스토리를 채워 넣으면 된다. 혜택 그 이상으로 생각을 확장해야 한다.

그 혜택으로 인해 어떻게 누군가의 인생이 바뀔 수 있을지 스스로 질문해보라. 다른 누구의 카피보다 독보적인 카피를 쓸 수 있을 것이다.

### 3 특징을 혜택으로 전환하라

다음 표에 10개의 아이템이 제시되어 있다. 각각의 아이템에 대해 특징과 혜택을 각각 한 가지씩 써보길 바란다. 어렵진 않을 것이다. 기본적인 이해를 돕기 위한 연습으로, 각 아이템의 특징을 혜택으로 전환함으로써 특징이 어떻게 매력적으로 바뀔 수 있는지 확인해볼 수 있다.

서둘러 작성할 필요는 없다. 얼마나 이해했는지 수준을 테스트하기 위해 다음 표에 제시된 아이템보다 모호한 아이템을 대상으로 해도 좋다.

| 아이템 | 특 징 | 혜 택 |
|---|---|---|
| 캔콜라 | | |
| 러닝화 | | |
| 맥주 한 병 | | |
| 계산기 | | |
| 아이폰 | | |
| 초콜릿 바 | | |
| 여름휴가 | | |
| 1달러 지폐 | | |
| 아이스크림 | | |
| 소설책 | | |

## 익숙하지 않은 제품을 대하는 법

자주 사용하지 않고 익숙하지 않은 제품이나 서비스에 대해 카피를 쓰는 경우, 자신만의 해석에 의존하지 마라.

물론 본인 스스로 제품이나 서비스의 혜택을 생각해내는 것도 가능하지만, 실제로 그 제품이나 서비스를 사용하는 사람과 이야기하면 훨씬 재미있게 제품의 혜택에 대해 알 수 있다.

혼자서는 알 수 없었던 사소한 디테일을 제품 사용자는 자연스레 떠올릴 수 있다.

그리고 그 작은 디테일은 마음에 닿아서 다른 잠재 고객들이 해당 제품이나 서비스에 대해 보다 깊은 수준으로 공감할 수 있게 한다.

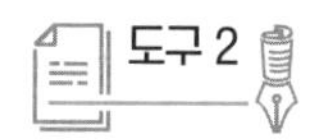

# 카피 뼈대 잡기

자연 속 모든 곳에는
패턴이 존재한다.
-**맥스 코엔**Max Cohen(영화 〈파이(π)〉의 주인공)

## 좋은 카피에 숨겨진 구조

영화 〈파이〉를 본 적 있는가? 수학 스릴러 영화다! 이런 장르라니. 감독인 대런 아로노프스키Darren Aronofsky는 살짝 제정신이 아니다. 그의 작품 〈블랙 스완Black Swan〉과 〈마더!Mother!〉를 봐도 알 수 있다.

영화 〈파이〉에서 주인공은 주식 시장에도 패턴이 있다고 생각하고 이것을 찾으려 한다. 그는 답이 파이π에 있다고 믿고 있다. 3.14로 시작하는 그 파이 말이다. 어쨌든 주인공은 실제 존재하지 않는 구조를 찾으려 애쓰는 과정에서 거의 미쳐간다.

패턴이란 게 그런 거다. 완전히 보편적으로 적용되는 패턴을 찾기는 매우 어렵다. 종종 예외가 있기 마련이고 그걸 인정하지 못하면 예외 사항들을 해결하느라 미쳐갈 수 있다. 누군가 정형화된 패턴을 고집하는 건 문제가 있다는 사실을 깨닫고 그 패턴을 버리기 전까지 패턴은 곧 법이다.

하지만 여러모로 정해진 패턴을 따르는 것은 훨씬 실용적일 수 있다. 이것이 내가 'P 법칙Four Ps'에 대해 느끼는 바다. 변칙적인 예외사항이 있지만 효율적으로 활용해볼 수 있다.

내가 처음 카피를 시작했을 때, 직접 반응 카피에 대해 배운 내용 중 하나가 4P 법칙이었고 큰 도움을 받았다. 그래서 여기서 공유하는 게 맞을 것 같다.

## 4P 법칙에 대한 이해

카피의 모든 이론과 마찬가지로 4P는 누구에게 물어보느냐에 따라 그 정의가 달라진다. 나는 직접 카피의 대가인 빌 보너와 마크 포드가 1980년대 성공적인 긴 카피들을 분석하며 찾아낸 패턴이 4P라고 배웠다.

많은 카피를 쓴 것으로 유명한 카피라이터 밥 블라이Bob Bly가 만든 법칙이라고 어디선가 듣기도 했다. 빌과 마크의 친구이자 첫 제자인 존 포드John Forde가 만들었다는 사람들도 있다.

그 시초가 누구든 그건 중요하지 않다. 중요한 건 많은 카피가 이 구성을 개략적으로 따르고 있다는 사실이다. 먼저, 카피라이터가 약속promise한다. 그림을 그려 시각화picture한다. 그리고, 약속과 시각화의 증거proof를 보여준다. 마지막으로, 고객을 설득push해 행동하게 한다.

대략 이론적으로 그림과 증거가 가장 큰 부분이다. 분명, 카피에 더 많은 증거를 찾아 넣을수록 누군가 클릭하고 행동에 옮길 가능성이 더 커진다. 적어도 이론적으로는.

가장 기초적인 방법으로 이 구조를 표현하면 다음과 같은 모습이 될 것이다.

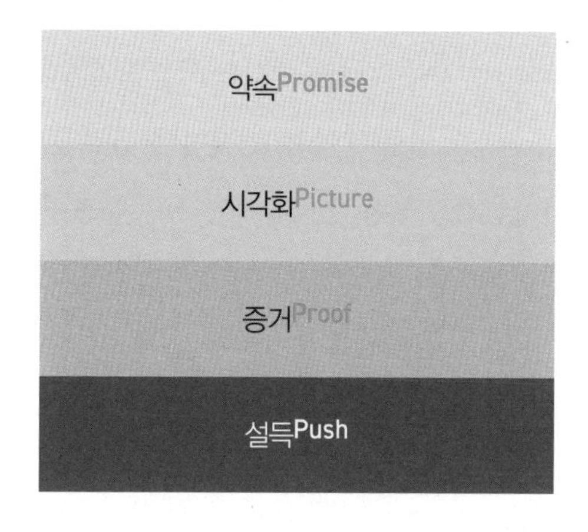


이 구성은 간단하지만 강력하다. P 하나하나마다 집중도를 높여 활용할 수 있다는 사실을 최근 몇 년 사이에 깨닫게 되었다.

먼저, 각각의 P가 왜 중요한지부터 살펴보자.

## 1 약속Promise : 고객의 관심을 끌어라

이 책의 후반부에서 헤드라인과 리드lead 카피에 관해 다룰 때 고객의 주의를 끌 수 있는 여러 다양한 방법이 존재한다는 사실을 살펴볼 것이다.

그중에서도 약속하기는 그야말로 고전이자 기본이다. 당연한 이야기 아닌가? 누군가 배짱 두둑한 약속을 한다면 그 약속에 대해 궁금해지는 것이 당연하다. 누가 그렇지 않겠는가?

약속하기 방식의 헤드라인은 광고 카피계에서 오랫동안 성공한 방식이었고, 지금도 여전히 높은 성공률을 자랑한다.

금융 광고 카피의 경우, Y라는 주식을 사면 X의 수익을 낼 수 있다고 약속하는 헤드라인을 많이 봤을 것이다. 건강 관련 카피의 경우, 새로운 비타민제를 복용하면 관절염 통증이 줄어든다는 약속을 하는 광고를 분명 본 적이 있을 것이다. 약속하기 방식의 헤드라인은 직접 반응 카피를 먹여 살리는 주요 생계수단이라 해도 과언이 아니다.

그런데 미국에서 열린 카피 컨퍼런스에서 나는 카피의 전설적 존재인 밥 블라이가 공유한 작은 조언에 그만 매료되고 말았다.

'약속하기 헤드라인' 방식에 새로운 차원을 더하는 조언이었다. 밥은 약속하기 헤드라인에 대해 간단히 이야기한 뒤 늘 하던 일반적인 조언을 해주었다. 대범해야 하고 구체적이어야 하며, 가능하다면 독창적이어야 한다는 조언이었다. 다 좋은 이야기다.

그런데 거기서 밥은 '두 번째 약속'에 대해 이야기하기 시작했다.

헤드라인에 큰 약속을 할 때, 반드시 두 번째 약속을 포함하는 부제가 즉시 따라와줘야 한다는 것이다. 그리고 두 번째 약속은 헤드라인에서 했던 약속보다 더 작은 게 좋다. 이 말을 들으면 큰 약속의 힘이 약해지진 않을까 생각할 수 있지만 사실 그 반대다.

제대로 쓴 두 번째 약속은 헤드라인을 더욱 효과적으로 만들 수 있다. 예를 들어, 카피의 큰 약속이 다음과 같은 내용일 수 있다.

**첫 번째 약속**

**"만약 이 저가주가 4월 14일에 특허를 확보한다면, 오늘 당신이 매수한 모든 주식이 하룻밤 만에 500%의 수익을 낼 수 있을 것입니다."**

꽤 잘 쓴 카피이고 추측에 근거해서 투자를 결정하는 투자자 중 누군가는 이 약속을 믿고 매수 결정을 내릴 수도 있다. 하지만 밥의 이론을 적용해서, 앞서 제시된 큰 약속 뒤에 다음 문장이 뒤따른다면 어떨지 생각해보라.

**두 번째 약속**

**"하지만 특허 취득에 실패한다고 해도 향후 12개월간 50퍼센트의 수익은 날 것입니다."**

이제 돈을 잃을 걱정은 없다. 돈을 벌 수 있도록 한다는 큰 약속이 있었고, 약속이 지켜지지 못한 경우에도 여전히 수익은 난다. 어떤 경우든 광고를 읽는 이에게는 둘 다 좋은 상황이니, 광고 카피의 첫 몇 줄만으로 신뢰를 얻을 수 있다.

두 번째 약속을 사용할 때 핵심은, 메인 헤드라인에서 했던 약속보다 작은 약속을 하되 광고에서 팔고자 하는 걸 구매했을 때 고객은 여전히 혜택을 볼 수 있다는 사실을 확인시켜야 한다는 점이다.

## 2 시각화Picture : 주인공이 되게 하라

고객을 사로잡는 기술은 직접 반응 카피를 쓸 때 배울 수 있는 가장 중요한 기술 중 하나다. 고객을 위해 그림을 그리듯 시각화해 주는 일은 고객을 사로잡는 확실한 방법이다.

하지만 몇 가지 이상한 이유로 인해 업무의 세계, 비즈니스의 세계는 아침 9시에서 오후 5시 사이에 존재하는 마치 죽은 듯한 회색공간이어야 한다고 생각하는 것 같다. 일할 때는 재미있어서는 안 되고, 사실과 숫자, 그래프로 말해야 한다고 여긴다. 온통 지루한 것으로 가득하다고 말이다. 그래서 마치 로봇이 쓴 것처럼 건조하고 생명력 없는 카피들을 무수히 많이 봐왔다.

하지만 그와 반대로 성공한 카피는 그 안에 이야기적인 요소를 지닌 경우가 많다. 재미있고 호감을 주는 스토리의 형태로, 보는 사람이 더 읽고 싶어지도록 만든다. 전달하려는 메시지에 매력적인 이야기를 더하는 데 초점을 맞춘다면 메시지 전달은 매우 효과적으로 이루어질 것이다. 다음의 예를 살펴보자.

**"실크 모자를 쓰고 연미복을 입은 당신이 개인 기차의 발코니에 서서 스치는 바람을 느끼며 프랑스산 고급 샴페인을 마시고 있는 모습을 상상해보십시오.**

**때는 1850년, 기차선로가 마치 덩굴이 자라듯 서쪽으로 뻗어 나가고 있습니다. 당신은 아직 모르고 있지만, 지금 타고 있는 기차의 선로 덕분에 곧 세 배 이상의 부를 축적하게 되고 당신의 가문은 미국에서 가장 위대한 가문 중 하나가 됩니다."**

훌륭하지 않은가? 지금까지 가장 성공한 긴 카피 중 하나의 첫 두 문단이다. '미국을 횡단하는 새로운 철길'이라는 헤드라인으로 알려진 카피다. 카피라이터는 잠재 고객을 사로잡기 위한 시각화의 대가인 포터 스탠스베리Porter Stansberry다.

잠재 고객의 마음을 끌기 위해 사용된 이야기 중 가장 효과적이었던 예를 몇 가지 더 소개하겠다. 포터의 철길 이야기를 들었다면 이번에는 다른 이야기를 들어보자.

**"창밖을 내다보니 정원사가 레몬, 체리, 무화과나무의 가지치기를 위해 바삐 움직이고 있다. 정원에는 치자, 히비스커스, 접시꽃이 흐드러지게 폈다. 하늘은 푸르고, 햇살을 받아 반짝이는 바다는 더욱 푸르다.**
**바다에서 불어오는 부드럽고 깨끗하며 상쾌한 바람을 느끼고 있을 때 가정부가 아침을 준비해 침대로 가지고 온다. 잠깐 세상을 떠나 천국에 온 건 아닌가 생각한다.**
**하지만 이런 낙원이 실제로 존재한다. 당신에게도 충분히 가능한 일이다. 당신 소유의 집에서 머무는 비용의 절반으로 이처럼 꿈에 그리던 라이프스타일을 누릴 수 있다!"**

이 전설적인 헤드라인은 〈인터내셔널 리빙 매거진〉의 출간을 위해 사용된 카피다. 수년 전 빌 보너가 작성한 카피로, 해당 잡지를 위해 진행했던 프로모션 중 가장 성공한 프로모션의 하나로 꼽힌다.

뛰어난 시각화를 이룬 헤드라인으로 마치 이야기에 들어가 있는 듯한 기분이 든다. 이야기의 주인공은 고객이며, 실제 창문 밖에 아름다운 풍경이 보이는 듯하다. 헤드라인이 시작되자마자 빨려들어가듯 머릿속에 떠오른 이미지에 사로잡혀 계속 읽고 싶은 마음이 든다. 시각화의 훌륭한 예라 할 수 있다.

지금까지 살펴본 두 가지 예를 보면 정도의 차이는 있지만 이야기 속에 고객을 직접 등장시킨다는 점은 같다. 하지만 반드시 그럴 필요는 없다. 제3자의 입장에서 쓴 스토리를 통해서도 고객의 관심을 끄는 것이 가능하다. 다음과 같은 유명한 월스트리트 저널의 프로모션처럼 말이다.

**"25년 전, 어느 눈부신 봄날의 오후 두 청년이 같은 대학을 졸업했다. 둘은 서로 닮은 점이 많다. 둘 다 젊고 여느 학생들보다 뛰어나며 매력적일 뿐만 아니라 이제 갓 대학을 졸업한 청년으로 미래에 대한 야심 찬 꿈으로 가득하다."**

**"이 둘은 최근 25년 만의 재회를 위해 대학으로 돌아왔다."**

이야기 속에 고객을 개입시키진 않지만, 이야기 자체는 여전히 흥미를 끄는 내용이다. 서로 비슷했던 두 젊은이가 25년이 지난 지금 다시 만나는 설정에 대해 들으면 어떤 일이 있었는지 궁금하게 된다.

이 외에도 비슷한 사례는 많다. 그리고 그 모든 훌륭한 카피들은 다음의 세 가지 특정 요인을 지녔다는 공통점을 지닌다. 이 요인들을 실제 카피에 적용하면 카피는 눈부시게 발전할 것이다.

첫째, 빌 보너의 카피에서 볼 수 있듯 카피에 담긴 이야기는 반드시 구체적이어야 한다. '레몬, 체리, 무화과나무의 가지치기를 위해 바삐 움직이고 있다.' 사람들은 이런 디테일을 알아보고 실제와 연관성을 찾기 때문에 이런 세심한 표현이 이야기에 생명력을 불어넣는다.

둘째, 카피에 담은 이야기는 자연스럽게 흘러가야 하고 전달하려는 메시지와 관련 있어야 한다. 물론 독창성을 발휘할 순 있지만 반드시 연관성이 있어야 한다.

스탠스베리의 철길 이야기는 한 시대를 정의하는 개발 프로젝트와 이를 토대로 부를 축적한 사람들에 관한 내용이다. 그가 전하려는 메시지가 카피 문장 전체를 따라 흐르면서, 시대를 정의하는 신개발이 진행 중이라는 사실을 보여준다.

세 번째이자 내가 생각하기에 가장 중요한 요인은 바로 고객을 적극적으로 끌어들이는 것이다. 가능한 시작점은 이야기의 중간 즈음이다. 약간의 배경 제공이 필요한 때도 있지만 그건 최소한으로 두는 것이 좋다.

기억하라. 어느 정도는 신비에 싸인 채로 두는 것이 이야기를 더 매력적으로 만드는 요소가 된다. 카피를 읽어가면서 그 내용을 발견해가도록 하는 것이다.

### ❸ 증거Proof : 허풍을 떨면 안 된다

예술적인 카피 기술을 사용해서 누군가의 클릭을 유도하고 제품을 구매하도록 설득하는 것은 좋으나, 만약 증거를 제시하지 못할 경우에 굉장히 힘든 싸움이 되고 만다. 성공한 카피라면 당연히 증거가 되는 요소를 포함하고 있어야 한다.

제품의 성능이나 서비스의 효과, 이미 사용하고 있는 사람들의 추천, 혹은 개인적인 일화나 논리적인 증거 등 사용할 수 있는 증거에는 여러 종류가 있다. 어느 정도 괜찮은 수준의 자료조사를 했다면, 다음의 증거 정도는 가지고 있어야 한다.

- **신문 기사 인용** : 카피의 아이디어를 똑같이 사용한 온라인이나 오프라인 언론기관의 헤드라인. 예를 들어, 영국 중앙은행의 금리 상승에 대한 카피를 쓴다면 〈타임즈Times〉에서 '영국 중앙은행, 금리 인상 계획'이라는 기사를 낼 것이고, 당신의 주장에는 무게가 실리게 된다.
- **사례 연구** : 고객에게 일어날 거라고 말하는 일이 이미 실제로 다른 사람들에게 일어나고 있다는 사실을 보여준다.
- **증언** : 약속할 때 이미 그 약속이 실현된 기존 고객들의 이야기를 들려준다.
- **과거 성과** : 해당 제품이나 서비스가 과거에는 어떤 성과를 냈는지 보여준다. 단순히 말로 설명하는 것보다 효과적이다.

최근에는 세일즈 레터에서 소셜 미디어를 증거로 활용한 예를 종종 볼 수 있다. 고객이 트위터를 사용한다면, 주장을 뒷받침할 트윗을 찾아서 화면 캡처한 이미지를 카피에 포함하면 된다.

증거를 다룰 때 중요한 사실은 증거가 많으면 많을수록 좋으므로 가능한 한 많이 가지고 있어야 한다는 것이다. 이것은 제품이나 서비스에 대해 깊숙이 들여다보고 많은 것을 찾아내는 자료조사(리서치)를 기반으로 한다. 제품이나 서비스에 대한 조사는 인터넷 덕분에 과거에 비해 훨씬 수월해졌다.

카피에서 약속하는 문구를 쓰고 나면, 시각화한 후 충분한 증거를 제공하는 걸 기본으로 생각하자. 그래야 사람들이 카피를 믿고 행동하게 된다.

### 4 설득Push : 동의를 얻어라

당신이 뭔가를 읽고 고개를 끄덕이기 시작하는 순간의 기분을 알고 있는가?

종이에 적힌 뭔가 심금을 울리는 이야기를 읽고 있다면, 얼굴에 미소가 퍼지며 고개를 끄덕이게 되고 '나도 그렇게 생각한다'라고 마음속으로 떠올리게 된다. 그런 기분이 든 적 있지 않은가? 지금 이 글을 읽으면서도 고개를 끄덕이고 있을지도 모른다.

'맞아, 나도 그런 일이 있었지.'

흥미로운 사실은 이와 같은 고객의 반응이 매우 유용하다는 것이다. 고객들이 카피를 읽고 고개를 끄덕인다면 클릭을 요구할 때도 계속해서 동의해줄 가능성이 크다. 심지어 판매로 이어질 수도 있다. 이건 전혀 어려운 논리가 아니다. 카피라이터에 대해 하나를 동의하고 나면 다른 것에도 동의하기 쉽다는 말이다. 카피라이터가 제품을 구매해야 한다고 말하는 것에도 동의하기 마련이다.

당신도 동의하는가? 빙고.

'동의 얻기'는 카피가 고객을 설득하는 부분에 강력한 힘을 실어줄 수 있다. 나는 이 방법을 매우 여러 번 사용했다. 생각해 보니 내가 쓴 카피 중 중요한 카피에는 모두 어떤 형태로든 이 개념을 적용한 것 같다. 수년 전에 쓴 카피에는 이런 구절이 있었다.

**"아침에 집에서 나가기 전, 나는 몇 가지 루틴이 있다.**
**침대에서 일어나면 스트레칭을 하며 잠에서 깬다. 이때쯤 약간의 운동을 하려고 늘 자신과 약속하지만 한 번도 지킨 적은 없다.**
**대신 나는 주방을 어슬렁거린다. 주전자를 채우고 커피가루를 한 숟가락 떠서 머그잔에 담은 다음, 커튼이 드리워진 창으로 다가가 밖을 내다본다.**
**당신의 아침도 같은가? 매일 아침 날씨를 확인하는가?**
**화창한 날이나 눈이 내리는 특별한 날을 기대해본 적이 있는지조차 모르겠다. 언제나 그렇듯 영국의 잿빛 하늘이 드리운 아침이기 때문이다. 그런 기분이 든 적 있지 않은가?"**

마지막 부분에서 밖을 보며 날씨를 확인하는 행동은 아마 대부분 사람이 하는 것과 같다고 상상할 수 있는 부분이다. 그렇지 않은가? 카피를 읽은 사람들은 동의하면서 고개를 끄덕이기 시작한다.

이 세일즈 레터는 화폐 거래 전략을 판매하기 위해 고안된 것으로, 대체 '날씨 확인'에 대한 내용을 어떻게 화폐 거래와 연관시킬 수 있을지 궁금할 것이다. 제품 자체와 약간의 연결고리가 있긴 하지만, 내가 이 카피를 여기서 소개하는 목적은 다른 데 있다.

사람들이 레터를 읽고 고개를 끄덕이도록 하는 것이 목적이다. 그뿐이다. 여기서 목표로 해야 하는 것은 실제로도 고개를 끄덕이는 진짜 신체적 반응이다.

이를 위해서는 먼저 고객이 공감하고 동의할 무언가를 찾아야 한다. 2 더하기 2가 4라는 건 모두가 아는 것처럼, 일반적으로 알려진 진실을 찾는 것이 가장 이상적이다.

내가 사용했던 예의 경우 모든 사람이 공감하지 않을 수 있으므로 약간 위험한 면이 있다. 하지만 약간 모호한 부분이 있어서 오히려 확실하게 공감하는 고객이 있다면 더 강한 동의의 고갯짓을 할 것이다.

이 방식을 시도해보려면 여러 다양한 시나리오들을 시도해보고 사무실 내 동료나 가족에게도 확인해봐야 한다. 사람들이 공감하고 동의하는 무언가를 찾아내기만 한다면 거의 완성 단계에 들어선 것이다. 고객이 고개를 끄덕일 가능성을 높이려면 유도 질문이 필요하다. 앞서 인용한 세일즈 레터에서 직접 고객에게 질문을 던진 부분이 있다.

"당신의 아침도 같은가?"
"그런 기분이 든 적 있지 않은가?"

글의 초반부에서 나는 질문을 던지는 전략을 사용했다. 그리고 실제로 반응을 제시하기도 했다.

이 질문들은 고객이 고개를 끄덕이게 하려고 의식적으로 포함된 것이다. 물론 고객이 크게 소리 내어 답하진 않을 것이다. 대신 고객의 뇌는 뭔가 다른 방법으로 동의를 표할 것이다. 바로 고개를 끄덕이는 행동 말이다.

만세! 이제 자신의 카피를 통해 고객으로부터 무의식적인 신체 반응을 끌어냈고, 그들의 구매 결정에 영향을 미칠 수 있게 되었다. 좋은 일이다. 여기서 핵심은 고객이 당신의 의견에 동의하도록 한 뒤 그대로 신체적 행동으로 발현되도록 하는 것이다.

기억하라. 판매하고자 하는 제품이나 서비스와 반드시 관련 있는 내용에 대한 공감을 얻을 필요는 없다. 이 전략은 제품 자체에 대한 것이 아니라, 카피를 읽는 고객과 고객을 설득하고자 하는 카피라이터의 시도에 대한 것이다.

자, 이제 네 개의 P가 모두 모였다. 다음 주제로 넘어가기 전에 4P에 대해 조금만 더 생각해볼 시간을 갖길 바란다. 연습 과제 하나를 줄 테니 한번 시도해보자.

### 가능한 한 많은 P를 찾아라

4P 법칙을 사용할수록 이것이 단순히 긴 카피의 뼈대 역할을 하는데 그치지 않고, 정확하게 과녁을 조준한 전략적인 방식이라는 사실을 깨달았다.

긴 카피 분석을 시작해보면 4P 구성요소인 약속, 시각화, 증거, 설득이 카피 곳곳에 포진하고 있음을 알아차리게 된다. 아주 흥미로운 사실이다. 성공한 직접 반응 카피에 관해 연구하면서 깨달은 것은 뛰어난 카피일수록 4P라는 구성요소가 끊임없이 순환하며 나타나는 경향을 보인다. 때로는 몇 문단마다 반복적으로 사용될 만큼 자주 등장하기도 한다.

4P의 사용이 효과적인 이유는 끊임없이 반복 사용함으로써 전달하고자 하는 아이디어를 고객의 마음속에 계속 떠오르도록 할 수 있다는 점이다. 약속을 상기시키고, 고객을 위해 시각화한 이미지를 떠올리며, 카피라이터가 공유한 여러 증거 요소들을 본 뒤, 마지막으로 판매 제품이나 서비스를 구하려면 행동할 필요가 있다는 결론에 도달한다.

이를 잘 보여주는 카피의 사례는 바로 앞서 손으로 옮겨 적어보길 원했던 나의 세일즈 레터다. 지금 그 레터를 다시 한번 읽어 보고 레터 안에 사용된 4P의 예를 최대한 많이 찾아보길 바란다.

레터를 읽으면서 약속, 시각화, 증거, 설득에 해당하는 부분을 찾았다면 그 옆에 메모해두길 바란다. 다 마친 뒤 살펴보면 거의 모든 문단에 네 개의 P 중 하나가 적혀 있는 것을 확인할 수 있다. P가 적히지 않은 채로 남아 있는 문단은 강조를 위해 중복된 내용을 담고 있을 것이다.

## 좋은 카피를 구성하는 4P 법칙

좋은 카피를 구성하는 4P 법칙은

약속Promise, 시각화Picture, 증거Proof, 설득Push이다.

먼저, 카피라이터가 약속Promise한다.

그림을 그려 시각화Picture한다.

약속과 시각화의 증거Proof를 보여준다.

마지막으로, 고객을 설득Push해 행동하게 한다.

4P 구조는 대체로 보편적이나 완전히 고정적인 것은 아니다. 때로는 카피에 활기를 불어넣기 위해 규칙을 깨야 할 필요도 있다.

목표 달성에 실패한 카피를 발견한다면, 약속으로 시작하는 게 아니라 시각화나 증거 제시로 시작해야 될 수도 있다.

주요 요소들은 이미 다 포함되어 있다면, 그 요소들이 구성된 구조를 변경해주기만 해도 고객을 사로잡을 수 있다.

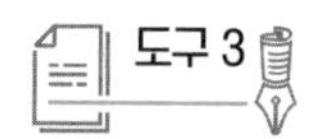


# 문제 있는 헤드라인을 개선하는 법

광고는 '왜'가 아니라
'무엇'에 관한 비즈니스다.
**_빌 보너**Bill Bonner(아고라의 설립자)

## 좋은 헤드라인에 꼭 있는 4가지

멘토 중 한 명인 마크 포드Mark Ford는 미국의 사업가이자 작가로, 문제 있는 헤드라인을 개선하는 간단한 방법으로 4U 법칙을 알려준 적이 있다.

여기서는 실제로 적용해볼 수 있게 테스트를 먼저 해보고 싶다. 테스트는 이렇게 진행해볼 예정이다.

클릭뱅크Clickbank에서 세 개의 프로모션을 무작위로 고른 다음, 4UFour Us라는 고전적인 방법을 사용해 각 프로모션 카피를 신속하게 개선시킬 수 있는지 살펴보자. 먼저 우리가 같은 수준의 이해력을 갖출 수 있도록 한 다음, 4U 뒤에 숨겨진 개념에 관해 설명하겠다.

좋은 헤드라인에 관한 4U 법칙의 역사를 아주 짧게 설명하겠다. 이야기의 시작은 이랬다. 몇 년 전, 마크 포드와 그의 동업자이자 카피계 전설인 빌 보너가 자신들이 지금까지 썼던 직접 판매 프로모션 중에서 어떤 것이 실패했고 어떤 것이 성공했는지 들여다보았다.

그러면서 앞 장에서 살펴본 4P 법칙을 사용해 성공한 프로모션과 실패한 프로모션 사이의 유사점과 차이점을 분석했다. 그리고 많은 노력과 다양한 분석적 테스트를 거친 끝에 마침내 성공한 헤드라인마다 포함되어 있던 4가지 요소를 발견했다.

무엇이었을까? (드럼 효과음 부탁해요.)

**먼저, 각 헤드라인은 긴박한 기분**Urgency**이 들도록 했다.**

**둘째, 유용한**Useful **무엇인가를 제공했다.**

**셋째, 독창적인**Unique **것이 포함되어 있었다.**

**마지막으로, 구체적**specific**이었다.**

**아, 잠깐만. 이 부분은 다시 말하겠다. 그리고 마지막으로 각 헤드라인은 '초' 구체적**Ultra-specific**이었다.**

나도 알고 있다. 마지막은 사실 앞글자를 맞추기 위해 살짝 변형한 것이고 엄격히 말하자면 U로 시작하지 않는다는 사실을. 하지만 이렇게 U로 맞추면 기억하기는 훨씬 쉽다.

어떤 글자로 시작하건 관계없이 카피에 대해 배우는 데 엄청나게 도움이 될 아이디어다. 왜냐하면 어떤 카피가 대체 왜 제 기능을 하지 못하는지 이해하기 위해 고군분투하고 있다면 4개의 U 중 하나가 빠져 있을 가능성이 크기 때문이다.

이해되는가? 당연히 그럴 거라 믿는다. 이제 클릭뱅크에서 무작위로 고른 세 개 프로모션의 헤드라인을 가지고 분석해보자.

##  4U 법칙 테스트하기

**저녁 6시 52분, 원즈워스의 라운드하우스**

'인터넷 마케팅'이라고 검색했더니 무작위로 검색된 첫 번째 제품은 코칭 프로그램이었다.

판매 페이지의 헤드라인은 4개의 U 대부분이 빠진 카피의 예로 손색이 없었다. 그래서 여기 그 헤드라인을 가지고 왔다.

> "드디어 온라인으로 돈 버는 법을 배워봅시다!"

이 카피를 보자마자 터무니없이 전형적이고 형편없다는 사실을 깨달았을 것이다. 그래도 4U 법칙을 차근차근 대입해보자.

### 1 긴박성

전혀 없다. 답은 간단하다. 정말 더 살펴볼 필요도 없다. 이 헤드라인에는 어떤 긴박감도 없다. 즉시 개선해보면 '드디어 오늘 온라인으로 돈 버는 법을 배워봅시다!'로 바꿀 수 있겠지만, 여전히 형편없긴 마찬가지다. 그래도 '오늘'을 추가하기만 하더라도 이미 긴박성이 좀 더해진 느낌이다.

### 2 유용성

거의 모든 헤드라인은 어떤 형태로든 유용성을 지닌다. 특히 금전적인 약속이 포함된 경우는 더욱 그러므로, 금전적인 약속을 하는 카피는 늘 어렵다. 하지만 생각해보면 '온라인'이 무엇을 의미하는지 전혀 모른다고 가정할 때 이 헤드라인이 얼마나 유용할 수 있겠는가? 그다지 쓸모 있지 않을 것이다. 그럼 이렇게 만들어보자.

'드디어 오늘 돈 버는 법을 배워봅시다. 비록 당신이 공과금 납부에 허덕이고 있다고 할지라도.'

이렇게 카피를 바꾸면 금전적인 혜택이 모두에게 유용할 수 있는 뭔가를 즉시 연상시킬 수 있게 된다.

### 3 독창성

이 헤드라인은 독창적이지 않다. 재빨리 손보면, '드디어 15년 된 아즈텍 코드가 바로 오늘 온라인으로 돈 버는 비결을 알려드릴 수 있습니다.' 말도 안 되는 카피지만, 독창적인 요소가 훨씬 더 흥미롭다.

### 4 초 구체성

독창적인 헤드라인은 뭔가 새로운 것을 말해야 하고, 더욱 구체적인 헤드라인은 진정성을 가져다줄 수 있는 상세정보를 포함해야 한다. 여기 제시된 예는 어떻게 보더라도 구체적이지 않기 때문에 이렇게 개선해보고자 한다.

'드디어 단 6주의 프로그램으로 온라인 제휴 마케팅을 통해 한 달에 2만 파운드를 버는 방법을 공개합니다.'

원래 헤드라인과 내용은 같다. 단지 상세정보를 더했을 뿐이다.

이번 헤드라인은 쉬운 예였다. 하지만 실제로 4U의 기본 원칙이 어떻게 사용될 수 있는지 즉시 살펴볼 수 있는 좋은 예였다.

### 저녁 7시 12분, 원즈워스의 라운드하우스

'금융 거래'라는 키워드로 무작위 검색을 통해 또 다른 프로모션을 찾았다. 여전히 끔찍한 헤드라인으로, 마치 치즈 냄새를 너무 많이 맡은 쥐처럼 성공에 도취한 카피라이터가 작성한 듯하다.

하지만 공정하게 말하면, 앞서 살펴봤던 예보다는 훨씬 더 공을 들인 게 보인다. 이제 4U 법칙을 바탕으로 분석해보자.

스윙 트레이더, 스프레드 베팅 참가자 및 투자자분들께
제 거래 전략을 따라 하면 꾸준히 수익을 낼 수 있습니다.
그것도 매달! 지금 바로 시작하십시오!

시장이 상승세든 하락세든 수년간의 연구, 테스트, 거래가 마침내 그 열매를 맺는 순간입니다! 이 모든 것이 제 책에 담겨 있습니다. 수익을 보장하는 단기 스윙 트레이딩 책입니다. 거래 초보건 숙련자건 관계없습니다. 포괄적이고 완벽한 거래 전략을 배워서 이런 혜택을 얻을 수 있습니다.

## 1 긴박성

'지금 바로 시작하십시오!'라는 문구를 보았는지? 카피라이터는 분명히 적절한 위치에 이 문장을 사용했다. 이 문장 덕분에 이전 헤드라인보다 약간의 긴박성이 더해진 것은 사실이다. 하지만 여전히 어디서나 볼 수 있는 카피다. 진짜 긴박성은 보통 두 가지 방법으로 만들어진다.

예를 들어, 단 500명만 이 제품을 사용할 수 있다는 등 접근 가능 인원을 제한하거나, 제품의 특성 중에서 어떤 상황이 자연적으로 긴박성을 가질 경우다. 다음 며칠 혹은 몇 주 내 예정된 뉴스 발표에서 스윙 트레이딩 전략을 사용할 기회가 찾아올 수 있다고 상세한 설명을 더해주면 약간의 개선이 이루어질 수도 있다.

## 2 유용성

이미 유용성 문제는 해결됐다. '시장이 상승세든 하락세든' 문구에서부터 이 헤드라인의 유용함에 고개를 끄덕이는 고객이 많았다. 앞서 말한 바와 같이, 카피에서 금전적인 사항을 약속할 때 제품이나 서비스의 사용은 내재되어 있는 경우가 많다. 따라서 유용성이라는 측면에서는 크게 비난할 부분이 없다.

## 3 독창성

헤드라인의 독창성에 대해서는 좀 엄격하게 살펴보고자 한다. 이전에 금융 제도 관련 헤드라인을 본 적이 없다면 이 카피가 독창적으로 보일 수도 있지만, 사실 전혀 특색 없는 카피라고 말해주고 싶다.

'제 거래 전략을 따라 하면 시장이 어떤 방향으로 향하든 관계없고, 어떤 경험도 필요 없습니다.'

이 문구들은 모두 단조롭고 이미 많이 사용된 문구들이다. 개선책은? 여기서 '단기'에 초점을 맞춰 개선해보자. 스윙 트레이딩 전략은 널리고 널렸지만, 단기 스윙 트레이딩이 좋은 점은 대체 무엇일까?

더 나은 헤드라인이 되기 위한 시작점은 이쯤 될 것이다.

'공개 : 스윙 트레이더가 매일 하는 작은 실수를 피함으로써 하루에 500파운드의 수익을 올릴 수 있습니다.'

### 4 초 구체성

카피가 겉으로 보기에는 초 구체성이 실현된 것처럼 보이지만, 다시 한번 들여다보라.

꾸준한 수익, 시장, 매달, 수년간 연구와 테스트. 모두 애매모호하기 짝이 없다. 온통 암시적인 표현뿐이다. 모호한 암시는 좋지 않다. 꾸준한 수익? 구체적으로 풀어야 한다. 시장? 어떤 시장을 말하는가? 매달? 한 달에 얼마를 기대할 수 있는가? 수년간 연구와 테스트? 언제부터 테스트를 해왔는가?

제발 더 구체적인 정보를 담길 바란다.

4U 법칙을 따름으로써 헤드라인에 대해 올바른 질문을 던질 수 있고, 처음 봤을 때 발견하지 못한 문제점을 찾을 수 있다. 한 가지 예를 더 살펴보자.

**저녁 7시 37분, 원즈워스의 라운드하우스**

'건강'이라는 키워드로 검색해서 도달한 페이지를 보는 순간, 다른 예를 찾아봐야겠다고 생각했다. 하지만 독자를 속이진 않겠다. 그냥 같이 살펴보자.

> 성경에서는 암, 심장병, 당뇨와 고혈압 예방을 위한
> 식단 관리와 건강 관리에 대해
> 어떻게 말하고 있는지 궁금한 적 있으십니까?
>
> 하나님께서는 신명기, 출애굽기, 레위기에서
> 건강 법칙에 관해 이야기하고 계십니다.
> 읽어본 적 있으십니까?

의도치 않은 비방을 피하고자 미리 말하지만 나는 종교를 믿지 않는다. 하지만 종교를 가진 사람들은 존경한다. 종교적 믿음을 떠나 이 카피는 사실 굉장히 좋은 헤드라인이다.

### 1 긴박성

이 부분에선 실패했다. 확연히 드러나는 긴박성은 없다. 헤드라인을 작성할 때 스스로 물어봐야 할 중요한 질문 중 하나는 '대체 내가 왜 이 이야기를 듣고 있어야 해?'라는 질문임을 점점 더 깨닫게 된다. 언급된 건강 문제가 내재하고 있는 긴박성을 빼고 나면 지금 당장 제품을 구매해야 할 이유가 없다.

'읽어본 적 있으십니까?'문장에 몇 단어를 추가함으로써 개선해볼 수 있다.

'당신과 가족에게 너무 늦기 전에 읽어보십시오.'

매몰차게 들리겠지만, 이 카피의 전반적인 느낌과는 잘 맞아떨어진다.

### 2 유용성

금전적 약속이 없다 하더라도 유용한 카피다. 금전적 수익 대신 여러 끔찍한 질병을 예방하는 데 도움이 된다는 내용이 포함되어 있다. 이렇게 내재된 유용성을 헤드라인에 사용된 단어를 변경해서 더 겉으로 드러나도록 해보고 싶다. 의문문을 사용할 때 문제점은 '아니오'라고 답할 수 있는 여지를 두는 것이다. 의문문 대신 이렇게 수정해볼 수 있다.

'성경에서 말하는 질병 예방을 위한 식단 관리에 대해 알아보십시오.'

이 헤드라인이 훨씬 효과적일 것 같다.

### 3 독창성

흠. 독창적이다. 이런 헤드라인은 본 적이 없다. 인정한다.

### ❹ 초 구체성

여기서도 이 카피는 상당히 훌륭하다. 구체적인 질병에 대해 언급했고, 더 읽어야 할 성경의 부분에 대해서도 구체적이다. 무슨 말을 할 수 있겠는가? 이 카피라이터는 구체성이라는 측면에서 훌륭하게 역할을 해냈다. 좋은 카피의 예는 이처럼 전혀 예상치 못한 이상한 곳에서 발견하게 된다!

## 전환을 유도하지 못하는 카피라면?

지금껏 헤드라인을 각각 살펴보면, 4U 법칙을 활용했을 때 간단히 개선될 수 있었다. 그렇게 변경된 카피는 기존과 큰 차이가 나는 걸 확인했다.

이 장을 쓰기 전에는 4U의 유용함을 증명하는 게 어려울까 봐 고민했다. 그런데 실제로 이렇게 무작위로 카피를 선정해서 연습해보니 4U 법칙이 얼마나 보편적인지, 그리고 헤드라인을 작성할 때 왜 시간을 들여 고려해야 하는지 알 수 있었다.

바라는 만큼의 기능을 하지 못하는 헤드라인 때문에 고민한 적이 있다면 그 헤드라인을 다시 한번 살펴보고 4U 중 무엇이 빠졌는지 생각해보라.

## 헤드라인 초안 작성 시 주의할 점

좋은 헤드라인을 쓰는 4U 법칙은 긴박성Urgency, 유용성Useful, 독창성Unique, 초 구체성Ultra-specific으로 구성된다.

하지만, 카피의 초안을 작성하기 전까지는 4U 법칙에 대해서 생각하지 마라.
카피는 궁극적으로 하나의 창작 활동이다. 창의성이라는 측면에서 나는 최대한 무의식이라는 신비로운 비밀의 동굴에 의존해야 한다. 소위 마법과 같은 카피가 써지는 곳도 바로 그 무의식의 동굴이다. 종이 위에 상상력을 이상하고도 멋진 글로 표현해보고 나서 4U와 같은 개념들을 적용해보기를 바란다.
즉, 카피의 가이드로 활용하되 얽매이진 말기 바란다.

# 성공적인 헤드라인을 작성하는 법

나는 한 문단을 쓴 후, 단어 바꾸기를 반복하며
더 나은 글을 쓰기 위해 노력한다.
_**폴 오스터**Paul Auster(소설가)

## "살고 죽고 반복한다"

톰 크루즈 주연의 영화 〈엣지 오브 투모로우Edge of Tomorrow〉의 태그라인(tagline, 마지막 인상적인 대사)이다. 이 영화를 본 적 있는가? 가까운 미래에 외계인이 침략하고, 톰 크루즈는 전투에서 외계인의 피에 흠뻑 젖고 죽음을 맞는다. 하지만 죽더라도 계속 외계인의 피를 덮어쓴 그날로 되살아나는 능력을 갖게 된 덕분에 죽었다가 살아나기를 반복한다. 그러다가 에밀리 블런트를 만나고 전투력이 늘면서 세상을 구한다는 이야기다.

톰 크루즈 영화에서는 늘 있을 법한 일이다. 솔직히 말하면 영화 자체도 괜찮았다. 영화 개봉 당시 상영관에서 영화를 봤는데 인상적이어서 지금 이 부분에도 활용하고 있다. 이렇게 영화, 책, 음악 등 특별히 정해진 것 없이 무작위로 받아들이는 소스들은 다양한 아이디어를 끌어내는 데 도움이 된다. 다른 장에서도 이에 관해 이야기할 것이다.

이 영화의 태그라인을 보니, 카피의 헤드라인에 어떻게 접근해야 할지에 아이디어가 떠올랐다. 어떻게? 나의 헤드라인 접근방식은 세 단어로 표현할 수 있다.

"쓰고 지우고 반복한다."

영화 태그라인에서 힌트를 얻은 것이 보이지 않는가?

좋은 소식은 헤드라인 작성에 이 접근방식을 채택해도 영화처럼 시간을 왜곡해서 다시 나타나는 외계인 공격을 받을 위험은 없다는 사실이다. 물론, 톰 크루즈의 공격도.

쓰고 지우고 반복하는 방식은 어떻게 작동하는 것일까? 아니, 더 중요한 것은 왜 성공적으로 작동할 수 있었는지다.

### 쓴다 : 일단 양을 늘려서 잘된 것을 찾는다

앉은 자리에서 한 번에 헤드라인을 쓰는 것은 거의 불가능하다. 좋은 헤드라인을 찾으려면 일단 양이 많아야 뛰어난 품질로 이어질 수 있다. 첫 단어 몇 개는 항상 막연하거나 난해하고 혹은 형편없는 경우가 대부분이다.

좋은 아이디어 중에 태어날 때부터 완벽한 아이디어는 없다. 모양을 다듬고 분해한 뒤 다시 만드는 과정을 거쳐야 한다. 이 모든 걸 머릿속에서 해내는 건 매우 어렵다. 더군다나 직관에 반하는 행동이기도 하다.

사람들은 종이나 화면에 적힌 헤드라인을 읽게 된다는 사실을 기억하라. 카피가 말하고자 하는 내용만큼 카피의 단어들이 보이는 모습도 중요하다.

어떤 단어들은 마음속으로 읽으면 분명히 들리지만, 눈으로 읽기는 어렵다. 그런 단어는 시각적으로 적절하지 않다. 그러므로 헤드라인을 머릿속으로만 상상하려고 해선 안 된다.

반드시 써야 한다. 물론 가장 먼저 떠오른 아이디어를 쓰고 나면 예리하거나 세련된 모습은 아닐 것이다. 걱정할 필요 없다. 그냥 써보라. 먼저 떠오른 아이디어를 적어라.

### 지운다 : 빈칸에 대한 두려움을 정복한다

그리고 삭제하라. 진심이다. 지금까지 쓴 걸 지워 버려라. 형편없는 카피였다. 혹은 좋은 카피였다면 금세 다시 쓸 수 있을 것이다. 더 나은 카피로 말이다.

지금까지 쓴 걸 지워 버리는 게 얼마나 힘든 일인지 잘 알고 있다. 단어 하나하나가 마음이라는 아름다운 보석함에서 흘러나온 순금 한 방울 한 방울인 것처럼 소중할 것이다. 근데, 그럴 필요 전혀 없다.

나는 글을 쓸 때 헤밍웨이의 원칙을 따르고 있다. 글쓰기란 마치 만들기에 가깝다고 믿는다.

단어와 문장은 페이지 위에 무더기로 올려져 있는 작은 나무 블록이다. 블록들을 골라서 깎아 뭔가를 만들어내는 건 카피라이터의 몫이다. 깨끗하고 명확하고 쓸 만한 것으로 말이다.

오직 하나의 진정한 문장을 쓸 수 있다면 행복할 것이라고 말했던 것이 헤밍웨이였던가? 그런 비슷한 말을 했던 것 같다. 헤드라인에 있어서도 헤밍웨이와 같은 목표를 가져야 한다.

첫 아이디어를 쓰고 나면 반드시 칼을 대서 깎아내야 하는 이유다. 키보드의 'Delete'키를 누르면 칼로 깎는 것보다 더 깔끔하게 지울 수 있을 것이다.

### 반복한다 : 공을 들여야 한다

반복, 또 반복이다. 묻기 전에 미리 답하자면 그렇다. 반복은 힘든 작업이다. 하지만 어느 정도 공을 들여야 한다는 사실을 받아들이고 나면 좋은 헤드라인을 쓰는 과정이 훨씬 더 빨라지는 걸 알 수 있다. 뭔가 쓸 만한 게 나타날 때까지 계속 단어를 깎아 나가야 한다.

이런 작업을 피하고 아무것도 없는 상태에서 헤드라인이 갑자기 나타나길 바란다면, 오랫동안 책상 앞에 매여 있어야 할 것이다. 순서를 바꾸고 사소한 단어를 바꿔보고 사용해야 한다면 마이크로소프트 워드 프로그램의 동의어 기능을 사용해보라. 어떤 방법을 통해서든 뭔가 반짝이는 아이디어가 떠오를 때까지 새로운 시각으로 끊임없이 작업을 이어가라.

이제껏 '쓰다, 지우다, 반복한다' 접근법에 대해 배웠다. 아마 이와 비슷한 방식을 사용하고 있을지도 모른다. 그러길 바란다. 이미 올바른 길을 걷고 있다는 의미이기 때문이다.

기억할 점은 반드시 자신에게 엄격하고, 작성한 카피를 지우려는 의지가 있어야 한다는 것이다. 자신의 아이디어를 너무 소중히 여기지 마라. 자기 자신이 더 나아질 수 있다는 사실을 믿어라. 더 열심히 일할 수 있다고 믿어라. 그리고 진정으로 고객을 사로잡을 헤드라인을 조각할 수 있다고 믿어라. 그러면 마침내 모든 것을 지우고 다시 시작할 수 있다.

## 과장은 필요 없다

내가 쓴 이메일 뉴스레터 중에 인기가 많았던 메일 제목 3개를 살펴보자. 성공한 헤드라인은 허풍을 떨 필요가 없다.

① 새로운 무료 가이드를 가지고 여행에서 돌아왔습니다

이렇게 무미건조하고 거의 지루하기까지 한 제목의 뉴스레터가 인기가 많았단 사실에 스스로 놀랐다. 하지만 아마 바로 그런 이유로 인기 순위가 높았을 수도 있다. 내용을 읽으면 무료로 뭔가 제공될 것이고, 내가 어디로 여행을 갔으며, 무료 가이드가 어떤 것인지 궁금하도록 흥미를 유발한다. 말도 안 되는 허풍은 없다. 간단하고 적절하다.

② 카피에 더 큰 상상력을 더한 인사말로 인사하세요

이 카피에도 특별한 약속을 한 건 없고 과장이나 감정의 조작도 없다. 그저 '인사'라는 단어에 약간의 언어유희를 더했을 뿐이다. 카피 자체는 카피에서 사용되는 인사에 관한 내용이며, 내용에 무게를 둠으로써 헤드라인이 성공한 사례다.

③ 성실하게 제 역할을 한 이 카피가 정말 JFK를 죽였을까?

약간 유인하는 낚시성 글의 느낌이 있다. 하지만 내용을 언급하면서 낚시성이 아니라는 걸 알려준다. 만약 'JFK 암살범에 대한 증거'라는 제목이었다면, 이메일을 열면서 대통령 암살 장면을 다른 각도에서 찍은 사진이 있을 것이라 예상할 수 있다. 하지만 메일 내용이 헤드라인보다 먼저 나오는 미니 헤드라인인 아이브로우 eyebrows라는 사실에 상당히 실망했을 것이다.

대신, 이 제목이 하는 역할은 낚시성 헤드라인만큼 호기심을 유발하고, 카피와 연관된 내용이라는 걸 보여줌으로써 내용과의 연관성을 확보했다.

헤드라인에 과장된 문구와 고객을 나쁜 길로 이끄는 주장은 피하는 게 좋다는 사실을 이해했을 것이다. 그리고 낚시성 헤드라인이라 하더라도 헤드라인 아래 이어질 내용만 적절히 암시해준다면, 충분히 고객의 관심은 유도하면서 그들을 화나게 하거나 신뢰를 잃는 일은 없다.

## 관심 끌기 3단계: 흔들기, 관심 끌기, 사로잡기

낚시성 카피 쓰기의 대안은 무엇일까? 페이스북 광고를 위한 헤드라인을 쓰든, 이메일 제목을 쓰든, 동네 슈퍼마켓의 세제 판매대에서 사람들에게 나눠줄 전단 문구를 쓰든, 사람들의 관심을 끄는 헤드라인을 쓰는 기술이 있다. 다음 3단계에 따라 진행하면 된다.

### 1단계 흔들기

가장 먼저 해야 할 일은 고객의 마음을 흔드는 일이다. 서술, 약속, 주장, 질문, 이미지 등 어떤 형태라도 좋다. 하지만 예상치 못한 것이거나 평범하지 않은 것이어야 한다.

- 이 광고를 읽거나 가난하게 생을 마감하십시오
- 당신의 투자 포트폴리오를 파괴할 수 있는 4번의 폭탄급 투자
- 이 광고를 읽기 전까지 추가금을 은행에 넣는 위험을 감수하지 마십시오

모두 고객의 마음을 휘젓는 헤드라인의 훌륭한 예다. 여기서 4U 법칙을 기준으로 삼아 활용할 수 있다.

**헤드라인이 독창적인가?** (독창성)
**긴박성을 지니는가?** (긴박성)
**고객에게 유용한 뭔가를 제공하는가?** (유용성)
**초 구체적인가?** (초 구체성)

적어도 하나 혹은 두 가지는 포함해야 한다.

헤드라인에 담길 주제는 주로 두 군데 소스에서 영감을 찾을 수 있다. 헤드라인을 클릭했을 때 도달하게 될 카피와 헤드라인을 읽을 고객, 이 두 가지가 중요한 소스다.

카피로부터 영감을 얻는 경우 제안하는 내용에 독특한 면이 있다 하더라도 그 세부 사항을 살펴봐야 한다. 헤드라인과 연결되는 카피는 헤드라인과 관련된 주제로 가득해야 한다. 특히, 카피 내에서 주제를 잘 섞어 내는 것이 중요하다.

금융시장 거래 관련 자문 서비스를 위한 카피를 쓴다고 가정해보자. 카피 뒤에 숨은 아이디어와 카피의 대상인 서비스 자체는 모두 자문 서비스에서 제공되는 조언에 따라 금융시장 거래를 하는 법을 배워서 어떻게 하면 최대한 빨리 은퇴할 수 있을지에 관한 내용이다.

어떤 사람들은 자문 서비스 구매 시 무료로 제공되는 선물에 초점을 맞춘 헤드라인에 더 긍정적인 반응을 한다.

이런 무료 사은품에만 관심을 두는 사람들도 있게 마련이다. 당신이 판매하는 자문 서비스를 통해 얻을 수 있는 풍부한 혜택에 더 매력을 느끼는 사람도 있다. 최종적으로는 성공적인 투자를 통해 몇 년이라도 은퇴를 앞당길 수 있는 결과 말이다.

두 가지 관점 모두 유효하다. 어떤 전략이 성공하고 시장의 어떤 부분에 어필하는지는 테스트를 통해 알아볼 필요가 있다. 고객으로부터 영감을 끌어내려면, 어떤 뉴스를 읽는지, TV는 무엇을 보는지 살펴보거나 그들의 개인적인 필요나 욕구에 대해 생각해야 한다.

앞서 언급한 투자 자문 서비스를 예로 들면, 나이가 들어 은퇴해야 하는 사람들에 대한 뉴스 리포트를 살펴볼 수 있다. 은퇴를 앞둔 이들은 이미 뉴스에서 이런 이야기를 접하고 있으며, 그들의 머릿속에서 항상 이 주제가 최고 관심사로 자리잡고 있다. 그러므로 광고 헤드라인에서 이런 내용을 언급해주면 그들의 마음을 더욱 흔드는 요인이 될 것이다. 이 방법 외에도, 모든 사람은 빨리 은퇴하고 싶어 한다는 사실을 활용해볼 수도 있다.

이제 헤드라인에 고객의 마음을 흔들 만한 요소를 갖추었고, 그 요소는 고객이 읽게 될 카피와 직접적으로 관련이 있다.

지금까지 이 부분이 가장 중요한 부분이므로 여기에 가장 많은 시간을 쓰도록 하라. 새로운 제목 한 줄만 작성하고자 한다면, 여기서 멈춰도 좋다. 하지만 더 긴 헤드라인이 필요하다면 다음 단계로 진행해서 고객의 관심을 끌 요소를 추가하면 된다.

## 2단계 관심 끌기

마음을 흔드는 방법을 알고 나면, 관심 끌기라는 또 다른 차원의 요소를 더해 여기에 약간의 살을 붙인다. 카피의 대상에 대해 더 알고 싶어 하도록 만들기 위해, 무엇이 구체적으로 필요한지 생각해야 한다. 그리고 그 이유도.

여기서 핵심은 모호한 태도를 보여 고객의 관심을 끌 수 있다고 착각하지 않는 것이다. 카피의 세부 사항을 비밀에 부치길 원한다고 하더라도, 구체적인 언어와 이미지를 사용해야 한다. 또한, 내용을 간결하게 유지하면서 지나치게 자세한 설명을 하지 않는 것도 중요하다.

여기서 더 많은 걸 추가할 필요는 없다. 흥미를 끌 만한 한두 가지 정도의 자세한 내용만 헤드라인에 더하면 된다.

예를 들어, 현재 헤드라인이 '공개 : 어떻게 매일 돈을 벌 수 있을까?'라면 다음과 같은 내용을 추가해서 관심을 끌 수 있다.

**'공개 : 추가로 일하지 않고도 어떻게 매일 돈을 벌 수 있을까?'**

사람들이 '그게 대체 무엇인지 알아봐야겠다'라는 생각이 들도록 약간의 디테일만 더해주는 것으로 충분하다.

### 3단계 사로잡기

광고가 반드시 해야 하는 마지막 임무는 바로 고객을 사로잡는 일이다. 이는 대단히 중요한 단계다. 헤드라인이 고객의 마음을 흔들고 관심을 끌었다 하더라도 고객을 사로잡지 못해 클릭으로 이어지지 않는다면 모두 헛수고가 된다. 고객에게 명확한 안내와 인센티브, 그리고 확신을 줘서 클릭하지 않으면 실수라는 생각이 들도록 해야 한다.

더 자세히 알아보자. 먼저, 고객이 클릭할 줄 안다고 가정하지 마라. 당연한 것처럼 보이지만 카피를 읽는 대상 중에는 인터넷에 능숙하지 못한 노년층도 있을 수 있다. 인터넷 능숙도뿐만 아니라 디자인적인 측면에서도 광고가 알아보기 힘들게 편집된 경우가 많다.

한눈에 알아볼 수 있는 CTA(Call to Action, 행동 요청)를 만들어라. 여기서 멈추지 말고 더 나아가서 클릭하는 고객에게 보상을 준다. 단순히 '추가 정보를 보려면 클릭하세요'라고 말하지 마라. 대신에 '클릭하는 즉시, 상세 내용 전체를 확인할 수 있습니다'라고 한다. 아무리 작거나 사소한 것이라 하더라도 클릭을 통해 뭔가 얻을 수 있다는 걸 확실하게 보여주는 게 좋다.

마지막으로 확실히 쐐기를 박고 싶다면, 광고를 클릭하는 것이 좋은 아이디어란 사실을 다시 한 번 확신시킨다.

'여기를 클릭하면 비밀을 발견할 수 있습니다'라는 문장보다는 '여기를 클릭하면 마침내 비밀을 발견했다는 사실에 고마워하게 될 것입니다'라는 문장을 시도해보라.

다시 말하지만, 정말 작은 변화지만 감성적인 터치를 더함으로써 고객에게 무의식적으로 클릭을 유도할 수 있다. 일단 클릭하고 나면, 당신의 임무는 완료한 것이다. 광고는 제 할 일을 다 한 셈이다.

기억해라. 앞으로 해야 할 일은 흔들기, 관심 끌기, 사로잡기다.

### 수신함 전쟁터

이메일 제목으로 독창적인 헤드라인을 써서 클릭을 유도하는 건 정말 힘든 일이다. 그런데 항상 새로 쓸 필요가 있을까?

기존의 지루하던 제목들을 그대로 가져와서 더 멋지게 변신시킬 수 있는데 말이다. 흠, 꽤 쉬운 일처럼 들린다.

내 경우를 예로 들겠다. 나는 이 방법을 무수히 많은 경우를 통해 실험해보았다. 6만 5,000명 이상의 자발적 구독자 리스트를 대상으로 반응형 메일을 보낸 결과, 이 기술을 사용할 때마다 메일을 열어본 구독자 수가 가장 많았다. 이때 단순히 메일을 열기만 하고 즉시 관심을 잃거나 스팸 처리되면 안 된다는 건 알고 있을 것이다. 내가 실험해본 결과, 메일 내 광고를 클릭한 클릭률Click Through Rate, CTR 역시 항상 평균 이상이었다.

특정 유형의 지루한 제목을 어떻게 사용하길래 괜찮은 수준의 클릭률과 오픈율을 올릴 수 있는지를 설명하기 전에, 제목란에 대해 기본적인 사항을 짚고 넘어가자.

기본적으로 메일 제목을 위한 카피를 작성할 때는 여러 가지를 섞어야 한다. 효과적인 기술을 사용해서 높은 메일 오픈율을 기록한다고 하더라도 매번 메일을 보낼 때마다 이것을 반복하면 고객은 카피라이터의 꾀를 알아채고 앞으로 당신이 보낸 이메일은 무시하게 될 것이다.

### 왜 항상 특정 제목의 메일은 열게 될까?

여기서 내가 말하고자 하는 것은 자연스러운 사고와는 반대된 것처럼 보일 수 있다. 맨날 사용되는 지루한 제목을 왜 또 쓰려는 걸까? 기본적으로 단순히 고객 관리 차원에서 보낸 지루한 메일임에도 거의 반드시 열게 되는 제목의 메일이 있다는 점이 핵심이다. 이런 메일을 얼마나 자주 수신하는지도 관계없다.

예를 들어, 다음 제목의 이메일을 얼마나 자주 열어보는가?

**'아마존 주문 내역서'**

**혹은, '글렌, 확인하지 않은 페이스북 알림이 있습니다.'**

**심지어, '글렌 피셔가 이제 당신을 트위터에서 팔로우합니다!'**

우리가 인지하는 것보다 훨씬 더 많이 저런 메일들을 열어보고 있다. 물론, 저런 메일들은 재빨리 지워버리거나 다른 보관함으로 옮겨 버리기 마련이다. 제목을 이용한 이런 기술로는 누군가의 관심을 잡아 두는 기간이 매우 짧다. 하지만 나의 테스트에서 증명된 클릭률을 보면 일단 관심 끌기는 가능하단 걸 알 수 있다.

이런 식으로 사이트 관리 차원에서 보낸 것 같은 제목이 메일의 오픈율을 올리는 데는 효과적이다. 인정한다. 하지만 이미 무슨 생각을 하는지 들리는 것 같다.

대체 아마존에서 온 배송 알림 같은 걸 참고해서 어떻게 정상적인 메일 제목을 작성한단 말인가?

솔직히 말하자면, 그건 카피를 작성하고 있는 비즈니스가 어떤 것인지에 따라 달라지므로 스스로 찾아내야 한다. 누구나 어떻게 해서든 이 기술을 활용해서 제목에 담고자 하는 내용이 있을 것이다. 조금만 영리하게 머리를 굴려보면 된다.

예를 들어, 페이스북 알림처럼 작성한 메일 제목은 당시 카피를 작성해주고 있던 업체에서 페이스북 페이지 설정을 위해 고객들에게 접촉하고 있었기 때문에 그 전략을 사용했다.

억지로 기억하려고 하지 마라. 이 기술은 여러 기술 중 한 가지 옵션에 지나지 않는다. 머릿속에 둥둥 떠다니도록 두는 많은 아이디어 중 하나이고, 딱 맞는 순간이 왔을 때 바로 실행으로 옮겨서 메일 오픈율이 하늘로 치솟도록 하는 기술 중 하나일 뿐이다.

## 개인화 전략의 효과

현대 마케팅 기술은 우리가 잠재 고객의 이름 등 개인정보를 수집하도록 허용하고 있다. 이런 정보를 가지고 고객들에게 개인적으로 다가갈 수 있다. 어떤 회사에서 '글렌, 이것 좀 확인해봐'와 같은 제목으로 보낸 메시지를 당신도 받아본 적 있을 것이다.

최근에는 헤드라인에 반려견인 파블로를 언급한 카피까지 받아본 적 있다. 자기 자신의 이름 혹은 키우는 개의 이름이 적힌 헤드라인과 마주하는 순간 관심을 가질 수밖에 없다. 이것이 바로 개인화 요소를 포함하고 있는 헤드라인이 일반적인 헤드라인에 비해 더 뛰어난 성과를 내는 이유다.

그렇지만 이 기술은 아껴서 써주기를 간청한다. 개인화 전략을 자주 쓸수록 더 티가 나기 마련이다. 메일을 받는 고객은 거슬리는 개인화 전략과 당신 메일의 관계를 머지않아 파악할 것이다. 그러면 성가시고 의도적인 속임수로 변질된다.

내가 제안하는 바는 잠재 고객과 연락해야 할 진짜 개인적인 사유가 있을 때만 개인화 전략을 사용하라는 것이다. 그래야 개인화 전략은 진정한 도구가 되고 그때마다 최고의 결과를 얻게 될 것이다.

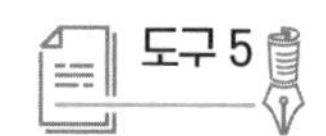


# 관심을 끌고 끝까지 유지하기

마케팅은
사람들의 관심을 얻기 위한 경쟁이다.
_**세스 고딘**Seth Godin(마케팅 전문가이자 작가)

## 1. 헤드라인은 단순히 헤드라인이 아니다. 반복하라

성과를 내는 카피라이터나 마케팅 담당자는 이렇게 말할 것이다. 만약 카피가 성공하길 바란다면 훌륭한 헤드라인과 리드lead가 있어야 한다고.

그 안에 담긴 대단한 아이디어가 사람들의 관심을 끌며 제품과 서비스에 마음을 열도록 한다. 사실 대부분의 카피라이터들은 헤드라인과 리드에 80퍼센트의 시간을 쓰고, 나머지 20퍼센트는 카피의 다른 부분에 쓰라고 말할 것이다. 나 역시도 대강 그랬다.

하지만 이런 생각에는 문제가 있다.

지금까지 카피라이터가 끝내주는 헤드라인과 리드를 작성하는 데 엄청난 시간을 들인 카피를 많이 읽어봤다. 아주 잘 작성된 것들이 몇몇 있었다.

한 명의 고객으로서 그 카피를 계속 읽고 싶고 더 알고 싶을 것이다. 자, 할 일은 다 했다. 하지만 여기서 뭔가 문제가 발생한다. 카피라이터가 갑자기 모든 능력을 상실한다. 카피가 진행될수록 마치 다른 사람 같은 느낌이다. 헤드라인과 리드에 대해서는 잊어버린다. 마치 존재하지도 않았던 것처럼.

대단한 아이디어를 앞에서 언급하는 데 모든 노력과 에너지를 쏟아 놓고는 끊임없이 반복해서 말하지 않으면 소용이 없다. 끊임없이? 지나친 거 아닌가? 아니, 전혀 그렇지 않다. 어떤 게 나은가? 새로운 시각을 많이 제시하고 여러 아이디어가 포함되어 프로모션을 복잡하게 만드는 것이 나은가, 아니면 한 가지 핵심 아이디어를 계속해서 몇 번이고 다시 언급하는 것이 나은가? 진지하게 묻는 말이다.

말콤 글래드웰Malcolm Gladwell의 책, 《티핑 포인트》에 들어본 적 있을 것이다. 그 책 전체가 바로 그런 내용이다. 핵심 아이디어를 다시, 또다시, 그리고 또다시 반복해서 말하는 것. 주된 약속, 주장이 카피 전반에 걸쳐 반복되어 고객의 마음에 계속 남아있도록 하는 것이 카피가 목적을 이루는 데 매우 중요하다. 헤드라인과 리드에서 했던 약속이나 주장이 페이지마다 최소 한 번은 반복해야 한다. 영리하게 머리를 써서 추상적인 방법으로 반복하는 형태를 말하는 게 아니다. 약속이나 주장을 글자 그대로 다시 반복해야 한다.

헤드라인에서 X, Y, Z의 수익을 약속했다면 정확한 양을 반복해서 말하라. 헤드라인에서 비유를 사용했다면 카피 전반에 걸쳐 완벽하게 같은 비유를 사용하라. 일정한 기간을 언급했다면 카피에 그 기간을 명시하라.

만약 운이 좋다면 카피 본문에서 헤드라인을 반복해야 할 때가 되었을 때 그냥 헤드라인을 복사해서 붙여넣기 해도 된다. 하지만 이때 이야기의 흐름이 어색할 수 있기 때문에 약간 변화는 주되 핵심 요소를 편집해버리는 일이 없도록 하자.

이 방법을 사용하면 매출이 증가할 것이다. 사실 이 방법을 정말 제대로 한다면 매출은 극적으로 늘어날 것이다. 나의 경우 한번은 이 원칙을 실행에 옮겼더니 프로모션의 효과가 15퍼센트 이상 늘어나기도 했다. 단 6일 만에 프로모션을 통해 10만 파운드(약 1억 6천만 원)의 순수익을 거두기도 했다.

자신이 혹은 고용한 카피라이터가 경이로운 수준의 헤드라인과 리드를 썼는데 그걸 잊어버림으로써 에너지가 낭비하는 일은 없어야 한다.

## 2. 스크립트를 유지하라

다음의 메모를 살펴보자.

수익 - 골드 러시 / 독창성

매 페이지

1,000에서 15,000 예측 - 물욕 / 유용성

4, 5, 7, 9, 11, 20, 22, 23

195석 / 희소성

11, 18, 36 더하기 21, 30

12월 10일 수요일 / 긴박성

3, 13, 14, 33 더하기 24

황금 주화 - 물욕 / 희소성

28, 29, 37 더하기 12

수익의 지도 / 독창성

1 더하기 11

소파 / 이용 편의성

2, 4, 11, 16, 21, 22, 29, 33, 34

지금은 말도 안 되는 메모로 보일 수 있다. 하지만, 카피를 검토,

편집하는 데 드는 시간을 몇 시간은 단축해줄 것이라 장담한다. 그리고 보기에도 훨씬 효과적인 형태의 카피로 만들어줄 것이다. 너무 단순해서 따라가기 힘들 정도다. 다 읽는 데 5분도 걸리지 않는다.

흥미로운가? 좋다. 이 메모가 대체 무엇에 대한 것인지 보여주겠다.

직접 반응 카피에는 황금실golden thread라는 오래된 개념이 있다. 이전에 들어본 적이 없어도 복잡하지 않은 개념이라 이해하기 쉬울 것이다.

하나의 긴 카피를 작성할 때 하나의 같은 아이디어가 헤드라인부터 끝 단락까지 카피 전체에 흐르도록 하라는 개념이다. 일반적인 광고에서 한 가지 아이디어의 힘이라고 말하는 개념과 같다. 하나의 메시지를 유지하는 것이 여러 가지 메시지를 전달하려고 애쓰는 것보다 강력하다는 의미다. 이해되지 않는가?

그렇지만, 여기서도 당연히 '그렇지만'이 존재한다. 황금실의 개념은 내가 보기에는 약간 고차원적이고 관념적이다.

예를 들어 금 채굴 자문 서비스를 판매하고 있는데, 갑자기 애리조나에서 슈퍼 배터리를 개발하고 있는 일론 머스크Elon Musk에 대해 글쓰기를 시작하지는 않을 것이다. 금광과 재생가능 에너지, 이 두 가지는 서로 다른 아이디어다.

금 채굴 기회에 대한 레터 안의 황금실은 레터 전반에 걸쳐 금

채굴에 대한 것이어야 한다. 그게 합리적이다. 하지만 실제로 봤을 때, 긴 카피를 쓰면서 단 한 가닥의 황금실을 팽팽하게 이어 나가는 데 집중한 나머지 다른 것들은 흩어지게 두어도 될까? 당연히 아니다.

긴 카피가 효과적으로 전달되려면 그 안에 더 많은 요소, 혹은 더 많은 실이 있어야 한다. 이것은 메인 아이디어만큼 중요하다. 이 모든 요소들이 레터 전체에 촘촘하게 짜여 있어야 한다.

여기 그 방법을 공개한다. 직접 작성한 현실적인 긴 카피의 예를 들어보겠다.

상황 설명을 위해, 레터는 금 및 다른 귀금속 발견을 앞둔 금 채굴 업체에 투자하는 기회에 관한 내용임을 공유하겠다. 레터의 기본적인 주장, 즉 황금실은 '세계 최대의 신규 금광에 대한 골드러시에 뛰어들어 한 몫을 챙기도록' 사람들을 유도하는 것이다. 레터 전반에 걸쳐 이 핵심 아이디어가 거의 모든 페이지에서 다루어지도록 해야 했다.

하지만 이 카피를 위한 헤드라인을 쓸 때가 되니 이 기본 주장보다 훨씬 더 많은 것을 추가하게 되었다. 내가 추가한 요소는 다음의 여섯 가지다.

① 고객이 얻을 수 있는 수익에 대한 전문가들의 예측

② 서비스 이용 가능 고객 수 제한

③ 서비스 신규 고객 참가를 위한 신청기한

④ 최초 응답한 50명에게 순금 주화 사은품 증정 약속

⑤ 수익을 낼 수 있을지 모를 신규 금광 위치를 보여주는 지도

⑥ 편하게 소파에 앉아 서비스받을 수 있다는 내용

각각의 요소들은 헤드라인이라는 덩어리에 뭔가를 더해서 긴박성, 독창성, 희소성 혹은 이용의 편의성을 더하도록 하는 것이다. 이에 대해서는 4U 법칙에서 이미 다룬 바 있다.

지금 여기서 카피에 적용하길 바라는 요점은 바로, 각각의 요소들이 헤드라인 다음에 이어지는 페이지들에 걸쳐 개별적으로 짜여져야 한다는 점이다.

만약 헤드라인에 언급되어 있다면, 카피 전체에도 흐르고 있어야 한다. 그렇지 않다면, 핵심적인 판매 요소를 다룰 기회를 놓치고 있거나 혹은 고객에게 풀리지 않는 의문을 남기는 상황이 된다.

다행히, 여러 요소를 대변하는 실들이 카피 전체에 유기적으로 얽혀서 흐르고 있는지 확인할 수 있는 간단하고 실용적인 방법이 있다.

지금부터 진행할 게임의 목표는 헤드라인에 핵심 요소들을 성공적으로 추가하면서 각각의 요소를 하나하나 다시 짚어보는 것

이다. 과정은 다음과 같다.

먼저, 종이 한 장과 펜을 꺼낸다. 어렵지 않은 일이다. 그 다음에 헤드라인 덩어리에 추가된 핵심 요소를 하나씩 꺼내서 하나의 단어나 문구로 줄인다. 한 가지 예를 들어보자.

① 고객이 얻을 수 있는 수익에 대한 전문가들의 예측
  = 숫자 1,000파운드와 15,000파운드
② 서비스 이용 가능 고객 수 제한 = 문구 '195석'
③ 서비스 신규 고객 참가를 위한 신청기한 = 날짜 '12월 20일 수요일'
④ 최초 응답한 50명에게 황금 주화 사은품 증정 약속 = 문구 '황금 주화'
⑤ 수익을 낼 수 있을지 모를 신규 금광 위치를 보여주는 지도
  = 특정 단어가 아닌, 지도 이미지 자체
⑥ 편하게 소파에 앉아 서비스받을 수 있다는 내용 = 단어 '소파'

이 단어나 문구들을 종이 위에 적는다. 이제, 목록상 첫 번째 단어나 문구가 카피 중에 등장하는 경우를 모두 찾아서 각각의 페이지 번호를 메모한다. 워드 프로세서 프로그램이나 온라인의 구글 문서에서 메인 메뉴의 '편집'탭을 선택한 뒤 '찾기'기능을 활용하면 이 작업을 간단하게 수행할 수 있다. 찾고자 하는 단어를 입력하면 탐색 결과가 강조 표시된다.

찾기를 완료하고 나면 다음과 같은 메모가 적혀 있을 것이다.

**핵심 요소 : 195석, 11, 18, 36**

핵심 단어나 문구 각각에 대해 이 작업을 수행한다. 종이 위에 적힌 메모는 내가 적은 다음 메모와 같은 모습이어야 한다.

수익 - 골드 러시 / 독창성

매 페이지

1,000에서 15,000 예측 - 물욕 / 유용성

4, 5, 7, 9, 11, 20, 22, 23

195석 / 희소성

11, 18, 36 더하기 21, 30

12월 10일 수요일 / 긴박성

3, 13, 14, 33 더하기 24

황금 주화 - 물욕 / 희소성

28, 29, 37 더하기 12

수익의 지도 / 독창성

1 더하기 11

소파 / 이용 편의성

2, 4, 11, 16, 21, 22, 29, 33, 34

이제 이 메모가 제대로 읽힐 것이다.

이렇게 메모가 완성되면, 이제 마지막 단계로 넘어갈 수 있다. 헤드라인 덩어리에 사용된 핵심 요소들의 목록을 가지고 있고, 카피 내에 얼마나 자주 등장하는지 시각적으로 확인할 수 있도록 기록했다.

내가 작성한 예를 보면, 황금실(수익, 골드 러시) 아이디어가 매 페이지 등장하는 것으로 표시되어 있다. 나는 이런 방식을 한동안 이용했고 기본적으로 황금실을 지키고자 하는 경향이 있다.

여기서 다른 요소 중 몇 가지는 보는 즉시 체크한 것을 확인할 수 있다. 핵심 요소가 거의 연속적으로 페이지마다 등장하는 경우 이렇게 체크 표시를 했는데, 등장 페이지의 차이가 서너 페이지 이상이 된 경우가 거의 없다.

더 숙련될수록 자연스럽게 핵심 요소가 되는 실들을 카피 내에서 팽팽하게 이어지도록 구성할 수 있게 된다.

다른 핵심 요소 중 일부에 대해서는 동그라미를 친 뒤 연속되는 숫자 옆에 십자가 표시를 한 것도 볼 수 있다.

예를 들어, 이 과정을 따라가면서 헤드라인 다음에 긴박성을 더할 요소인 날짜를 3, 13, 14, 33페이지에만 언급했다는 사실을 발견했다. 특히 14페이지와 33페이지 사이에는 상당한 간격이 있다. 여기서 카피를 검토해보고 빠뜨린 핵심 요소를 반복할 수 있는 위치를 찾아봐야 한다.

물론 최종 결정은 당신의 판단에 달렸고, 한 섹션에서 쉽게 추가할 수 있는 요소가 이미 너무 많을 수 있다. 3페이지와 13페이지 사이에 핵심 요소의 추가 위치를 찾을 때가 그런 경우였다. 카피 내에 이미 다른 요소들이 포진하고 있기에 그 정도는 감수할 수 있었다.

하지만 14페이지와 33페이지 사이의 간격은 너무 컸다. 특정 핵심 요소가 한 번도 언급되지 않기에는 너무 큰 간격이었다. 그래서 바로 24페이지에 반복 언급할 자리를 찾았다.

레터 내에서 반복하지 않은 다른 요소들에 대해서도 같은 과정을 반복해서, 각 요소가 성공적으로 자리를 찾고 전체적으로 팽팽하게 흐름을 유지하도록 했다. 이 작업을 위해 소요된 시간은 약 5분 정도다.

터무니없지만 논리적인 방법이다. 그럴 수밖에 없다. 터무니없게 논리적이다. 초안을 끝낸 카피라이터라면 누구나 해볼 만한 훌륭한 훈련이다.

카피 전체에 헤드라인 덩어리에 들어 있는 핵심 요소들이 모두 고르게 전달되고 있는지 확인하기 위한 간단하고도 효과적인 방법이다. 카피의 효과를 끌어올릴 수 있다고 장담한다.

다른 사람의 카피를 검토할 때, 그리고 자신의 카피를 검토하면서 지금까지 내가 실수했던 가장 큰 부분 중 하나다. 카피의 길이가 그렇게 긴 데다가, 세일즈 레터 하나를 읽을 때 우리 주위에 방해 요소들이 얼마나 많은지를 고려하면, 고객의 관심을 끌었던 핵심 요소들을 반복적으로 상기시켜주는 일은 매우 중요하다. 이 검토 프로세스가 당신을 도와줄 것이다.

물론 무지갯빛 실을 예쁘게 당겨서 엮어 나갈 수 있으려면 실제로 뭔가를 써야 한다. 쓰기에 관해서는 곧 살펴볼 것이고, 지금으로서는 어떻게 카피를 시작해야 할지에 관한 생각을 공유하고자 한다.

## 3. 밥 딜런처럼 오프닝을 해야 하는 이유

한밤중 술집에 권총 소리가 울렸네.
위층 홀에서 패티 발렌타인Patty Valentine이 들어서고
피범벅이 된 바텐더를 보고
이렇게 외쳤지. 맙소사, 다 죽여버렸어!
허리케인의 이야기를 들려주지.
당국에서는 비난하고 있는 그 사람
실은 잘못을 저지른 적이 없는데도
감옥에 갇힌 그 사람, 하지만 한때는 그도
세상의 챔피언이 될 수 있었지.

밥 딜런의 노래 〈허리케인〉은 이렇게 시작한다. 엄청난 오프닝이다. 권총 소리가 울리고 바텐더는 피범벅이고 모두 죽었다! 대체 무슨 일인지 알아보고 싶지 않은가? 그러자 밥 딜런이 이렇게 말한다.

'허리케인의 이야기,
잘못을 저지르지 않았는데도 누명을 쓴 사람.'

그리고 무엇보다도 '세상의 챔피언'이 될 수 있었던 사람. 대체 어떻게? 무슨 이야기일까? 당신은 이미 빠져들었다. 상황은 정해졌고 당신은 당연히 이야기에 대해 더 알고 싶다.

노래, 세일즈 프로모션, 이메일, 블로그 포스트, 뉴스레터 기사, 잡지 기사 등 무엇을 쓰건 관계없이 항상 오프닝은 밥 딜런처럼 해야 한다.

요즘 사람들은 항상 시간이 없다. 사람들의 관심을 얻었다 한들 그 집중력이 중간에 흐트러지고 만다. 그러므로 글을 통해 누군가의 관심을 끌려면 처음부터 직설적으로 나가야 한다. 그렇지 않으면 오프닝 다음에 이어지는 다른 것은 사라지고 만다.

당신은 200자 단어의 글을 통해 세상에서 가장 뛰어난 주장을 펼칠 수도 있고, 거저 돈을 준다는 제안을 할 수도 있다. 물을 와인으로 바꾸는 방법을 공유하겠다고 말할 수도 있다.

내용이 무엇이든 관계없다. '안녕하십니까'로 시작하는 순간 고객은 떠난다. 그렇다면 질문이다. 어떻게 강력한 오프닝으로 고객의 관심을 얻을 것인가? 무수히 많은 방법이 있지만, 내가 권하는 방법은 '거꾸로 시작!'이다.

무엇을 쓰건 관계없이 평소처럼 글을 써라. 자신의 생각을 써 내려가면 된다. 어떻게 시작할지는 걱정하지 마라. 글을 다 썼으면 다시 살펴보라. 열에 아홉 번은 당신이 말하고자 하는 핵심과 애당초 글을 쓴 이유가 모두 마지막에 숨겨져 있을 것이다.

그런데 그 위치는 좋지 않다. 누구도 마지막까지 글을 읽을 사람은 없다. 그러니 그 부분을 복사해서 제일 위로 이동시켜 모든 사람이 다 볼 수 있도록 해라. 원래 썼던 오프닝과 연결하기만 하면 모든 일은 끝났다. 이제 자신의 글을 계속해서 읽어 내려가는 사람의 수가 극적으로 늘어나게 되었다.

## 4. 문장의 마지막에 힘을 주어라

정신이 제대로 된 사람이라면 아침에 소시지 샌드위치를 먹으면서 문장 구조에 대해 생각하는 사람이 있겠는가? 있다. 바로 나다.

그리고 생각해볼 것이 있다. 글을 읽고 난 후 몇 분 동안 문장의 마지막을 기억하게 된다. 자, 방금 문장을 읽고 나서도 '문장의 마지막을 기억하게 된다.'

이제 동일하게 끝나는 문장이 두 번 나타났으니 뇌리에 박히게 되었다. 이렇게 문장을 미묘하게 바꿔주기만 해도 카피의 핵심 주제를 강조할 수 있다. 다음 문장을 보자.

**'매일 수익을 내는 데 하루에 단 10분이면 됩니다.'**

문장은 '하루에 단 10분이면 됩니다'로 끝난다. 만약 이 문구가 당신의 프로모션이 전하려는 핵심 메시지라면 괜찮은 구성이다. 하루에 단 10분만 쓰면 된다는 메시지 말이다.

하지만 프로모션이 매일 수익을 낼 수 있다는 아이디어에 초점을 맞춰 발전시키고 있다면? 그렇다면 약간의 변화를 줘서 문장을 이렇게 끝내볼 수 있다.

**'하루에 단 10분만 투자해서 매일 수익을 낼 수 있습니다.'**

이제 고객의 뇌리에 잊히지 않고 남아 있는 문구는 '매일'이다. 아주 미묘한 부분이란 건 안다. 이렇게 작은 기술적인 변화와 여러 가지 작은 수정들이 합쳐져야 성공적인 카피가 된다.

## 5. 부제로 고객의 관심을 붙잡아라

고객의 관심을 유지하는 것은 중요한 기술 중 하나다. 어떤 비즈니스라도 모든 고객이 바로 잠재 고객이 된다. 그들과 효과적으로 소통하고 구매로 이어지도록 유도하려면, 몇 초 이상으로 길게 그들의 관심을 잡아 놓을 수 있어야 한다.

이야기가 바로 그런 기능을 하는 방법 중 하나다. 가장 성공적인 이메일, 세일즈 레터, 광고는 그 안에 이야기 요소가 포함된 경우가 많고, 매력적이고 흥미로운 스토리 형태를 취하고 있다. 그것이 바로 세일즈 프로모션을 더 읽고 싶게 만드는 요소다. 그렇게 고객이 클릭하게 한다.

### 1 부제로 다시 집중시키기

부제에 친절하지 않은 카피라이터들이 종종 있다. 대부분의 경우 부제는 구두점(글을 마치거나 쉴 때 찍는 마침표와 쉼표) 정도로 다뤄지는 경우가 많다. 하지만 그건 많은 역할 중 하나일 뿐이다.

카피 전체에 강력한 부제를 가지고 있다는 사실은 폭탄이 되어 망하는 카피와 잘 팔리는 카피의 운명을 가를 수도 있다. 그러니 부제에 더 많은 시간을 할애해야 한다는 사실을 그냥 받아들이자.

이제 질문이다. 무엇이 부제를 더 강력하게 만들 수 있을까? 카피에 진짜로 힘을 실으려면, 부제는 메인 헤드라인처럼 호기심을 자아내고 흥미로운 것이어야 한다. 부제를 다룰 때, 메인 헤드라인을 구성할 때 따랐던 규칙을 무시해야 할 이유는 전혀 없다.

예를 들어, 메인 헤드라인을 작성할 때 4U 법칙(헤드라인은 유용성, 독창성, 긴박성, 초 구체성을 지녀야 한다는 법칙)을 사용했다면 부제에도 적용해야 한다. 최소한 부제는 고객에게 적어도 한 가지 혜택은 명확하게 전달할 수 있어야 한다.

그 이유는 다음의 두 가지다.

첫째, 고객이 카피를 읽어가면서 자신이 얻을 수 있는 혜택에 대해 부제를 통해 명확하게 인지할 수 있다면 카피를 계속 읽어 나갈 동기부여가 된다.

둘째, 카피를 훑어보기 시작한 사람에게 부제는 관심을 다시 집중시키는 역할을 한다. 메인 헤드라인이 최초 역할을 한 다음, 이어지는 부제들이 고객의 관심을 사로잡는 안전망과 같은 기능을 한다.

부제에 더욱 집중함으로써 얻는 세 번째 간접적인 효과도 있다. 카피라이터가 기술적인 면에서 얻을 수 있는 혜택에 가깝다. 부제를 고객이 얻을 수 있는 혜택을 위주로 상세하게 적는다면, 일종의 목차처럼 정리되면서 카피 전체를 통과하는 황금실이 일정하게 유지되고 있는지, 의도한 내용이 모두 포함되고 있는지를 확인해 가며 전체 카피를 작성할 수 있다.

### 2 내용에 충실한 부제 만들기

카피의 메인 헤드라인을 작성할 때는 군살 없이 단도직입적이어야 한다. 하나의 아이디어를 가장 빠르고 효율적인 방법으로 명확하게 표현해야 한다. 하지만 부제의 경우 어느 정도 긴장을 풀어도 좋다.

부제는 흥미를 잃어가고 있는 고객들을 우선 목표로 삼는데, 대부분 카피를 대강 훑어보는 사람이거나 바디 카피의 스토리에 완전히 빠져들지 못한 사람들이다.

카피에 읽을 만한 좋은 내용이 많다는 사실을 확실히 보여줘서 그들의 관심을 다시 붙잡고 계속 이어가야 한다. 물론, 광고를 읽음으로써 얻을 수 있는 분명한 혜택, 예를 들어 문제에 대한 해결책도 보여주면 좋다.

부제에 일종의 두 번째 혜택을 포함할 수도 있다. 예를 들면, 홍보하고 있는 제품이 허리 통증 완화에 관한 것이라고 해보자.

다음의 부제는 단순하다.

**'특수 온열 패드를 사용해 요통을 줄이는 방법.'**

다음과 같이 두 번째, 세 번째, 심지어 네 번째 혜택을 추가할 수 있다.

**'과학적으로 효과가 증명된 온열 패드로 온종일 허리 통증 완화가 가능합니다. 간단하면서도 섬세한 패드로, 5분 내로 요통의 완화를 경험할 수 있습니다.'**

물론 급한 대로 만들어본 예다. 하지만 내가 말하고자 하는 요점이 무엇인지 알 수 있을 것이다. 두 번째 부제에는 카피를 대강 훑어보는 사람들의 관심을 다시 끌 수 있는 요소가 더 많다. 제품에 대해 더 알고 싶지만, 흥미는 잃어가고 있던 고객을 다시 유도할 수 있는 기회도 많다.

두 번째 버전에는 더 알아보고 싶게 만드는 요소들이 많기 때문이다. 통증 완화 속도, 과학적으로 증명된 부분, 얼마나 섬세하게 작동하는지 등 이에 대한 답을 알고 싶어서 카피를 더 읽을 가능성이 크다.

### 3 여운이 남는 부제 만들기

카피 내용에 집중해서 부제를 작성했고, 세일즈 프로모션을 대강 훑어볼 사람들의 흥미를 유발하기 위해 부제에 여러 가지 혜택이 드러나도록 했다. 이제 꽤 괜찮은 카피가 된 것 같다. 하지만 여기서 프로모션에 진정으로 힘을 더할 방법이 있다.

지금까지는 부제가 바로 이어서 다뤄질 바디 카피의 내용을 암시하는 걸 당연하게 여겼다. 바디 카피의 내용이 다뤄지고 카피의 한 단락이 마무리되면 새로운 부제가 등장하는 구조다. 물론 카피 길이가 길어진다면 이런 패턴을 따르는 경우가 많다. 성공하는 카피들은 이런 구조가 대부분이다.

하지만 가장 성공한 카피들은 조금 다른 부분이 있다. 하나의 부제에서 언급된 사안을 모두 다루어 일단락 짓고 나서 다음 부제로 나가는 것이 아니라, 한 가지 정도는 의도적으로 해결되지 않은 채 넘겨서 다음 부제 이후에 다루는 전략을 취한다.

이처럼, 다음 부제와 단락에도 같은 방식을 차례차례 적용하는 전략은 실제로 효과가 있다.

고객이 지혜롭다는 사실을 기억하라. 그들은 책을 읽고 영화를 보고 TV를 본다. 그들의 무의식은 뭔가를 기록하는 훈련이 되어 있고, 답을 얻지 못한 질문에 대해서는 기억했다가 답이 나타나기 전까지 기억에서 지우지 않는다. 부제에서 다룬 요소 중 하나를 미해결 상태로 둠으로써 인간의 자연적인 사고 과정을 살짝 건드려서 고객 참여도를 심층적인 수준으로 끌어올린다.

부제에 더 큰 노력을 쏟는다고 해서 나쁜 카피가 좋아질 순 없다. 하지만 이미 좋은 카피에 이와 같은 전략들을 적용하면 더 훌륭한 카피가 될 수 있다.

## 고객의 관심을 다시 끌어당기는 법

블로그 포스트, 세일즈 레터, 이메일과 같은 긴 카피를 작성할 때 계속해서 사람들에게 자극을 주어야 한다.

카피가 뛰어나고 관심을 끄는 내용이라 하더라도 고객의 집중이 흐트러지기 시작하는 건 지극히 자연스러운 일이다.

우리는 끊임없이 방해하는 요소로 가득한 세상에 살고 있다. 그러므로 고객이 계속해서 집중할 수 있도록 그들을 적극적이고 주기적으로 간섭하는 것이 중요하다.

카피 중간중간에 감탄사와 감탄문을 넣어서 고객에게 자극을 줄 수 있다. 다음과 같은 문장을 넣는 방법이다.

'잠깐! 방금 제대로 읽은 것 맞나요?'

'앞으로 읽을 내용은 충격적일 수 있습니다!'

또 다른 방법으로, 카피와 관련된 적절한 이미지를 활용하는 것도 효과적이다. 혹은, 간결하고 분명하게 항목들을 표시해주어 고객의 관심을 메인 카피로 다시 끌어당길 수 있다.

The Art of the Click

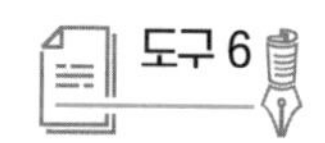


# 관계도 카피도 '인사'가 기본

이메일은 형식에 얽매이지 않는 간단한 메모다.
하지만 어느 순간부터 마무리나
인사말이 없는 이메일은 거슬리기 시작했다.
_**주디스 마틴** Judith Martin(작가)

## 단순히 '안녕하세요'라고 말하지 마라

나의 친구여, 인사에 대해 이야기해보려고 하네.

아니면, 친애하는 동료 카피라이터라고 불러야 할까?

미래의 카피라이터 마스터라고 하는 게 나을까?

말하고자 하는 요점은, 고객을 지칭할 때 고전적인 형태의 '고객님께'라고 부르기보다는 훨씬 더 많은 선택지가 존재한다는 것이다. 물론, 이건 사소한 것이다. 하지만 인사말이란 건 이유 없이 쓰이는 것이 아니기 때문에 인사말을 간과하는 건 작가로서 게으른 것이다. 또한, 카피를 잘 시작할 수 있는 기회, 고객과 더욱 끈끈한 연결고리를 만드는 기회를 놓치는 것과 같다.

그렇다면 먼저 인사말의 실제 역할에 대해 명확하게 알아보고 넘어가자. 인사말이 존재하는 이유는 고객의 관심을 끄는 카피의 요소들을 메인 콘텐츠와 연결해주는 역할을 위한 경우가 많다.

이메일의 경우, 제목이나 헤드라인에서 이메일의 바디 카피로 고객을 끌고 가는 역할을 인사말이 하기도 한다. 세일즈 레터에서는 레터 자체의 시작을 알려주는 역할을 한다. 짧은 온라인 광고에서도 인사말을 하는 경우가 있는데, 이때 인사말은 이 메시지가 고객인 당신에게 말한다는 것을 알려주는 의미에서 중요하다. 궁극적으로 인사말이 하는 역할은 고객들이 접한 메시지가 바로 고객들을 향하고 있다는 사실을 알려주는 일이다.

생각해보면 카피에서 인사말은 그 자체로도 흥미롭다. 어떤 카피든 어느 정도의 불신이 잠재되어 있다. 친척으로부터 받은 메시지에 48포인트 크기의 헤드라인이 있고, 꿈꾸는 그 이상의 돈을 벌 수 있다고 약속하는 부제가 있는 경우를 본 적이 있는가? 당연히 없다.

우리가 고객들에게 무언가를 판매하려는 의도를 지닌 걸 고객은 너무도 잘 알고 있는데, 정작 우리는 그 사실을 종종 잊는다.

최고의 광고는 전혀 광고처럼 보이지 않는 것이다. 어떤 방식으로든 카피를 개인에 맞추는 전략을 사용하면 고객은 자신이 판매를 위한 광고를 읽고 있다는 사실을 잊게 된다.

헤드라인이 관심을 끄는 역할을 착실히 수행한 직후 고객은 재빨리 태도를 바꾸어 카피의 의도를 찾게 될 것이다. 이런 태도 전환의 시점에서 인사말은 길을 인도하는 데 도움을 준다.

## 공손한 태도는 시간 낭비다

고전적인 인사말은 광고가 아니라 실제로 누군가에게서 받은 메시지를 읽고 있다는 느낌을 재확인시켜준다. 다음 예에서, 고객을 부르고 고객이 레터를 읽고 있다는 걸 알려주는 역할 외에 아무것도 하지 않는 전형적인 인사말을 볼 수 있다.

가이 코헨(Guy Cohen, 영화배우이자 프로듀서)의 '비밀의 플래그 트레이더Secret Flag Trader'라는 트레이딩 프로그램을 위한 카피로 스튜어트 골드스미스Stuart Goldsmith가 작성자다.

**화요일 오전 10시 50분**
**친구여, 다음 장면을 상상해보라.**
**때는 1941년 나치 돌격대원들은…**

카피에 특정 일시를 기재한 건 괜찮은 시도지만 인사말 자체는 '친구여' 정도로 아주 단순하다. 인사말 다음에는 고전적이지만 아주 성공률이 높은 이미지를 떠올리게 하는 유도 방식으로 시작한다. 그렇다면 '친구여'라는 문구가 과연 필요했을까? 필요 없을지 모른다. 그렇다고 매우 나쁜 것도 아니고 인사말이 하는 전통적인 기능은 충분히 수행하고 있다.

난 이 카피에 더 힘을 실어줄 수 있다고 생각한다. 왜 그런지 이유는 곧 설명하겠다. 먼저, 인사말의 존재가 거슬리고 불필요하게 사용된 예를 살펴보자.

아고라에 속한 투자 리서치 기관에서 〈은퇴한 백만장자〉라는 이름으로 미국에서 발행된 뉴스레터의 카피를 발췌했다.

이 카피 팀은 금융 관련 직접 반응 카피 분야에서 최고의 실력을 가진 팀이다. 앞서 언급한 바 있는 '미국의 종말' 프로모션을 이끈 팀이기도 하다. 하지만 이 카피에서 사용된 고전적인 인사말은 완벽히 불필요하다.

**고객님께**
**안녕하세요, 제 이름은 데이비드입니다.**
**저는 제 인생의 대부분을…**

내가 하고 싶은 말을 이해하겠는가?

'고객님'이라는 정중한 인사말 다음에 일상적인 인사인 '안녕하세요, 제 이름은 데이비드입니다'가 등장한다. 정중한 인사말을 읽은 다음, 거의 재설정해서 카피를 다시 시작하는 느낌이다. 이런 경우, 고전적인 인사말은 없애 버리는 것이 좋다.

### 실수로 인간미 없는 카피를 쓰진 않는가?

여기서 문제는 고전적으로 사용하던 인사말 '고객님'은 상당히 인간미가 없다는 사실이다. 한 명의 고객인 나를 여느 사람과 동일시하는 느낌이다. 카피의 작가는 나에게 말을 하고 있을 수도 있지만, 백개먼(backgammon, 실내에서 두 사람이 하는 서양식 주사위 놀이)을 즐기는 길 건너 괴짜를 상대로 글을 썼을 수도 있다.

카피의 고객 참여도를 높이려면 더욱 구체적으로 접근할 필요가 있다. 카피를 작성하는 시기가 되면 이미 목표로 삼은 고객에 대해 많은 조사를 했을 것이다. 그렇지 않다면 다시 돌아가서 예상 고객에 관한 조사부터 다시 해라. 대상이 되는 고객을 파악하고 난 후에야 더욱 구체적인 카피를 쓸 수 있다.

그렇다고 해서 고객에게 소외감을 느끼게 할 만큼 범위를 좁히고 싶진 않을 것이다. 그런 의미에서 다음과 같은 카피는 꽤 인상적이다.

**동료 사진작가님께**
**프로 사진작가처럼 촬영을 시작해보십시오.**

친구이자 동료 카피라이터인 제럴드 우드게이트Gerald Woodgate가 쓴 사진 관련 제품을 위한 카피에서 발췌한 문구다. 제럴드는 자신이 다루는 제품에 대해 잘 파악하고 있다.

이 문구에서 제럴드가 카피의 인사말을 '동료 사진작가님께'라고 고객에게 맞추어 작성한 것을 볼 수 있다. 개인적으로 '○○께'가 굳이 필요하다고 생각하진 않는다. 그냥 '동료 사진작가인 당신'이라고 써도 부드러운 느낌이었을 것이다. 하지만 한 명의 사진작가가 다른 사진작가에게 쓴 느낌의 카피로서는 굉장히 훌륭하다.

이 문구를 읽은 열정적인 사진작가라면 그 말에 흥미를 느낄 것이고, 마치 내게 직접 말하는 것과 같은 기분이 들 것이다. '동료분들Fellow X'이라는 인사말은 거의 모든 종류의 카피에 쉽게 적용할 수 있는 전략이다. 한번 시도해보길 추천한다.

## 여러 인사말 실험해보기

금융시장에서 성공을 거두지 못하고 있는 트레이더들을 대상으로 외환 교육 제품을 홍보하는 레터를 작성하는 카피라이터와 함께 일한 적 있다. 외환 교육이란 게 대체 무엇인지 전혀 감이 오지 않는다고 하더라도 걱정하지 마라.

여기서 말하려는 핵심은 제품이 아니다. '동료분' 인사말 전략이 여기서도 채택될 수 있다. '동료 트레이더님' 혹은 '동료 외환 트레이더님'이라고 써서 대상을 구체적으로 지칭할 수 있다.

하지만 카피라이터가 이미 많은 조사를 한 상태다. 그들은 특정 유형의 외환 트레이더를 목표로 하기 때문에, 여기서는 또 다른 선택지가 있다. 이런 인사말을 가리켜 '특정 대상 지칭(형용사+대상)' 인사말이라고 부른다.

고객이 일하는 영역이나 직업을 언급하며 고객에게 다가가는 것 외에 실제로 그들의 감정 상태를 언급하는 방법도 있다. 예를 들어, 이런 인사말로 시작할 수 있다.

**'좌절에 빠진 외환 트레이더'**

외환 트레이더인 고객은 이 레터가 자신을 대상으로 하고 있으며 그와 동시에 레터를 쓴 카피라이터가 자신의 기분에 대해서도 이해하고 있다고 생각하게 된다. 그러면 훨씬 더 마음이 끌리게 되고 카피라이터가 무슨 말을 하려고 하는지 더 듣고 싶어진다.

물론 카피에서 감성이 지니는 가치에 대해 알고 있고, 티 나지 않게 감성을 살짝 더해줌으로써 가치가 추가된다는 사실도 이해하고 있다.

이 수준까지 시도해볼지는 결정해야겠지만, 처음 생각했던 단순한 인사말보다 훨씬 더 다양한 옵션이 존재한다는 사실을 알아줬으면 한다.

'동료분' 혹은 '특정 대상 지칭'전략이 적용되지 않은 상태의 인사말을 본다면 두 가지 전략 중 하나를 시도해보는 것도 좋다. 에잇, 아예 자신만의 완전히 다른 인사말을 만들어봐도 좋다.

## 끝맺음도 잊지 않기

어떤 카피를 작성하든지 초안에 인사말을 실제로 사용하고, 카피의 마무리는 항상 끝맺음이 있도록 하라.

마지막에 굳이 자신의 이름이 들어가지 않아도 된다. 카피의 마무리를 끝인사말로 하면 실제 사람이 쓴 카피를 읽었다는 사실을 고객에게 상기시키는 데 도움이 된다.

'고객님께'와 같은 기본적인 인사말조차 카피에 인간미를 더하는 데 도움을 준다.

컴퓨터 화면에 가려진 채로 무수히 많은 고객조사 결과에 파묻혀 있다 보면 머릿속에서 지금 뭘 하고 있는지, 누구를 향해 글을 쓰고 있는지 잊기에 십상이다.

The Art of the Click

# 스토리가 얼마나 중요한가?

우리는 살기 위해
자신에게 말을 걸어왔다.
_존 디디온Joan Didion(소설가)

## 마음속에서 우리는 모두 위대한 작가다

몇 해 전 나는 특이한 사람과 연이어 몇 차례 만난 적이 있다. 그는 우리가 인생에서 진정으로 이루고자 하는 것과 진정으로 하고 싶은 걸 하고 있는지를 솔직하게 이야기했다.

아마 그런 부류의 사람들을 짐작할 것이다. 말하는 속도는 매우 느리면서 '물론이죠, 저도 이해합니다'라는 말을 자주 하는 사람. 말끝마다 '아마 그쪽이 피해망상에 빠진 것일 수도요?'라고 하는 이상한 경향을 지니고 의도적으로 고개를 끄덕이는 사람.

대부분은 이런 유형의 사람에게 불편한 반응을 보인다.

**'내 고민에 대해 뭘 안다고 떠드는 거야. 말도 안 되는 심리분석 따윈 멈추라고. 지금 나는 내 상황을 완벽히 통제하고 있다고. 어설프게 말도 안 되는 소린 집어치우라고.'**

혹은 이보다는 화가 덜 날지도 모르겠다. 그는 꽤 똑똑한 사람이었고 지나치게 적나라하게 말하는 유형도 아니었다. 실용적인 조언을 전달해주고자 했고 상투적인 내용은 피해야 한다는 것 정도는 충분히 인지하고 있었다.

몇 차례 그와 만나 이야기를 나누는 동안, 나는 카피에 도움이 되는 몇 가지 흥미로운 아이디어를 얻었다. 물론 만남이 의도한 것과는 달랐지만 뜻밖의 수확이었다. 내 머릿속에 각인된 흥미로운 이야기 중 하나는, 소통이 원활하지 않을 때 작은 오해가 얼마나 걷잡을 수 없이 커질 수 있는지에 대한 풍자 섞인 이야기였다.

나는 소통에 관심이 많고 카피뿐만 아니라 세상 문제의 대부분이 소통의 부족으로 인해 발생한다고 생각한다. 인간은 구체적인 방법으로 대화할 수 있는 위대한 힘을 부여받았지만, 명확하게 소통하지 않고 웅얼거림으로써 불필요한 언쟁이나 다툼으로 번지는 경우가 많다.

자기계발에 심취한 그가 내게 들려준 이야기는 회사에서 일이 지연된 상황에 관한 이야기로 다음과 같다.

당신은 회의가 늦게 끝나면서 퇴근이 늦어졌다. '별일 아니다'라고 생각해서 배우자에게 연락하지 않았다. 회의가 금세 끝날 거로 생각했고, 조금 늦는다고 해서 크게 걱정하진 않을 것이기 때문이다. 그 정돈 괜찮다. 그런데 회의가 30분이나 더 지속되었고 애당초 괜찮을 거로 생각했기 때문에 여전히 배우자에게는 지금 상황에 대해 말하지 않았다.

'금방 끝나겠지. 그러니까, 음, 괜찮을 거야. 당연히 집에서도 이렇게 생각할 거야.'

한편, 집에 있던 배우자는 좀 이상하다. 보통 지금 이 시각이면 집에 와야 하는데.

'회사에 일이 많은 게 분명해. 아직은 괜찮아. 현재까지는.'

그런데 상사는 끝낼 생각을 하지 않고 미워하는 팀원 중 멍청한 녀석이 대수롭지 않은 걸 자꾸 질문하고 있다.

그 와중에 집에서는 평소보다 한 시간 이상 퇴근이 늦어진 셈이 되었고, 배우자는 슬슬 뭔가 잘못되었다고 생각하기 시작한다. 술집에서 술을 마시고 있는 건 아닌지, 바람이 난 건 아닌지, 집으로 오는 길에 사고라도 난 건 아닌지 걱정하게 된다.

당신은 아직도 회의실에 앉아 고객서비스팀의 지미는 왜 이렇게 이해력이 떨어지는지 마음속으로 비웃고 있었다. 왜 상사는 지미에게 '한 가지만 잘하라'고 시키지 않는 걸까.

하지만 집에 있는 배우자가 생각하기에 당신은 이미 사망한 상태다. 술 한잔하러 갈 거라면 말하지 않았을 리가 없고, 바람을 피우기에는 너무 못생겼으니, 도로를 이탈해서 바로 지금 이 순간 목구멍에 자동차 핸들이 박힌 채로 배수로에 누워 있다고 생각하기에 이른다.

배우자는 생명보험, 장례식 준비, 배우자 사망 후 '다른 사람을 만나는 것'이 사회적으로 용인되는 시기가 얼마 정도인지를 걱정하고 있다.

"세상에, 아이들에게는 뭐라고 말하지?"

이런 걱정까지 하고 있을지 모른다.

마침내 회의에서 빠져나온 후, 당신은 여러 가족으로부터 부재중 전화 30통과 당신의 죽음을 애도하는 음성 메시지를 발견한다. 혼란스러운 목소리로 빨리 전화를 달라는 보험 판매 직원의 메시지도 있다.

이 이야기의 핵심은 전혀 의도치 않은 순수한 상황에서도 소통의 부족은 크나큰 오해로 이어질 수 있다는 사실이다. 카피에 활용할 수 있는 인사이트가 있을지 주의깊게 읽었다면 분명 배울 점이 있다.

## 이야기하고자 하는 인간의 본성

사소한 오해가 걷잡을 수 없이 커지는 이야기는 진짜 있을 법한 일처럼 들렸다. 유사한 상황에서 당신과 배우자 사이에 오해가 쉽사리 커질 수 있다는 걸 당신도 상상할 수 있으리라 믿는다.

흥미로운 사실은 이 이야기를 통해 인간의 본성에 대해 다시금 생각하게 된다는 것이다. 우리는 자신에게 말 걸기를 잘한다. 아니, 그 이상이다.

카피를 작성할 때 종종 완벽한 그림을 고객에게 선사하려고 애쓴다. 그러면서 아름답게 그린 그림이 생각하는 것만큼 고객의 마음에서도 아름답게 보일 것이라 가정한다. 하지만 과연 얼마나 현실적인 이야기일까?

간단한 수입 예측을 살펴보자. 연간 2만 파운드(약 3,200만 원)의 추가 수입을 벌어들일 수 있다고 말한다면 꽤 괜찮은 부가 수입이라는 사실에 동의할 것이다. 만약 현재 수입이 2만 파운드라면 훌륭한 제안이라 생각할지도 모르겠다. 수입의 두 배가 되는 것이니 말이다.

하지만 이미 20만 파운드(약 3억 2,000만 원)를 벌고 있다면 추가로 2만 파운드를 더 번다고 하더라도 크게 인상 깊지 않다.

이번엔 한 달에 추가로 몇천 파운드를 더 벌 수 있다고 말한다고 가정해보자. 그렇다면 몇천 파운드가 얼마 정도라고 상상하겠는가?

예상 금액은 당연히 현재 수입에 따라 달라질 것이다. 2만 파운드를 번다면 한 달에 2천 파운드 정도 더 번다고 생각할 것이고 그 정도에 만족할 것이다. 현재 20만 파운드를 버는 상태라면 한 달에 2만 파운드를 더 번다고 예상할 것이고, 그 금액은 되어야 만족할 것이다. 내가 말하고자 하는 바가 이해되는가?

노련한 카피라이터라면 이런 예를 읽고, 내가 모호한 카피 작성을 권고하는 듯하다고 생각할 것이다. 마치 채식주의자에게 식전 메뉴로 스테이크를 권하는 것과 같다. 걱정하지 마라. 내 정신은 아직 온전하다. 구체성은 여전히 경험적인 측면에서 지켜야 하는 법칙이다. 하지만 때로는 고객이 스스로 그림을 완성하도록 함으로써 이익을 얻는 순간도 있다.

광고 카피에서 어필하는 기회가 얼마나 클지 고객 스스로 상상하도록 두어라. 얻을 수 있는 수익이 고객의 잠재적 수익에 한계를 결정하도록 하지 마라.

고객이 원하는 완벽한 인생을 스스로 그릴 수 있도록 해줘라. 당신의 상상력이 그들의 상상력을 제한하도록 하지 마라. 고객이 위험부담을 안아야 할 것이 무엇인지 스스로 생각하도록 하고, 두려움이 그들을 가로막도록 하지 마라. 때로는 카피에서 서사적 요소에 대해 고려할 때, 카피라이터의 일은 덜고 고객이 스스로 자신만의 이야기를 완성하도록 하는 것도 좋다.

## '마치' 활용하기

요즘은 '마치'라는 표현을 자주 사용한다. 코미디언들은 이상한 이 화법을 지적하며 '미완성형 직유'라고 부르고 있다.

오래전에 들었던 국어 수업 시간에서 직유라는 단어를 기억할 것이다. 기본적으로 직유는 두 가지 사물을 비교하는 비유적 표현으로 '마치' 혹은 '같이' 등의 단어와 함께 사용되는 경우가 많다.

**마치 코뿔소 떼가 뛰어다니는 것처럼 머리가 아파.**

**저 고양이 털이 마치 도널드 트럼프 머리처럼 지저분해.**

**말이 된 것같이 엄청나게 배고프네.**

이런 식의 문장이다.

프로모션, 광고, 스퀴즈 페이지, 전자 레터, 뉴스레터, 가이드, 보고서 등 어떤 아이디어를 전달하는 목적으로 글을 쓸 때 직유법은 꽤 도움이 된다.

## '직유의 힘' 활용하기

아이디어를 더 강화하기 위해 짧고 강렬한 직유를 사용할 수 있다. 친구이자 전문 카피라이터인 제임스 우드번은 직유를 잘 활용했는데, 곧 닥칠 금융 위기를 시한폭탄에 비유했다. 그는 하이퍼 인플레이션의 위협에 대해 이렇게 썼다.

**"마치 글러브를 끼지 않고 마이크 타이슨과 15라운드의 권투 시합을 하는 것과 같을 것이다."**

직유를 잘 사용하면 아이디어를 강화해줄 뿐만 아니라 복잡한 아이디어가 잘 전달될 수 있게 한다. 심오한 경제 이론은 설명하기 어려운데, 눈앞에서 시한폭탄이 터지거나 마이크 타이슨으로부터 맞는 건 즉시 좋지 않다는 생각이 든다. 직유를 사용해서 어려운 경제 이론이 암시하는 바를 고객이 이해할 수 있도록 연상되는 이미지를 연결한 것이다.

어려운 아이디어에 직유를 사용한 예는 내가 수년 전 작성한 카피에서도 찾아볼 수 있다. 이 직유를 통해 스포츠 베팅 지원 서비스가 직면한 문제를 다루었다. 다음의 샘플을 읽고 문제를 어떻게 다루었는지 살펴보자.

(직유를 활용한 카피 샘플)

이따금 금요일마다 우리는 손해를 보기도 한다. 세상 이치란 게 그런 거다. 아무리 완벽하게 준비해서 가장 정확한 분석을 적용하더라도, 일이란 게 원하는 방향대로 흘러가지 않을 수 있다. 마치 크리켓처럼 말이다.

세인 원Shane Warne은 역사상 가장 뛰어난 보울러(bowler, 야구의 투수에 해당하는 크리켓 포지션)였다. 이상적인 세상에서 세인 원은 매번 완벽한 공을 던질 것이다. 항상 땅을 맞춰서 공에 가장 많은 스핀을 줄 것이다. 그렇게 해서 배트맨(batman, 야구의 타자에 해당하는 크리켓 포지션)을 아웃시킨다.
하지만 그런 세인 원조차 완벽하지 못했다. 물론 대부분 공을 잘 던졌고 원하는 결과를 얻었다. 마치 우리가 금요일에 수익이 높아 손쉽게 64파운드, 32파운드, 41파운드의 수익을 올리는 것처럼 말이다.
하지만 때때로 세인이 땅에 공을 맞히지 못하고 배트맨에게 길게 토스해줄 때도 있다. 이런 투구는 배트맨을 놀라게 한다. 아주 짜릿한 놀라움이다.
이런 극단적인 형태의 투구는 마치 810파운드라는 큰 수익이 따라오는 대박의 기회와 같다. 항상 그 정도 수익을 낼 순 없지만, 이따금 그 정도 수익을 확보하게 되고 그날은 슈퍼 프라이데이Super Friday다.

하지만 때때로 세인이 짧은 공을 던지기도 한다. 이럴 때 배트맨이 6점(야구의 홈런에 해당하는 점수)을 칠 엄청난 기회를 주는 것이므로 좋지 않다. 마치 우리가 짜증 나는 손실을 봤을 때와 마찬가지다.

좌절감을 맛봤지만 한 번의 이례적인 상황이란 걸 알고 있다. 마치 세인 원이 다음 공은 똑바로 목표를 향해 잘 던져서 배트맨을 아웃시키고 결과적으로는 승리하게 되는 것처럼.

우리의 관심사는 바로 그것이다. 마지막에 어떤 결과가 나왔는지. 작년에 내가 실험과 검증을 진행하고 있을 때 내가 제안하는 간단한 금요일의 법칙을 따랐더라면 통틀어 2,400 파운드를 벌 수 있었을 것이다.

그리고 그 수익은 모두 면세 대상이라는 점을 기억하라. 벌어들인 수익은 단 1파운드까지 모두 당신에게 돌아가며 원하는 데 쓰거나 저축할 수 있다. 세금을 걷어가는 게 정부의 역할이지만, 이 수익은 건드리지 못한다.

## 보편적으로 이해되게 할 것

좋은 직유를 만들어 내려면 서로 다른 아이디어를 가지고 잘 조합하고 요리해야 한다. 하지만 한 가지 더 기억해야 할 것이 있다.

직유를 사용할 땐 모든 것에 통하는 것이어야 한다.

시한폭탄, 마이크 타이슨, 크리켓과 세인 원. 모두 보편적인 소재다. 그러므로 카피로서 역할을 할 수 있는 것이다.

만약 제임스가 헨리 암스트롱Henry Armstrong을 마이크 타이슨 대신 언급했다면 사람들은 대체 헨리가 누구인지 모를 것이다. 헨리 역시 권투 선수이고 그와 15라운드의 권투 시합을 뛴다면 다치게 될 것이 분명하지만, 헨리 암스트롱은 많은 사람에게 보편적으로 알려지지 않았다. 비유에 사용하려는 대상은 반드시 잘 알려진 것이어야 한다.

마지막으로 내가 가장 좋아하고 재미있는 직유의 예를 소개하겠다. 영국 BBC One에서 방영한 시대극 시트콤 〈블랙애더Blackadder〉의 대사 중 한 부분이다. 이게 바로 제대로 된 직유다!

**볼드릭** 진짜, 진짜, 진짜 교활한 계획이 있어.

**블랙애더** 한때 옥스포드대학에서 교활학 교수로 일하다가 이직해서 UN의 국제교활계획 고등판무관실에서 일하고 있는 여우만큼 교활한 건가?

# 이인칭 시점으로 고객 끌어들이기

내가 직접 반응 카피라이터가 되기 전, 이인칭으로 쓰인 책은 단 두 권밖에 읽지 않았다. 하나는 이탈로 칼비노Italo Calvino의 《어느 겨울 밤 한 여행자가》이고 나머지 하나는 제이 맥이너니Jay McInerney의 《브라이트 라이트, 빅 시티Bright Lights, Big City》다.

이인칭으로 뭔가를 쓴다는 건 이상하다고 여겼다. 하지만 직접 반응 카피의 세계에서는 이인칭 시점으로 글쓰기가 가능한 경우라면 최대한 자주 사용하라고 권하고 싶다.

카피 내용 중에서 가능한 곳마다 '나'라는 주어를 '당신'으로 바꾸고 문장의 표현을 변경해서 의미가 전달되도록 만들어라. 이렇게 하면 카피는 더욱 강력해지고 읽는 사람이 흥미를 느낄 수 있다.

어색하게 들릴 수도 있지만, 이인칭 시점을 사용하면 고객을 카피 속으로 끌어들일 수 있다.

고객이 바로 카피의 주인공이 되는 것이다.

약간 이상하게 느껴진다고 할지라도, 문법이 조금 안 맞더라도 흥미를 유발하는 쪽을 선택하라.

# 추천글을 사용해야 할 때

나는 이 자를
잘 알고 있었지.
_셰익스피어의 《햄릿》을 잘못 인용한 예

나와 이혼한 전 부인은 요통이 심했다. 지난 몇 달간은 앉지도 못하고, 거의 걷지도 못했다.

물리 치료사들은 운동을 권했고, 그녀의 엉덩이에 테이프를 감고 진통제를 처방해주었다. 하지만 여전히 증상은 나아지지 않았다. 마침내 MRI 촬영을 받아보라는 지시가 떨어졌다. 문제의 원인은 요추 L4와 L5 사이의 추간판 탈출이었다. 흔히들 말하는 디스크 탈출이다.

알아듣기 쉬운 용어로 말하자면 척추의 작은 뼈 사이에 있는 충격 흡수 조직이 뒤로 튀어나와 좌측으로 기울어진 상태였다. 상태는 좋지 않았다.

마치 풀이 무성한 언덕에 숨어 있는 저격수처럼 디스크 탈출의 진짜 원인은 알 수 없었다. 단지 그런 상태가 되었다는 것, 그리고 상태가 좋지 않다는 것만 알 수 있다. 다음 단계는 약물치료였다. 엄청나게 많은 약물을 사용했다.

그녀는 몇 주 동안 신경을 둔감하게 하는 진통제가 고통을 완화해주길 기다리며 침대에 누워 있었다. 하지만 그것도 효과가 없다는 사실을 곧 알아차렸다.

외과 전문의부터 통증 전문가, 물리 치료사까지 우리는 문제에 대한 해결책을 제시해줄 수 있는 사람을 찾아다녔다. 모두가 각자의 아이디어를 제시했고, 각각의 경우 어느 정도 효과가 있는 듯했다. 하지만 얼마 지나지 않아 통증이 재발했고 상황은 다시 원점으로 돌아왔다.

그녀의 경험을 계기로, 나는 요통이란 모든 사람에게 찾아오는 문제라는 사실을 알게 되었다. 아마 누구나 요통을 겪은 적이 있을 것이다. 만약 없다면 언젠가는 겪게 될 것이다. 그저 시간문제일 뿐이다.

그리고 사실상 척추 관련 문제의 경우, 누구도 무엇이 옳고 그른 것인지 정확히 알지 못하기 때문에 전적으로 경험자의 증언에 기반한다는 사실도 알게 되었다.

## 고객은 경험한 이들의 증언을 신뢰한다

전 부인이 디스크에 고통스러워하고 있을 때 택시 기사가 차에 타기 힘겨워하는 그녀를 보고 관절 통증 완화를 위해 마늘 정제를 추천해주었다. 기사의 지인 중에 같은 문제를 겪은 사람이 있었기 때문이다.

허리의 부담을 줄이려고 식사 코스마다 일어나는 그녀를 보고 웨이터는 자기 아내가 같은 문제를 겪고 있는데 특정한 베개가 도움이 되었다며 추천해주었다.

헬스장 코치는 헬스장 바닥에서 코어 근육을 키우기 위해 안간힘을 쓰는 그녀를 보며 특정한 운동을 추천해주었다. 아니나 다를까 코치 역시 같은 문제를 겪고 있는 어떤 여성을 알고 있기 때문이었다.

우리는 경험자들의 증언을 수도 없이 들었다. 매번 그런 증언과 추천을 들을 때마다 이번에는 진짜 문제를 해결할 수 있지 않을까 하고 기대했다. 그것이 바로 증언이 가진 흡입력이다.

다른 사람들에게 그러했듯 내게도 효과가 있지 않을까?

마침내 한 경험자의 증언에 따라 런던 근교의 서리Surrey에 위치한 소도시, 침Cheam의 카이로프랙틱(손을 뜻하는 '카이로'와 치료를 뜻하는 '프랙틱스'의 합성어. 대체의학) 치료사에게 향했다. 세일즈 담당 직원이 화려한 언변으로 홍보하는 내용을 한참 들었다. 우리 상담 차례를 기다리면서 동영상 세일즈 레터 비슷한 뭔가를 보았다. 이상한 것 같았지만 광고 효과는 있었다.

대기실에서 계속 차례를 기다리면서 탁자 위에 놓인 폴더를 집어들었다. 그 안에는 효과를 경험한 이들의 증언으로 가득했다. 페이지 우측에는 실제 손으로 써서 작성된 원본 편지가 있고, 좌측에는 그 편지를 컴퓨터에 타자로 입력해 인쇄한 출력본이 있었다. 흥미로운 구성의 폴더라고 생각했다.

폴더를 읽어가다 보니 나이 든 여성부터 어린아이, 중년의 남성까지 편지 작성자가 다양했다. 모두 전 부인과 유사한 증상을 호소하고 있었으며, 치료사의 테크닉이 어떻게 증상 해결에 도움이 되었는지 증언하고 있었다. 폴더에 담긴 내용은 놀랍도록 설득력 있었다. 상담을 받기도 전에 우리는 이미 희망에 부풀었다. 이 치료가 전 부인에게도 잘 맞을 수 있다는 느낌이 들었다.

그날 오후, 그녀와 같이 공원을 걸으며 이런저런 이야기를 나누었는데, 계속 우리가 상담 전에 봤던 폴더의 경험담들을 언급했다. 그 증언들이 신뢰와 희망을 형성한 상태였다.

지금까지 그렇게 많은 사람이 그녀에게 잘못된 조언을 하고 난 뒤에, 이번 치료사만은 검증된 사람이라는 신뢰. 그녀와 같은 상황의 사람들이 여기서 해결책을 찾았을 것이라는 희망.

난 그녀의 허리가 예전의 건강한 수준으로 회복된다는 것은 상상할 수 없었다. 허리 통증은 한번 발생하면 절대 사라지지 않는 것 중 하나다. 그런데 그녀가 치료를 진행해보겠다고 결정한 후, 통증은 놀라운 수준으로 줄어들었고 움직임도 훨씬 나아졌다.

대기실의 폴더에서 봤던 증언들이 진짜인지 가짜인지, 그리고 증언의 폴더 없이 오로지 상담만으로도 우리를 설득할 수 있었을지 솔직히 모르겠다.

내가 말하고자 하는 요점은 경험자들의 증언이 거기 있었고 우리에게 강력하고 설득력 있는 기반을 마련해서 마음의 위안을 얻을 수 있도록 했다는 사실이다.

그렇다면 확실히 증언은 강력한 것이다. 그런데 과연 사람들이 광고 카피에 포함된 경험담도 읽을까? 아니, 항상 그런 것은 아니다.

## 보통 사람들은 경험담을 읽지 않는다

자, 이렇게 하자. 내가 여기서 카피의 전통을 깨는 뭔가를 말할 것이다. 내가 말하는 내용을 받아들이면 카피가 어떻게 작용하는지 더 잘 이해할 것이다.

사람들이 관심 있어 하는 건 경험자들의 증언 내용이 아니라 증언의 존재 자체다. 물론, 그 내용이 광고하고 있는 제품과 관련이 있어야 하지만, 실제로 경험자들이 무슨 말을 하는지는 그렇게 중요하지 않다. 누군가 경험을 말하는 사람이 존재한다는 사실이 더 중요하다.

아니요. 글렌, 사람들은 경험담을 읽는답니다. 카피에 포함하면 카피의 효과가 더 올라갈 거예요.

그렇다. 경험자의 증언이 포함되어 있을 때 카피의 성공률이 높은 경우가 많다. 하지만 사람들이 그 증언 내용을 읽지는 않는다. 내 말이 틀리지 않다는 걸 증명할 수도 있다. 사람들이 언제나 카피에 담긴 경험담들을 읽는다고 생각하는 게 왜 순진한 착각인지 설명해보겠다.

주니어 카피라이터가 작성한 카피가 예상보다 큰 성과를 내지 못하고 있었다. 카피에 무엇이 잘못되었는지 보여주기 위해, 기술 분야에서 일하던 지인이 개발한 신생 소프트웨어 히트맵heat mapping을 사용해서 고객들이 카피의 어느 부분에 얼마만큼 관심을 보이는지 기록했다.

결과는 아주 흥미로웠다. 사람들은 경험담에는 거의 관심을 두지 않았다. 고객들은 경험담이 등장하기 전 카피 문구에 관심을 두었고, 경험담이 제시된 위치에 도달하자마자 재빨리 마우스를 스크롤해서 내렸다.

잠시 뒤, 고객은 스크롤을 멈추고 다시 화면에 집중했다. 경험담을 줄였더니 전환율이 2퍼센트 증가했다.

흥미로운 발견이었지만, 아직 해야 할 실험이 더 있었다. 나 자신조차 제품 경험담은 불필요하다고 말할 준비가 되어 있지 않았다. 마음 깊은 곳에서는 경험담이 전환율 상승 요인이라고 믿고 있었기 때문이다. 하지만 그와 동시에 경험담을 더 잘 활용할 수 있는 방법이 있다는 것도 알고 있었다.

내가 도움을 주었던 외환 자문 서비스를 위한 카피가 좋은 성과를 거두고 있었다. 서비스 자체가 성장하면서 에디터는 고객 경험담을 요청했고 각종 경험담이 쏟아졌다. 그 경험담들이 현재 카피에 추가되어서 확실한 증거가 되면 전환율을 높일 수 있을 거란 걸 알고 있었다.

하지만 그와 동시에 히트맵 소프트웨어로 실시했던 실험 결과 때문에, 고객들이 경험담 부분은 읽지 않고 넘어갈 거란 것도 알고 있었다. 고객들은 이미 과거에 고객의 경험담이 사용되었던 홍보물을 경험했다. 그래서 오늘날에는 고객 경험담의 내용보다 그 존재 자체에 관심을 가지게 되었단 사실을 깨달았다.

아무튼 카피에 고객 경험담이 포함되면 광고에 대한 고객의 반응이 커질 가능성이 높다. 광고를 읽고 있는 자신 외에 다른 사람들이 제품에 대해 긍정적인 경험을 말하고 있기 때문이다. 하지만 고객 경험담을 단순히 나열하기만 한다면 사람들은 금세 지치게 되고 경험담은 읽지 않고 넘어가게 된다.

## 더 나은 경험담 활용법

어떤 종류의 카피건 고객에게 경험담을 읽히게 하려면 경험담의 내용에도 신경을 써야 한다. 경험담 내용 중 많은 부분을 텍스트만 잔뜩 적어 놓으면 읽기에 벅차다. 경험담은 글쓰기에 능숙한 사람이 작성하지 않은 것이 많으므로, 카피라이터인 당신이 끌어내고자 하는 디테일은 숨겨져 있을 수 있다. 따라서 경험담을 최대한 활용하기 위해서는 다음의 두 가지를 작업한다.

### 첫째, 최대한 압축

가능하다면 최대한 압축하는 것이다. 물론 경험담이 전하려는 의도를 바꾸어서도 안 되고 없는 내용을 추가해서도 안 된다. 경험담 작성자와 미리 상의할 수 있고 내용을 변경해도 된다고 허락된 경우는 제외하고 말이다. 내가 제안하는 바는 분위기를 살짝 가라앉히거나 카피에 도움이 되지 않는 내용은 삭제하는 방법이다. 예를 들어, 다음과 같은 경험담이 있다고 가정해보자.

**'글렌, 훌륭한 작품입니다. 버스에서 당신의 책을 읽었는데 버스에서 음악을 너무 크게 듣고 있는 남자가 있어서 독서에 방해가 되었어요. 하지만 전 당신의 작품이 아주 훌륭하다고 생각하고 내 친구들 모두에게 추천하고 있어요. 잘 지내시길 바라며 당신의 개에 대한 소식도 듣길 기대합니다.'**

이런 고객의 피드백은 정말 감사하다. 하지만 이 피드백을 광고 카피에 쓰려면 너무 길 뿐만 아니라 불필요한 디테일로 가득 차 있다. 피드백을 준 고객의 의도는 변경하지 않으면서 다음과 같이 쉽게 줄여볼 수 있다.

**'훌륭한 작품입니다. 당신의 작품이 아주 훌륭하다고 생각하고 내 친구들 모두에게 추천하고 있어요.'**

중요한 디테일을 끌어내면 카피가 간결해지고 전달하려는 메시지는 더욱 또렷해졌다. 이와 같이 고객 경험담을 간결하게 줄일 수 있다면 좋다. 하지만 디테일을 삭제하려니 증언의 전체적인 의도에 변화가 온다면 두 번째 방법을 사용해본다.

### 둘째, 실제 성과만 활용

문제는 디테일을 고려하지 않고 고객 경험담을 쓱 훑고 지나가는 경향 때문이다. 고객은 메인 카피에서 발전시킨 스토리에 더 관심이 있다.

해결책은? 고객 경험담에서 실제로 성과를 보이는 요소들만 메인 카피에 넣는다. 전통적으로 그래왔던 것처럼 카피에 고객 경험담을 문단 통째로 집어넣으려 하기보다는 핵심 문구만 뽑아내어 메인 카피로 작성해 넣는다.

다음의 예를 살펴보자.

**“내 책을 직접 읽어 보고 나면, 책의 고객 중 한 명이 본인의 친구 모두에게 내 책을 추천한다고 말한 이유를 깨달을 수 있을 것이다.”**

메인 카피의 일부로, 이 짧은 인용문은 여전히 제삼자로부터 받은 증언의 효과를 지니면서 동시에 집중력 있는 방식으로 메시지를 전달해준다.

# 부정적인 경험담도 활용하기 나름

부정적인 내용의 경험담을 무조건 피하려 하지 마라.

포용하고 정면으로 대응하라.

카피를 작성하고 있는 제품이나 서비스가 좋고 보증할 수 있다면, 부정적인 경험담을 긍정적인 방식으로 활용할 수 있다.

고객이 제기한 우려에 대처하고, 고객이 왜 좋은 경험을 하지 못했는지에 대한 설명이나 반대 주장을 제공하라.

반대되는 경험담을 이런 방식으로 극복한다면 오히려 강력하고 설득력 있는 카피가 될 수 있다.

The Art of the Click

# 직접 반응하도록 제안하기

그자가 거절할 수 없는
제안을 해라.
**_영화 〈대부〉 중 말론 브란도의 대사**

## 화려하기만 하고 가치 없는 아이디어는 잊어라

우리 동네의 작은 상점은 마침내 충동구매와 가치 있는 소비의 완벽한 조합을 찾아낸 듯하다.

내가 물건을 골라 담고 계산대 앞에서 내 순서를 기다리고 있을 때, 킷캣 초콜릿 4개를 1파운드(약 1,600원)에 팔고 있는 걸 발견했다. 사면 안 된다는 건 알고 있다. 그렇지만 4개, 무려 4개를 단돈 1파운드에! 말도 안 되는 가성비다.

특히 계산대 너머로 보이는 킷캣 하나의 가격이 요즘은 거의 70

펜스(약 1,100원)에 달하는 걸 알고 나면, 1파운드에 4개나 살 수 있는 기회를 놓치는 건 바보 같은 짓이다.

이것이 직접 반응 카피와는 무슨 연관이 있을까?

우리는 때때로 아이디어에 지나칠 정도로 심각하게 접근하는 나머지, 모든 성공하는 직접 반응 카피의 뒤에는 정말 괜찮은 제안이 있다는 사실을 잊고 있다. 여기서 말하는 제안은 가치 있는 제안이라 부르는 것들이다.

이건 무엇을 의미하는 걸까? 지금부터 살펴보자.

## 아이디어에는 제안이 필요하다

위대한 아이디어 없이는 획기적이고 사업의 판도를 완전히 바꿀 카피를 절대 쓸 수 없다. 좋은 제안은 그 자체만으로도 사업이 급성장하는 데 도움이 되고, 심지어는 제안 자체가 하나의 똑똑한 아이디어로 보이기도 한다.

잡지 12부를 12파운드(약 1만 9천 원)에 판매하는 〈이코노미스트The Economist〉의 판매 조건을 예로 들어보자. 사실 아주 좋은 제안이고 아마 꽤 수익이 났을 것이다.

하지만 근본적으로 사업 자체를 완전히 변화시킬 수는 없다. 사업의 판도를 바꾸는 일은 오직 위대한 아이디어만이 할 수 있는 일이다. 위대한 아이디어가 성공하기 위해서는 그 뒤에 훌륭한 제안이 뒷받침되어야 한다. 지금까지 그 어떤 아이디어보다 뛰어난 아이디어가 있다 하더라도, 강력하게 가치 있는 제안을 하지 못한다면 고객의 클릭을 얻을 수 없다.

잊지 마라. 직접 반응 카피의 목적은 고객으로부터 직접 반응을 얻어내는 것이다. 내가 제안하는 가치만큼 그들도 내게 뭔가를 돌려주도록 하는 방법이다.

내가 말하는 가치란 무엇일까?

1파운드에 킷캣 4개는 뛰어난 가치를 지녔다. 그 이유는 내가 인식하고 있는 킷캣 하나의 가격과 비교 계산을 해볼 수 있기 때문이다. 나는 킷캣 하나가 70펜스 정도의 가격이라고 인식하고 있다. 실제로 킷캣이 얼마 하는지는 관계없다. 내가 생각하는 킷캣의 가격이 얼마인지가 중요하다. 4개에 1파운드(100펜스)라는 제안을 들으면, 재빠르게 계산해서 가치 평가를 한 다음 충분한 가치가 있다고 판단되면 구매하는 것이다.

카피에서 가치를 제안할 때 구축해야 하는 프로세스도 이와 같다. 팔고 있는 제품의 가격에 대한 고객의 인식 대비 더 큰 가치를 제공하는 것처럼 보이는 제안을 해야 한다.

전 과정이 명백하게 눈에 들어와야 한다. X는 Y의 가치를 지니지만 (Y보다 낮은 비용의) Z만 내고서도 X를 갖는다. 훌륭한 제안이다. 그러면 구매 완료.

더 쉬운 예도 있다. 책이나 안내서 등 실제로 만져지는 뭔가를 판매하는 경우, 제안하는 가격이 제품가보다 낮다면 틀림없이 괜찮은 가치를 제공해주고 있다.

여기서 추가로 뭘 더할 필요는 없다. 물론 이상적으로는 뭔가를 더할 수 있지만 말이다.

하지만 킷캣에 비해 손에 잡히지 않는 뭔가를 팔아야 하는 경우, 예를 들어 일종의 서비스 혹은 사람들이 생각하는 가격이 불분명한 뭔가를 팔아야 하는 경우가 종종 있다. 이런 경우 고객은 비교대상이 없으므로 상황이 조금 힘들어진다. 제품이나 서비스에 대해 고객이 인지하는 가격이 당신이 매긴 가치와 상당히 다를 수도 있다.

이럴 때 어떻게 해야 할까? 답은 간단하다. 하지만 광고를 의뢰한 클라이언트에게 연락해 고객에게 주는 혜택의 수준을 조금 더 높여 달라고 요청해야 할 수도 있다. 그 이유는 다음과 같다.

## 감정적인 결정에는 논리적 사고가 필요하다

좋은 아이디어를 가지고 있고, 카피가 고객과 감정적인 연결고리를 맺었다면 고객은 구매할 준비가 되었다. 고객은 이미 빠져들었고 들뜬 상태다. 이 제품에 대해 동네방네 소문내고 다닐 작정이다.

그런데 문제가 있다. 고객은 자신의 구매 행위를 타인에게 정당화할 필요가 있다. 그 타인이 그들의 배우자이거나 가족일 수도 있고 직장 동료일 수도 있다. 혹은 그저 고객 자신이 될 수도 있다. 상대가 누구든지 제품 판매를 완료하기 전에 고객의 구매를 정당화할 수 있도록 도움을 주어야 한다. 서비스를 구독하는 데 100파운드(약 16만 원)을 요구했다면 고객은 이렇게 생각하고 있을 것이다.

**과연 100파운드의 가치가 있을까?**
**아내 혹은 남편이 뭐라고 말할까?**
**이 아이디어에 홀려서 돈을 냈는데 실제로 어떤 가치가 있을까?**
**악! 구매 과정 전체에 신뢰를 잃어가고 있어. 내 돈을 나중에 돌려받을 수 있다는 게 무슨 말이지?**
**왜 내가 돈을 돌려받아야 할 필요가 있는 거지?**

물론 광고 카피 전반부에 주장을 뒷받침할 온갖 종류의 근거를 들었을 것이다. 고객이 구매를 결정하는 긴 여정 동안 구매를 정당화하는 데 충분히 도움이 될 것이다. 하지만 구매를 완료하려면 앞서 제공한 근거에 추가로, 고객이 제품이나 서비스에 대해 인식하고 있는 비용 그 이상의 가치를 제공해줄 수 있어야 한다.

다음과 같은 형태로 제공될 수 있다.

- **제품 혹은 서비스와 관련되며, 일종의 유형의 가치를 더할 수 있는 사은품. 광고 의뢰인과 이야기해서 추가 사은품으로 제안할 수 있는 것이 있는지 문의한다.**
- **뭔가와 교환할 수 있는 쿠폰이나 적립금. 미국의 뛰어난 카피라이터인 조 슈라이퍼**Joe Schriefer**는 실제로 사람들에게 백지 수표를 주었는데, 내가 지금까지 본 것 중 가장 멋진 사례다.**

이와 같이 제안에 가치를 더하는 방법은 다양하다. 만약 가능하다면 동시에 모든 방법을 다 사용하길 권한다. 진심이다. 고객이 인지하는 가격을 훨씬 뛰어넘는 가치를 추가로 제공할 수 있다면 제안은 훨씬 효과적일 수 있다.

여기서 전하고자 하는 교훈은 간단하다. 광고 아이디어를 찾고, 고객의 관심을 끌고, 아이디어가 왜 멋진지 고객에게 증명하는 이 모든 작업을 완료했다면 거기서 멈추지 마라. 모든 훌륭한 직접 반응 카피는 거래를 성사하기 위해 좋은 제안이 뒷받침되어야 한다.

잠시 시간을 갖고 다시 생각해본다. 판매하는 제품이나 서비스에 대해 고객이 인지하는 가격 이상의 가치를 어떻게 제공해줄 수 있을지 고민해보라. 매출이 상승할 것이다.

## 제안은 제품과 연관되어야 한다

그런데, 자주 사용하는 '30일 무료 체험'제안은 어디서부터 나온 걸까?

온라인 제품이나 서비스를 위한 카피를 써본 경험이 있다면 30일 무료 체험에 대해 잘 알고 있을 것이다. 30일 무료 체험보다 시대적으로 앞섰던 제안에 대해서도 들어봤을 것이다. 60일 무료 체험 말이다. 솔직히 말하면 나는 두 전략 모두 지긋지긋하다.

물론 두 전략 모두 효과는 있다. 사람들이 X 제품을 사거나 Y 서비스를 시도해보도록 장려하는 제안으로 그 효과가 입증된 것들이다. 하지만 나는 여전히 우리가 그보다 더 잘할 수 있을 것으로 생각한다.

사람들의 구매 동기를 유발하는 요인을 이해하는 것은 카피라이터로서 의무다. 사람들에게 더 동기부여할 수 있는 기회가 포착된다면 그 기회를 활용해야 한다. 여기서 우리는 문제에 빠진다.

카피를 작성할 때 '무료 체험 기간'이라는 제안은 고리타분한 느낌이다. 한 회사에 새로 입사했는데, 다음과 같은 질문을 했다고 가정해보자.

"딱 보기에도 비효율적인 일을 대체 왜 하는 겁니까?"

그러자 돌아오는 대답이 이런 식이다.

"왜냐하면 늘 우리가 해오던 방식이기 때문이네."

카피에 30일 무료 체험 기간이 포함된 건 바로 이런 이유이지 않을까? 이 말에 동의하는가? 혹은 무료 체험을 제안할 때 더 나은 방법이 있다고 생각하는가? 그렇길 바란다. 당신도 나와 같은 생각이라 가정하고, 대체 카피에서 무료 체험 기간을 제안하는 이유가 무엇인지부터 살펴보자. 실제로 몇 가지 이유가 있다.

먼저, 만약 광고에서 약속한 효과가 없으면 돈을 돌려받을 수 있다는 보장이 있으니 제품 성능에 대해 전적으로 추측에 의존하지 않고 실제로 사용해볼 수 있는 기회를 가질 수 있다.

내 기억으론, 아주 오래전 광고계에 있던 드레이튼 버드Drayton Bird가 세탁기에 대한 카피를 쓰며 기간 한정 무료 체험을 사용했다.

두 번째, 모든 광고에서 이런 제안을 하기 때문이다. 이게 이유란 사실을 잊지 마라. 많은 사람이 무료 배송을 제공하고 있는 것도 이와 같은 이유다. 과거에는 무료 배송이 오늘날처럼 당연하게 제공되지 않았다. 하지만 시장이 서서히 변하더니 이제는 경쟁을 위해서 무조건 무료 배송을 제공해야만 한다. 기간제 무료 체험 제안도 이와 같은 논리다. 이 제안이 빠져 있으면 사람들은 이상하게 생각할 것이다.

마지막으로, 구매 결정에서 위험 요인을 제거해주기 때문이다. 누군가 제품이나 서비스의 구매를 고민하고 있을 때 한 달 동안은 마음을 바꾸어도 된다는 사실을 알게 되면 구매 결정이 훨씬 쉬워진다.

카피에 무료 체험 기간을 포함할 이유가 충분하다는 사실을 이해할 수 있다. 내가 문제 삼는 부분은 이 제안의 원칙에 대해서가 아니라 그 실행 방법이다.

사실 체험 기간이 30일 혹은 60일이라는 임의의 기간으로 제한되어야 할 이유가 전혀 없다.

체험 기간이란 광고 카피에서 약속했던 제품이나 서비스가 실제로 만족스러운지 고객이 이해할 수 있는 기간이 되어야 한다. 이 사실을 받아들이면서 우리는 카피의 대상이 되는 제품이나 서비스를 반드시 한 번 더 들여다봐야 한다. 카피에서 한 약속이 실현 가능하다는 사실을 고객이 확인하려면 과연 얼마나 오랜 시간이 필요할까?

자연스럽게 떠오르는 생각은, 한 제품이 익숙하려면 16일의 시간이 필요하니 체험 기간도 16일이 필요하다고 제안할 수 있다. 1년 안에 X를 보장하는 서비스가 있다면 체험 기간도 그와 같은 기간만큼 제공되어야 한다. 물론, 우리 중에 사업가 정신을 지닌 이들은 그렇게 긴 기간 동안 서비스를 제공해주었다가 나중에 돈을 모두 돌려주어야 할지도 모르는 위험 부담에 대해 이야기할 것이다. 하지만 만약 약속한 서비스를 제공하지 못하는 기업이나 기업가라면 더 큰 문제다.

내가 제안하고자 하는 바는 제품이나 서비스 자체에 대해 조금만 더 생각해서 임의로 30일의 무료 체험을 제안하는 것보다, 예를 들어 3주의 체험 기간을 제안하는 게 제품이나 서비스에 더 적절한 것은 아닌지 생각해보자는 것이다.

물론, 21일은 30일보다는 짧은 기간이고 기술적으로는 긍정적으로 볼 수 없는 보증 기간이다. 하지만 만약 카피에서 21일 내 X를 이룰 수 있다고 약속하거나 3주 이내 Y를 만들 수 있다고 약속한다면, 무료 체험 기간이 정확히 목표 달성을 위해 필요한 기간과 맞아떨어지므로 더 설득력 있게 보일 수 있다.

거기에 대안이 있다면? 3주의 무료 체험 기간을 주고 제품 성능 확인이 되지 않았을 때를 대비해 9일을 더 제공하는 것이다. 그러면 실제로 체험 기간은 조금 더 길어지는 셈이다.

내가 말하고자 하는 바를 파악했기를 바란다. 대단한 건 아니다. 그저 많은 사람이 간과하는 부분이다. 동시에 고치기 쉬운 부분이기도 하다.

다음에 카피를 쓸 때 30일 혹은 60일의 무료 체험 기간이 포함된 전형적인 제안을 써야 한다면 거기서 잠시 멈춰라. 무료 체험 제안에 대해 생각하면서 체험 기간을 더 적절하게 바꿀 방법은 없는지 스스로 질문해보라.

## '이 단어'를 잘못 사용하면 안 된다

나는 아침을 먹으며 문장 구조에 대해 걱정하는 것뿐 아니라 카피에 쓰인 '이 특정 단어'에 대해서도 걱정한다. 이 단어의 잘못된 사용은 피해를 유발할 뿐 아니라 카피라이터가 불성실하다고 느끼게 한다. 고용한 카피라이터가 게으르거나 심지어는 나쁜 카피라이터라는 신호로 여겨진다.

더 심한 경우, 제품이나 서비스가 부실한 건 아닌가 하는 생각이 들게 한다. 이 모든 것은 하나의 단순한 단어를 잘못 사용해서 일어나는 일이다! 하지만 걱정하지 마라. 간단하게 고칠 수 있으니.

자신이 직접 세일즈 카피를 쓰든 누군가 작성한 카피를 검토하는 경우든, 이 단어의 잘못된 사용을 잡아낼 수 있는 능력을 갖추면 카피의 효과를 상당히 끌어올릴 수 있다.

그렇다면 이렇게 자주 잘못 사용되는 이 단어는 대체 무엇일까? 제품의 판매를 방해하는 그 단어가 무엇이란 말인가? 바로 '독창적unique'이란 단어다.

그런데 '독창성'은 4U의 법칙에 속하는 단어다. 훌륭한 세일즈 카피는 유용하고, 초 구체적이며, 긴박성을 띠고 독창적이다.

당연히 그래야 한다. 당신이 맞다. 하지만 단순히 무엇인가가 독창적이라고 말만 해선 안 된다. 핵심은 왜 독창적이고 특별한지 말하는 데 있다.

내 머리는 꽤 특별하다. 나와 머리카락의 길이와 개수가 같고, 머리카락이 똑같은 방향으로 자라는 사람은 없다. 내 머리는 고유하고 특별한 게 맞다. 하지만 그렇다고 해서 반드시 좋다는 의미는 아니다. 사실 꽤 나쁜 축에 속한다.

아무튼, 내가 독창적이라고 생각하는 내 머리를 토니앤가이Tony & Guy(영국의 미용실 체인)의 헤어 디자이너는 독창적이지 않다고 생각할지도 모르겠다. 이처럼 나 혼자 뭔가 특별하고 독창적이라고 단순히 말만 하는 건 충분하지 않다.

좋은 카피는 거기서 더 깊이 파고들어야 한다. 왜 내 머리가 독창적이고 당신도 마음에 들어 해야 하는지 말하려면, 구체적인 정보가 더 필요하다. 일단, 모발 두께가 굵다고 말할 수 있다. 또한, 중간 갈색이고 회색 머리카락이 점점 늘고 있다. 어렸을 때는 약간 두드러진 모양의 귀를 머리카락을 이용해 덮기도 했다. 요즘에는 머리카락이 길어지면 약간 곱슬곱슬해지기 시작했다. 독특함의 이유를 조금씩 깊이 파고들면 흥미로운 세부 요소들을 하나둘씩 끌어낼 수 있다.

이 이론을 제품이나 서비스에 적용해보자.

예를 들어, 특별한 행사를 위해 장소를 섭외하는 회사에 고용되어 카피를 쓴다고 가정해보자. 이 회사는 고객사에서 특별한 행사를 위한 장소를 예약하도록 유도하는 브로슈어를 새롭게 만들어야 한다. 이 회사는 자신들이 업계 선도 기업이고 행사장소 섭외를 정말 잘한다고 말한다. 회사는 이 정도면 충분한 정보를 주었다고 생각한다. 이제, 차분히 마음을 가라앉힌 후 가장 중요한 질문을 스스로 해본다.

"대체 이 회사가 왜 특별하단 걸까?"

아하! 문제는 너무 많은 기업이 자신들은 원래부터 그렇다고 믿기 때문에, 왜 사람들이 자신들에게 흥미를 보여야 하는지 이유를 잊었단 사실이다. 경쟁사에서도 자신들이 하는 일에 대해 같은 믿음을 갖고 있다는 사실을 잊어 버렸다.

단순히 '좋은' 걸로는 부족하다. 더 깊이 파고들어야 한다. 제품이나 서비스를 특별하게 만드는 것이 무엇인지 스스로 질문해보면, 제품 판매에 도움이 되는 세부 요소들을 발견하게 될 것이다.

당신을 고용한 그 회사가 단순히 장소 섭외만 다루는 것이 아니라 행사 예약에 있어 종합 서비스를 제공해주는 유일한 업체일 수 있다. 이런 정보는 카피를 쓸 때 중요한 차별점이 된다.

만약 이런 흥미로운 디테일이 세일즈 카피에서 빠진 채 단순히 'XYZ는 특별합니다'라고 적혀 있다면, 제품이나 서비스에 대해 더 깊이 연구해야 한다. 제품이나 서비스를 돋보이게 만드는 고유하고 독창적인 디테일이 발견되어 카피를 강화할 때까지 파고 또 파고들어야 한다.

제품이나 서비스 자체가 좋은 데다가 당신이 신뢰하고 있다면, 특별함을 끌어내는 세부 요소들이 저절로 모습을 드러낼 것이다. 이제 할 일은 그것들을 가지런히 담아내는 일이다.

## 적은 돈을 쓰는 것처럼 느껴지게 하는 팁

제품의 가격을 고객의 입맛에 맞는 방법으로 표현하라.

예를 들어, 100파운드(약 16만 원)는 전자책 리더기 가격으로 큰돈인 것처럼 보일 수 있다. 하지만 하루에 30펜스(약 5천 원)도 안 되는 비용으로 읽고 싶은 책을 모두 읽을 수 있다고 표현하면 훨씬 더 나은 가치가 있어 보인다.

또 다른 방법은, 판매하는 제품의 가격을 고객이 이미 알고 있고 당연한 듯이 쓰고 있는 비용에 빗대어 설명하는 방법이다.

전문적인 금융 자문을 얻는 데 연간 1천 파운드(약 160만 원)라고 한다면 비싸게 들릴 수 있지만, 하루에 커피 한 잔을 사 마시는 것보다 적은 돈이라고 설명하면 훨씬 더 합리적인 투자인 것처럼 들린다.

The Art of the Click

# 의심된다면 버려라

자네가 이 카피를 아낀다는 걸 알고 있네.
그리고 정말 잘 쓴 카피야.
하지만 지워야 한다는 건 자네도 알겠지?
_**존 포드**John Forde(나의 카피를 검토하며)

최근 영국에서 가장 뛰어난 카피라이터들과 술자리를 가졌다. 우리는 그날 저녁 시간 대부분을 세일즈 카피의 작성법과 성공 요인에 대해 이야기했다.

솔직히 말하면 답을 찾기는 어려웠다. 카피의 성공 요인과 실패 요인에 대해 정확하게 아는 이는 아무도 없었다. 여러 요소를 바꾸어 가며 효과 있는 것과 없는 것을 찾는 방법으로 실험해보는 수밖에 없었다. 하지만 고객의 클릭을 얻는 방법에 대해 무엇을 해선 안 되는지만 알아도 효과를 높일 수 있다는 의견은 같았다.

이번 장에서는 카피를 간결하고, 신선하며, 군더더기 없는 상태로 유지하기 위한 기법에 대해 다루고자 한다.

### 이 총을 사용해야 할 상황은 원치 않아

미국 개척 시대, 서부에서 은행 강도로 악당의 삶을 살고 있다고 상상해보라. 허름한 동네를 전전하며 동네 은행을 털고 또 다른 동네로 이동하며 살아가고 있다. 은행을 터는 능력도 꽤 뛰어나다. 어제도 은행에 어슬렁거리며 걸어 들어가서 은행 창구 직원의 얼굴에 총구를 겨누고 늘 그렇듯 "은행 강도다!"라고 말했다. 창구 직원은 상황을 바로 이해하고 돈 가방을 건네주었다. 당신은 유유히 은행을 걸어 나왔다.

하지만 당신에게는 숨겨진 과거가 있다. 실력이 항상 이렇게 좋았던 건 아니다. 은행을 털려고 하다가 진짜 곤란한 상황이 되어 보안관에게 거의 잡힐 뻔한 적도 있었다.

무엇이 바뀌었을까? 과거에는 은행에 걸어 들어가면서 이렇게 말했다.

> **"나는 와이오밍의 와일드 맨Wild Man이다. 며칠 동안 돌아다니다가 이 동네에 도착해서 이 은행에 들어왔고 금고에 든 걸 가지고 가려고 한다. 여기 내가 가진 총이 보일 텐데 필요하다면 총을 쓸 예정이다. 하지만 이 총을 사용해야 할 상황은 원치 않으니 이 빈 가방을 가지고 가서 내가 아까 이야기한 금고의 내용물을 담아주길 바란다. 돈을 담고 있으면 나는…."**

이렇게 말하는 사이에 누군가 은행을 빠져나가 보안관 사무실로 뛰어갔다. 이 방식의 문제점은 말을 너무 많이 한다는 사실을 깨달았고, 결국 딱 한 문장으로 압축했다.

은행 강도다!

앞서 말한 모든 것이 함축되어 있을 뿐 아니라, 단 한 문장이면 모든 게 끝난다.

훌륭한 카피도 마찬가지다. 많은 사람들이 불필요한 말을 늘어놓는 실수를 하고 있다. 수년간의 실험을 통해 긴 카피의 효과가 뛰어나다는 것이 입증되었다. 긴 레터와 광고는 대상 제품이나 서비스가 효과적이라는 주장을 펼치고 입증해야 할 때 유용하다. 하지만 많은 내용을 쓰는 것과 많은 말을 하는 것을 혼동하는 사람이 많다.

단순히 많이 쓴다고 해서 적게 쓰는 경우보다 더 많이 말하는 건 아니다. 자주 인용되는 헤밍웨이의 여섯 단어 이야기를 예로 들어보자.

판매 중 : 아기 신발, 한 번도 신지 않음.

(For sale : baby shoes, never worn.)

단 여섯 단어지만 말할 내용이 다 들어가 있다.

그렇다면 군더더기는 피하고 필요한 말만 효과적으로 전달하는 방법은 무엇일까? 사실, 그 방법은 어렵지 않다. 그저 자기 자신에게 엄격하기만 하면 된다.

시작은 일반적인 방법과 같다. 원하는 만큼 내용을 작성한다. 주절주절 많은 말을 쓴다. 하지만 그러고 나서 썼던 많은 말들을 살펴보면서 쓴 내용에 대해 잊어버린다. 몇 시간, 심지어는 하루 정도 시차를 두고 묵혀 두어라. 그러고 작성한 내용을 다시 살펴보라. 말하고자 하는 요점을 염두에 두고 작성한 카피를 다시 읽어보라.

어떤 형태로든 원래 말하고자 했던 요점과 무관한 내용은 지우면 된다. 이때 자기 자신에게 엄격해야 한다. 만약 지워도 되는 내용인지 의심된다면, 헤밍웨이의 조언을 받아들여서 가차 없이 삭제하라.

이 작업을 한 후 남는 내용은 훨씬 읽기 쉽고 재미있으며 효과적인 카피일 것이다. 이 방법을 사용하다 보면 카피 초안 작성도 점점 더 간결하게 쓸 수 있다. 초안부터 훨씬 더 밀도 있는 글이 될 것이고, 편집의 필요성은 점점 줄어들게 된다.

## 더 나은 카피를 쓰기 위한 '삼진 아웃' 기법

글이 항상 직접적이고, 말하고자 하는 핵심과 연결되게 하는 작은 기법이 있다. 냉정하고 극단적으로 느껴질 수 있지만 효과는 뛰어나다. 쓴 글을 쭉 읽어보면서 한 문단이 끝날 때마다 이렇게 질문해보라.

그래서 뭐?

만약 이 질문에 대답할 수 있거나 다음 문단에서 답이 나온다면 괜찮다. 그렇지 않다면 한 번 스트라이크 된 걸로 친다. 그리고 다음 문단을 읽어간다. 같은 질문을 반복한다.

"읽은 문단에 대한 이유가 잘 설명되어 있는가?"
"명확한 혜택이 드러나 있는가?"

만약 그렇다면 좋은 문단이다. 스트라이크 개수를 다시 0으로 되돌리고 읽기를 계속하라. 만약 그렇지 않다면, 스트라이크 2개다.

이 과정을 따라 카피 전체를 읽어보라. 스트라이크 3개의 삼진 상황이 되어서 더이상 읽기를 이어갈 이유나 혜택이 명백히 드러나지 않는다면 멈춰라. 카피에 추가 작업이 필요한 시점이다. 잠재 고객을 잃을 위기가 닥친 순간이다. 이 시점에서는 제품이나 서비스와 관련된 혜택을 문단 중간에 삽입해주는 것이 중요하다.

혹은 지금보다 앞선 세 문단 중 한 군데에는 제품의 혜택을 언급해주는 것이 좋다. 고객이 카피를 계속 읽어야 할 이유가 될 만한 혜택을 보여줄 필요가 있다.

예를 들어, 내가 작성했던 세일즈 레터의 한 부분을 살펴보자.

**"그는 거래소에 한 번도 발을 들여놓은 적이 없다. 기껏해야 10파운드짜리 복권에 두 번 당첨된 적이 있을 뿐이다. 그의 부모님은 60대의 평범한 노부부에 지나지 않는다. 그런 그가 부정한 거래 한 번 없이 당당히 일어섰다."**

그래서 어쩌란 말인가?

왜 카피를 계속 더 읽어가야 하는지 분명한 이유가 보이지 않는다. 스트라이크 1개다. 하지만 계속 읽어보자.

**"다양한 위치를 지닌 그는 여러 수입원이 있고 여러 시스템에 속해 있다. 하지만 그는 단호하다. 시스템 자체는 무관하다."**

그래서 뭐? 약간 흥미롭긴 하지만, 우리가 여기서 냉정하게 판단하자면 더 읽어갈 이유가 없다. 스트라이크 2개다. 이제 지나치게 말이 많아진 구역에 도달했다. 신중하게 다음으로 넘어가보자.

**“여기 열쇠가 있다. 받아서 조심스럽게 사용하라. 그러면 이미 두 번째 수입원 창출에 절반은 다가간 셈이다. 그가 한 달에 1,960파운드, 2,438파운드, 심지어 3,828파운드까지 어떻게 쉽게 벌 수 있었는지 답을 알 수 있을 것이다.”**

빙고! 명확하게 혜택이 드러났고, 왜 카피를 더 읽어야 하는지 분명한 이유가 생겼다. 스트라이크 개수가 0으로 바뀌고 카피 나머지 부분을 계속해서 읽으며 평가할 수 있게 됐다.

점점 더 많은 카피를 쓰고 검토하다 보면 이런 위험한 순간이 언제 나타날 것인지 자연스레 느낄 수 있게 된다. 그리고 그때가 되면 ‘삼진 아웃’ 기법을 거칠 필요도 없다. 하지만 분명 도움은 되는 기법이다. 이 절차를 따르면 카피의 효과가 증가한다.

게다가 이 방법은 그 길이와 관계없이 세일즈와 관련해 어떤 종류의 글에도 사용될 수 있다.

예를 들어, 단 3줄의 광고 문구에서 세 번째 줄까지 다 읽었는데도 ‘그래서 뭐?’라는 질문을 하게 된다면 그 문구는 문제가 있는 것이다.

혹은, 세일즈 관련 글의 일종인 입사지원서를 제출했는데, 회사측에서 입사지원서를 읽고 ‘그래서 뭐?’라는 질문을 세 번 이상 하게 된다면 면접 기회를 얻지 못할 것이다.

글을 써서 뭔가를 판매해야 할 경우가 생기면 ‘그래서 뭐?’라는 질문을 통해 삼진 아웃 기법으로 글이 얼마나 더 나아질 수 있는지 확인해보라.

### 어떻게 문장이 이렇게 짧을 수 있지?

이제 나에게 솔직히 털어놓을 시간이다. 이 책의 초반부에 상세히 설명했던 기계적 학습을 수행했는가? 그랬기를 바란다. 주입식 학습을 수행했다면, 알아차리지는 못해도 직접 반응 카피에 대해 어느 정도 감이 생긴 상태다. 여기에 대해선 잠시 뒤 상세히 설명하겠다.

먼저, 세일즈 레터를 써본 적이 없다고 털어놓을 수 있도록 짧게 1분의 시간을 주겠다. 어떤 이유로든 세일즈 레터를 써볼 기회가 없었다면 지금 바로 시간을 내어서 써보도록 하라. 진심이다. 책을 더 읽어 내려가기 전에 30분 정도 시간을 들여서 카피를 써보아라. 많은 도움이 될 것이다.

내가 무슨 말을 하는 거지, 당신은 당연히 이미 학습을 수행하고 왔을 것이다. 설정한 목표만을 바라보고 그 목표를 달성하기 위한 열정으로 가득하기 때문이다. 이 책의 각 장에서 설명한 방법들을 따라가다 보면 경력이나 사업을 완전히 바꾸어 놓을 수 있는 기술을 배우는 데 도움이 될 것이다. 자, 서둘러 진도를 나가보자.

세일즈 레터를 베껴 쓰면서 가장 먼저 알아챈 사실 중 하나는 아마도 문장과 문단의 길이가 짧다는 점이다. 사실 이 책 전체도 비슷하다. 그렇지 않은가? 모든 것이 간결하게 잘린 느낌이다. 짧은 문장으로 쓴 글은 읽기도 쉽다. 심지어 짧은 문장의 글은 평소보다 더 빠른 속도로 읽힌다는 느낌이 든다.

당신이 잘 짚어냈다. 간결한 문장과 문단은 의도적이었다. 이것이 바로 첫 번째 교훈이다. 알아차리지도 못한 사이에 하나를 배운 셈이다. 짧고 간단하면서도 단도직입적인 방법으로 글 쓰는 법을 배우면 카피 쓰기에 큰 도움이 된다.

이런 스타일로 글을 쓰기 위해 적극적으로 훈련하고 가르치는 데는 많은 방법이 있지만 최고의 방법은 다음과 같다.

### 더 간결하고 분명한 카피 쓰기

내가 함께 일하는 카피라이터나 편집자에게 항상 가르쳐주는 트릭이 있다. 어렵지도 시간이 오래 걸리지도 않는다. 그렇다고 결코 대단한 것도 아니다. 사실, 카피를 작성할 때마다 워드 프로세서를 대상으로 수행하는 간단하면서도 기술적인 조정일 뿐이다.

기사 글, 블로그 포스트, 자동 반응 카피, 짧은 광고에 특히 효과적이다. 모바일 기기로 읽게 되는 카피의 경우에도 뛰어난 성과를 보인다. 하지만 이 트릭의 설정 방법을 설명하기에 앞서, 그 이면에 담긴 철학에 대해 간단히 살펴보자. 기본에 대해 배우지 않는 게으른 카피라이터들은 키우고 싶지 않기 때문이다. 지금도 나는 이것을 기준으로 삼고 있으며 당신도 그러하길 바란다.

사람들은 나의 카피 스타일에 대해 칭찬했다. 매력적이고 간결하며 명확하다고 말한다. 하지만 당신이라고 이런 스타일로 카피를 쓰지 못하란 법은 없다.

내 글이 간결하고 명확한 이유는 고객이 카피를 소비하는 방식에 내 카피를 맞출 수 있기 때문이다. 이메일 뉴스레터 구독자 중 거의 대부분은 휴대전화로 뉴스레터를 읽는다. 휴대전화의 화면은 상대적으로 슬림해서 한 줄에 많은 내용을 담을 수 없다.

이처럼 카피가 슬림하다면, 다시 말해 카피 한 줄에 담기는 내용을 제한한다면 훨씬 더 읽기 쉬운 글이 된다.

그런데 사실 이건 전혀 새로운 내용이 아니다. 휴대전화 이전에 사람들은 이메일 수신함에서 당신이 작성한 카피를 읽었다. 이메일 수신함도 '슬림'하긴 마찬가지다. 화면 창의 대부분을 도구 버튼과 온라인 광고가 차지하고 있다. 이메일 이전에는? 광고와 잡지에 실린 광고 카피를 읽었다. 그 당시 카피들 역시, 그렇다. 짐작하다시피 '슬림'하다. 특히 세로로 인쇄되도록 디자인되었다. 왜? 한 줄에 들어갈 카피의 글자 수를 줄여서 고객이 읽기 쉽게 하기 위해서다.

다시 말하지만 이건 새로운 이야기가 아니다. 단지 많은 사람이 잊고 있었을 뿐이다. 하지만 나는 잊지 않았고 당신도 그렇다. 사실 주기적으로 계속 머릿속에 떠올려야 한다. 공식적인 수치는 다르지만, 전체 이메일 중 많은 수를 휴대전화를 통해 읽는다고 한다. 이건 대단히 중요한 특징이다. 카피를 쓸 때 반드시 인지하고 있어야 한다.

모바일 기기로 읽힐 글을 작성할 때 실력을 키우기 위한 가장 간단한 방법은 제목을 짧게 쓰는 것이다. 모바일 기기에서는 많은 제목들이 화면 너비보다 길어지므로 신경 써서 작성한 문장들이 의미 없어지는 경우가 생긴다. 화면 밖으로 흘러넘치기도 하고 일부 이메일 애플리케이션의 경우 이메일 제목의 중간을 잘라버리고 나머지는 말줄임표로 대신하기도 한다.

예를 들면, '이걸 좋아하지 않아서 정말 기뻐요'라는 제목이 '이걸 좋아하지 … 정말 기뻐요'와 같이 될 수도 있다. 전달하려는 의미가 완전히 바뀌어 버린다.

제목은 가능하다면 앞부분에 핵심이 담기도록 한다. 설령 마지막 단어들이 잘린다고 하더라도 제목의 시작 부분만 읽어도 여전히 메시지의 핵심은 전달될 수 있도록 한다.

요즘은 작성하는 이메일 카피의 대부분이 모바일 기기로 읽힌다고 생각하면 된다.

한편, 사람들이 길고 내용이 많은 카피의 문단들을 모두 스크롤해서 내려볼 것으로 생각하는가? 그럴 가능성은 전혀 없다.

이메일 카피 제목과 마찬가지로 짧고 강렬한 문장을 써야 한다. 문단들은 감탄문으로 나누어져야 한다. 스크롤을 내리느라 누군가의 손가락을 아프게 할 카피를 써서는 안 된다. 다행인 건 앞서 말한 요인들을 고려하면 자동으로 카피가 더 명확하고 간결하게 된다. 그냥 그렇게 된다. 마치 마법처럼.

하지만 명확하게 짚고 넘어가야 할 점이 있다. 이메일로 전달되는 카피를 쓸 때만 고려해야 하는 요인이 아니란 사실이다. 기업 웹사이트의 블로그 페이지에 올라갈 카피든, 전국적으로 배포되는 신문의 일요일판에 실리든, 지하철 객차 내 광고판에 쓰일 내용이든 관계없이 가능한 한 짧고 분명하며 읽기 쉬운 카피를 목표로 해야 한다.

여백은 카피의 좋은 친구이므로 반드시 카피에 사용하는 단어에 충분한 공간이 있어 숨을 쉴 수 있도록 하라. 이제 기술적 노하우를 얻을 수 있는 곳으로 안내하겠다.

## 워드 프로세스의 경이로움

첫 번째로 해야 할 일은 마이크로소프트 워드에서 '레이아웃 〉 여백 〉 사용자 지정 여백 〉 여백'에서 '제본용 여백'을 12로 설정한다. 폰트는 기본 서체로 두고, 크기는 10으로 변경한다. 그러면 가로로 쓸 수 있는 글자 수가 제한된다. 이 방법으로 자신을 제한하면 많은 것들을 깨닫게 된다.

미리 말한 것처럼 여백은 우리의 친구다. 가능한 한 여백은 많이 두는 것이 좋다. 이것은 카피가 눈에 잘 들어오는 상태가 된다는 의미로, 그 위치가 노트북 화면, 휴대전화, 활자 인쇄된 종이라 할지라도 변함없이 적용된다. 좋은 카피는 쉽고 편하게 읽힐 수 있는 것처럼 보여야 한다.

두 번째, 4줄 이상의 텍스트를 입력하면 문단이 약간 늘어진 것처럼 보인다는 걸 눈치챌 수 있다. 그 이유는 실제로 문단이 늘어졌기 때문일 가능성이 크다. 그러니 줄여야 한다. 이 방식을 적용해보면 한 문단에 대여섯 줄의 문장이 들어가는 경우는 매우 드물다. 그러니 문단을 짧은 감탄문이나 쉬어가는 문장으로 나누는 걸 두려워하지 마라.

그렇다고 너무 티가 나게 하거나 애를 써서 문단을 나누려고는 하지 마라. 고객에게 숨 쉴 틈을 줌으로써 더 나은 카피가 되도록 하되 고객이 카피의 흐름에서 벗어나지는 않아야 한다.

마지막으로, 이 책 기준으로 하나의 문단 정도 길이의 카피를 작성하는 경우, 앞에서 설정한 워드 프로세스 포맷을 사용하면 카피 길이를 쉽게 파악할 수 있다. 대략 카피의 한 페이지당 하나 정도 부제를 써서 카피를 나눌 필요가 있을지, 별개의 구획을 나누어야 할지 객관적으로 볼 수 있다.

이제 막 시작하는 카피라이터라면 누구에게나 잘 맞는 설정이고, 성공적인 카피의 특징 중 하나인 딱 떨어지는 스타일로 글을 써보는 연습이 될 것이다.

## 맛있는 피시앤칩스지만 광고는 별로

'그야말로 최고의 피시앤칩스… 동네에서'

우리 동네 술집 밖에 걸린 간판 문구다. 괜찮게 들리지 않는가? 실제로 얼마 전 점심을 먹으러 갔는데 꽤 괜찮은 생선튀김 요리였다. 하지만 저 간판 문구에 끌려 방문한 건 아니다. 간판을 발견한 건 집으로 돌아가던 어느 날 밤이었다. 간판을 보고 나는 한숨을 쉬었다. 정말 끔찍한 문구다.

왜 그런지 이유를 알겠는가? 동네 술집이 누릴 수 있는 기회를 낭비하지 않기 위해 짧은 광고를 쓰려면 어떻게 해야 할까?

'그야말로 최고의 피시앤칩스'라는 시작은 좋다고 인정한다. 술집에서 판매하는 상품에 대해 말해주고 있고, 그들이 파는 피시앤칩스가 정말 최고라는 약속도 하고 있다.

하지만 다음에 이어지는 의미심장한 말줄임표 때문에 모든 게 다 무너져 내리고 엄청난 기회를 잃게 된다. 이렇게 짧은 광고를 쓸 때는 두 가지를 할 수 있는 기회가 있다.

## 관심 끌기와 결정타 날리기

이 두 가지 개념은 따로 설명이 필요 없을 정도다.

관심 끌기는 말 그대로 어떤 주장을 펼쳐서 관심을 끄는 것이다. 제공할 수 있는 것이 무엇인지 밝히고, 무수히 많은 다른 카피들 속에서 돋보이도록 한 다음 고객의 관심을 사로잡는 작업이다. 술집 간판, 작은 배너 광고, 클릭당 광고료를 받는 광고 등 짧은 광고에서는 주장하는 바가 주로 첫 문장이 된다.

결정타는 두 번째 문장으로 처음 주장에 뭔가를 더해야 한다. 술집 광고의 결정타가 약한 이유는 처음 주장한 바에서 벗어났기 때문이다. 시작 부분을 읽으면 이런 생각이 들 것이다.

'그야말로 최고의 피시앤칩스'

훌륭한 시작이다. 다음이 기대된다. 그런데 끝까지 읽으면 '동네에서' 최고의 피시앤칩스일 뿐이라는 사실을 알게 된다.

'동네'라면 대체 어디까지를 말하는가?

다음 블록까지 말인가?

특정한 대로 혹은 어디 모퉁이까지를 말하는 건가?

좋다. 내가 약간 깐깐하게 굴고 있는 건 맞다. 하지만 기본적인 요점은 변하지 않는다. '동네'라고 말하면 앞서 주장에서 한발 물러서는 것과 다름없다. 주장을 약하게 만들고 만다. 그러면 고객은 읽기를 멈춘다. 잠재 고객이 떠나간다. 여기서 해야 하는 건 결정적 한 방을 날리는 일이다.

예를 들어보자. '정말 최고의 피시앤칩스. 그리고 무료 맥주'가 훨씬 강력하다. 왜? '무료 맥주'라는 문구는 훌륭한 한 방이다. 최고로 맛있는 피시앤칩스와 무료 맥주라니, 고민 끝이다. 고객의 마음을 사로잡았다.

웹페이지의 사이드바, 배너, 클릭당 광고료를 받는 광고, 혹은 작은 간판 등 짧은 두 줄 카피를 작성할 때는 한정된 공간을 최대로 활용하기 위해 관심 끌기와 결정타 날리기로 두 줄을 나누어 생각해야 한다.

## 말줄임표가 좋은 2가지 이유

말줄임표에 대해 잠시 언급했는데, 말줄임표는 문장 마지막이나 한 문장에서 다음 문장으로 이어질 때 종종 사용된다.

카피에서 말줄임표는 즉시 쓸 수 있는 현금이다. 사람들이 굉장히 많이 사용한다. 나 역시 사용하면서 다른 이들과 마찬가지로 지나치게 많이 사용하는 것에 대해 죄책감까지 느낀다. 말줄임표가 좋은 이유는 2가지다.

첫째, 흐름을 만들어준다. 문단의 마지막에 있는 말줄임표는 앞으로 뭔가 더 있을 거란 기대감을 주므로 다음 문단으로 이끄는 데 도움이 된다. … 바로 이렇게 말이다. 다시 돌아와서! … 이렇게 이전 문단의 끝에서 다음으로 훨씬 쉽게 이어지는 걸 볼 수 있다. 하지만 인공적인 흐름이란 걸 기억하라. 말줄임표를 사용하지 않고도 가능하면 문단 사이에 자연스러운 흐름을 자주 만들기 위해 노력해야 한다.

둘째, 일시 정지를 위한 수단으로 사용할 수 있다. 앞서 제시한 흐름이 있는 문단의 예를 읽으면서 눈치챘을지 모르지만, 말줄임표를 마주하면 우선 잠시 읽기를 멈추게 된다. 잠시 숨을 돌리고 앞서 내가 언급한 흐름을 만들어주는 일시 멈춤이다. 이 멈추는 순간을 사용해서 고객을 놀라게 할 수도 있고, 다음에 이어지는 문장에 힘을 더해주거나 강조할 수도 있다.

앞서 예로 든 술집 간판은 말줄임표가 어떤 역할을 하는지 잘 보여주지만 잘못 사용되었을 때의 예다.

'그야말로 최고의 피시앤칩스' 다음에 이어지는 말줄임표에서 잠시 쉬었다가 '동네에서'라는 표현에 놀라게 되는 구조다. 하지만 '동네에서'라는 단어는 결정타의 역할을 제대로 하지 못했고 말줄임표가 주는 일시 정지의 효과를 최대로 활용하지 못했다.

말줄임표는 최대한 아껴서 쓰는 것이 이상적이다. 그래야 사용했을 때 효과가 높아지기 때문이다. 관심 끌기와 결정타가 사용된 광고들을 주의 깊게 살펴보라. 굳이 광고가 아니어도 말줄임표가 적절히 사용된 경우와 그렇지 못한 경우를 찾아보는 것도 좋다.

## 내 카피를 읽어줄 사람 구하기

연락처 목록에 있는 친구 중 몇 명을 불러 자신이 쓴 글을 검토해달라고 부탁해보라.

배우자, 학교 친구, 아버지, 심지어 할머니도 좋다.

여기서 중요한 점은 그들의 비평에도 열린 마음으로 들을 수 있을 만큼 자신이 신뢰하는 사람, 설령 의견이 일치하지 않아도 기분 나쁘지 않을 사람이어야 한다. 열린 마음이 핵심이다.

아직 카피를 함께하는 동료 모임에 속하지 않았다면 최대한 빨리 하나를 만들어도 좋다. 동료 모임을 통해 훨씬 더 훌륭한 카피라이터가 될 수 있기 때문이다.

최소한 누군가 한 명이 봐주지 않는다면 그 어떤 직접 반응 카피도 실제 광고에 사용되어선 안 된다.

The Art of the Click

# 시간 관리로 효율성 높이기

벽을 내려치느라 시간을 낭비하지 말고,
벽을 문으로 바꿔라.
_**코코 샤넬**Coco Chanel(패션디자이너)

## 가장 중요한 자산은 시간이다

카피는 재미있어야 한다. 동시에 도전적이기도 해야 한다. 하지만 지나치게 도전의식을 불러일으킨다고 느끼면 당신을 힘들게 하거나 너무 많은 시간을 잡아먹게 된다. 그렇다면 뭔가 잘못하고 있기 때문일 가능성이 높다.

카피를 쓸 때 어떻게 시간을 관리해야 하는지 5가지 팁을 알려주겠다. 대부분은 나의 개인적인 경험에서 나온 것으로, 내가 일하는 방식을 기준으로 한다. 당연히 100퍼센트 맞지 않을 것이다. 하지만 자신만의 방식을 만드는 데 영감을 얻길 바란다. 짧은 시간 안에 효과적으로 카피를 쓰는 데 도움이 된다.

## 1 전원 끄기

앉아서 카피를 쓸 때, 딱 그것만 하라. 쓰기.

다른 방해 요소는 모두 없애라. 상투적인 말로 시작했지만 절대적으로 필요한 부분이다. 왜냐하면 세상은 끊임없이 방해 요소를 생성하고 있기 때문이다.

전화기, 메일 수신함, 다음 주에 일어날 일에 대한 두리뭉실한 질문이라 할지라도 지금 당장 회신을 요구하는 메일, 건너편에서 계속 콧노래를 흥얼거리고 있는 직장 동료, 저기 거울에 반사되어 비치는 햇빛, 아래층에서 올라오는 음식 냄새, 카피 작성을 마치기 전에 만들어야 할 15번째 커피….

방해 요소들이 왜 시간을 허비하게 만드는지 알고 있을 거라 믿기 때문에 더 깊이 파고들어가진 않겠다.

이런 상황에서 한 가지 추천하고 싶은 건, X라는 순간부터 Y라는 순간까지 그 기간만은 세상과 완벽히 단절되어 있으라는 것이다. 그러면 그 기간은 카피를 쓴다는 사실을 다른 이들도 결국 이해하게 될 것이다.

## 2 매일 일정한 시간 투자하기

PG 우드하우스Wodehouse라는 작가가 있다. 그의 글에는 훌륭한 카피의 여러 핵심 가치가 담겨 있다.

우드하우스의 작품을 읽은 적이 있다면 아마 '지브스와 우스터Jeeves and Wooster' 이야기를 읽었을 가능성이 크다. 약간 모자란 도련님과 냉소적이지만 영리한 그의 집사 이야기다. 지브스와 우스터 이야기는 많은 시리즈를 가지고 있다. 유사한 인물 중 하나인 피스미스Psmith가 주인공인 이야기도 많다. 블랜딩스 성에 사는 가족들의 이야기인 블랜딩스Blanding 이야기도 넘쳐난다. 우드하우스는 수년에 걸쳐 엄청난 양의 글을 생산했다.

어떻게? 글을 쓰는 그의 태도 때문이다.

우드하우스는 매우 규칙적으로 생활했으며 매일 아침 일정시간에 글쓰기를 했다고 한다. 젊은 시절에는 아침 식사와 점심 식사 사이의 시간에 약 2,500단어를 썼을 정도라고 한다. 노년기에도 여전히 1천 단어를 쓰는 능력을 유지했다.

물론 그가 쓴 결과물이 다 좋았던 건 아니다. 하지만 매일 시간을 할애해서 글을 썼기 때문에 글쓰기 시간을 마치면 언제나 뭔가 괜찮은 걸 얻을 수 있었다. 매일 일정한 시간을 글쓰기를 위해 투자한다면 분명 뭔가를 얻어낼 수 있다.

### ❸ 손에 땀을 쥐는 결말

헤밍웨이가 글쓰기에 대해 했던 이야기에서 이 아이디어가 유래했다고 한다. 헤밍웨이는 매일 글 쓰는 시간의 끝이 되면 문장이나 아이디어의 절반은 끝내야 한다고 말했다. 여기서 말하는 절반이란 말 그대로 절반이다.

방금 내가 무엇을 했는지 보라. 여기서 핵심은 푹 빠져들어 글을 쓰고, 글이 어떻게 흘러가고 있는지 아는 순간에 '멈춰야 한다'는 것이다. 일반적으로 지금 향하고 있는 방향에 대해 알고 있을 때 빠른 속도로 계속 이어가야 한다고 생각하겠지만, 그러면 금세 지쳐서 흐지부지되어 버릴 수 있다. 다음 날이면 어디로 가야 할지 모르는 상태에서 극도의 피로나 영감의 부족으로 하루를 허비할 수도 있다.

하지만 오늘 어떤 아이디어를 진행하면서 절반 정도에서 멈추었다면 내일은 새로운 기운이 충전된 상태에서 오늘 멈춘 부분부터 다시 시작할 수 있다.

나 역시 이 전략을 자주 사용하며 상당히 도움이 된다. 글쓰기에서 가장 어려운 점 중 하나는 텅 빈 페이지와 마주한 상태로 다음에 어디로 가야 할지 고민하는 순간이다.

이렇게 손에 땀을 쥐게 하는 상황에서 작업을 멈추는 전략은 직관에 반대되는 것처럼 보일 수 있다. 하지만 실제로는 매우 유용하다. 한번 시도해보기를 바란다.

### 4 24시간 거리두기

방금 쓴 카피를 즉시 검토하는 건 엄청난 시간 낭비다. 초안을 마친 직후에는 카피에 너무 푹 빠진 상태이기 때문에 효과적인 편집 작업을 할 수 없다.

게다가 지친 상태이기 때문에 자기 자신에게 전혀 엄격하지 못하다. 기다렸다가 편집을 시작하는 것에 비해 절반의 작업을 이루는 데도 길게는 두 배의 시간이 소요될 것이다. 고기를 요리한 뒤 육즙이 올라오도록 잠시 휴식 시간을 두는 레스팅resting처럼 카피에도 쉬는 시간이 필요하다.

나가서 뭔가 다른 걸 하되 카피와 관련 없는 일을 해라. 맛있는 뒷다릿살 요리는 약 15분 정도 레스팅이 필요하지만, 카피는 최소 24시간 혹은 적어도 하룻밤은 지나고 다음 날 일어나서 봐야 한다. 범죄가 발생한 현장에 다음날 재방문해보면 새롭고 날카로운 시각으로 바라볼 수 있어 훨씬 예리한 수사가 가능한 것과 같다.

## 5 프로젝트별로 휴식기

검토 작업 중간에 카피에 거리두기를 해야 하듯, 진행하는 프로젝트들 사이에도 휴식기를 가져야 한다. 이런 이야기를 해주는 사람은 많지 않으며, 아마 스스로 경험해본 적 없는 이야기일 것이다. 하지만 충분히 공감할 것이다.

나는 중요한 프로젝트를 하나 끝내면 반드시 며칠은 공백 기간을 둔다. 일을 제대로 했다면 작업한 제품에 대한 정보로 머릿속이 꽉 차 있고, 생각은 흐려지며 일관성 있는 문장을 작성하는 능력이 떨어진 상태다. 이 시점에서 바로 다시 말에 올라타 내달리는 건 그야말로 바보 같은 짓이다. 이런 마음 상태에서는 무슨 일을 하든 시간이 더 걸리고 효과는 떨어진다.

기운이 빠진 상태라 제대로 일할 수 없다고 죄책감을 느끼기보다는 받아들여라. 수용하고 긍정적인 것으로 만들어라. 자기 자신의 시간을 낭비할 때 다른 모든 사람의 시간을 낭비하게 된다는 사실을 이해하도록 충분히 자각하라.

대신 자기 자신에게 휴식을 주어라. 온전히 하루를 쉬어라. 카피를 작성하던 대상의 제품을 자신으로부터 몰아내라. 글쓰기와 생각하기라는 행동은 전혀 하지 말고 뭔가 다른 일을 하라.

적절히 쉬고 나면 무엇에도 흔들리지 않을 에너지로 온전히 전념하며 새로운 프로젝트를 헤쳐 나갈 수 있을 것이다.

시간 관리에 필요한 다섯 가지를 모두 알아봤다. 빈 페이지를 마주했을 때 느끼는 긴장감과 스트레스를 줄이고 최대한 시간을 효과적으로 쓸 수 있도록 하는 팁들이다.

해야 할 일을 미루고 있다고 느껴지거나 단어들이 쉽게 나오지 않는 순간이라고 생각되면, 자기 자신을 돌보는 시간을 가져라.

# 내 카피가 실패한 이유

카피를 써서 보냈는데 성과가 미미한 경우, 휴지통에 버려서 지금까지 쓴 시간을 몽땅 날려 버리기 전에 잠시 멈추고 생각해보라. 실패한 것처럼 보이지만 지금 손에는 흑백이 분명한 무엇인가가 쥐어져 있다. 지금 그 카피에 뭔가 명확하게 실패한 요인이 있다는 걸 알고 있다.

이 단계에서 여러 가지가 떠오를 수 있겠지만, 문제는 다음 세 가지 중 하나인 경우가 많다.

1. 단지 사람들이 이 아이디어에 관심이 없을 뿐이다.
2. 시기가 적절하지 않다.
3. 사람들이 이 아이디어를 이해하지 못한다.

처음의 두 경우에는 카피라이터가 할 수 있는 게 많지 않다.

만약 사람들이 이 아이디어에 관심이 없다면, 근본적으로 망가진 뭔가를 조금이라도 고쳐보려고 노력하는 것 자체가 시간 낭비다. 그저 나쁜 아이디어가 자신의 레이더망에 걸렸다는 사실을 받아들이고 앞으로는 어떤 아이디어를 낼 때 더 철저해야겠다고 배우는 기회로 삼아라.

만약 시기가 적절하지 않다면, 시장을 변화시키거나 지금이 적절한 때라고 고객을 설득하는 건 불가능하므로 애쓸 필요 없다. 그 카피는 한쪽에 두었다가 시장의 분위기가 변화하고 있는 게 보이면 그때 다시 살펴볼 수 있도록 메모를 남겨 둔다.

그런데 세 번째인 사람들이 아이디어를 이해하지 못할 때는, 그 아이디어를 더 노골적이고 명백하게 드러낼 수 있는 헤드라인을 새로 생각해봐야 한다. 전환율이 조금이라도 증가하는 것이 보인다면 사람들이 아이디어를 이해하지 못한 경우라는 실마리를 얻게 된다. 그럼, 다시 한 번 아이디어가 잘 드러날 수 있도록 시간을 들여 사람들을 이해시켜야 한다.

The Art of the Click

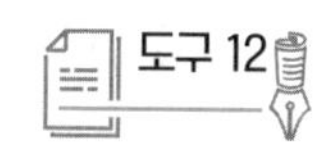


# 변하는 시장의 선택은? 판매 vs. 공유

팔리지 않으면
창의적이지 않은 것이다.
_**데이비드 오길비** David Ogilvy (광고인)

"무조건 팔아라."

전설적인 광고인 데이비드 오길비가 말했다. 이 말은 마치 카피라이터를 위한 십계명 중 하나인 것처럼 여러 세대를 거치며 흔들림 없이 전해졌다. 모두에게 평등하게 적용되는 위대한 발언이다.

매체가 무엇이든 카피라이터의 목적은 항상 같아야 한다는 사실을 간단명료하게 상기시키는 말이다. 친애하는 동료, 카피라이터들이여, 우리의 진짜 목표는 오직 판매다.

마지막까지 해내야 하는 일이 있다면 바로 판매다.

**하지만 과연 이것이 올바른 목표일까?**
**혹은 다르게 표현해서, 올바른 메시지일까?**
**모두가 받아들이고 있는 무조건 팔아야 한다는 사명이 과연 여전히 초심의 세일즈 담당자들에게 전하고자 하는 메시지일까?**

나는 이것에 대해 아주 많이 생각했다. 한동안 내 주위를 맴돌았던 문제이기도 했다. 전혀 다른 주제에 대해 논의하다가도, 이메일을 살펴보면서도 이 생각은 잊히지 않았다.

먼저 내 생각을 쭉 이야기할 테니 함께 고민해보면 어떨까? 이 주제에 대한 의견을 공유해줘도 좋다. 그렇게 해주길 바란다. 시작하기 전, 먼저 고백할 게 있다.

오랜 세월 동안 나는 오길비의 신봉자였다. 그의 복음을 엄청난 열정으로 설교하며 다녔다. 사실 지금도 그렇다. 내 문하의 카피라이터 연습생들이 가장 먼저 읽어야 할 책 중 하나가 바로《오길비의 광고론》이다. 물론 오길비가 걸었던 길을 그대로 따라야 한다고 제안하는 건 아니다. 그건 미친 짓이다.

그렇지만 위대한 미국의 소설가 솔 벨로Saul Bellow의 말을 바꾸어 표현하면, 탁 쏘이는 듯한 느낌이 없다면 그 책은 읽을 이유가 없다. 이런 마음가짐으로 나는 당당하게 이렇게 말하고자 한다.

"데이비드 오길비는 틀렸다."

그렇다. 나는 지금은 고인이 된, 위대한 오길비에 도전장을 내밀고자 한다. 그리고 오늘날 사업을 위해서는 반드시 '무조건 공유하라'고 제안하는 바이다. 에, 정말? 그게 최선의 대안인가? 소셜미디어 감성에 너무 젖은 문장이라 구역질이 날 정도일지도 모르겠다.

이미 누군가가 어떤 형태로든 비슷한 말을 했을 수도 있다. 하지만 그와 관계없이, 내 머릿속에서 꼬리에 꼬리를 물고 있는 이어지는 생각의 열차에 답을 제시할 수 있는 문장이다. 이 모든 것은 약간의 감정 붕괴에서 시작되었다.

## 스포츠카가 생각보다 별로면 어떤 일이 일어날까?

중년의 위기는 다양한 형태와 규모로 다가온다. 금융계 잡지사를 운영하는 지인에게 중년의 위기는 하나의 질문으로 왔다.

"올바른 방법으로 제품을 팔고 있는 것일까?"

그가 도달한 결론은 '아니오'였다. 그때까지 그가 써오던 방식이 효과적이었음에도 딱 잘라서 기존 방식이 올바르지 않다고 결론 내렸다. '무조건'과 '팔아라' 둘 중에서 '무조건'을 택했다.

그는 여러 가지를 재정비하기 시작했다. 판매를 위한 새로운 방법을 찾아 나섰다. 기존과는 다른 메시지를 전달할 방법 말이다. 다양한 부서의 부서장들과 회의를 통해 대체 회사가 무엇을 위한 것인지를 토의했다. 회사에 대한 그림을 그려보도록 사람들을 초청했다. 사람들이 회사에서 자랑스러워하는 것을 물어보았다. 사람들이 회사가 어디로 가고 있다고 생각하는지 궁금해했다.

애당초 사람들이 왜 일하러 회사에 나오는 걸까? 당연히 답은 쉽게 나오지 않았다. 난 아직도 그가 여전히 질문에 대한 답을 찾아가는 과정에 있다고 본다.

당시에는 이런 질문을 한다는 자체가 약간 어리석어 보였다. 그냥 빨리 일이나 하라는 것이 일반적인 반응이었다. 좋은 카피를 쓸 때 필요한 것에 대해 생각하면서 내가 "무조건 팔아라?"라는 질문을 다시 짚어보고 있다는 사실을 발견했다. 내 지인이 거쳐 가고자 했던 영혼을 찾는 과정에 관한 사색. 아마 그렇게 어리석은 질문만은 아닐 것이다.

지금까지 내가 목격한 자신감의 위기는 이뿐만이 아니다. 미국의 정보 출판업자들도 '무조건 팔아야 한다'는 오길비의 말이 지나치게 한쪽으로 치우친 것은 아닌지 의문을 품고 있었다. 더군다나, 최근엔 그들의 광고 결과가 좋지 못했다. 그 기업들은 아주 효과적인 세일즈 전문가 네트워크를 지니고 있었다. 여기서 말하는 전문가 네트워크란 카피의 직접적인 결과로 수백만 개의 제품을 판매했고, 그중 대부분이 오길비의 말을 토대로 한 카피였다.

그들은 변화를 원했지만 정확히 어떻게 해야 할지 몰랐다. 하지만 변화를 위한 열망은 여전히 존재하고 있다.

- 무슨 일이 있는 걸까?
- 나이 많은 광고인들이 광고계의 유산을 걱정하는 것일까?
- '무조건 팔아라'는 이면에 더 심각한 이유가 있는 걸까?

나는 후자로 생각된다. 그 이유를 설명하기 위해 판매자가 아니라 구매자를 살펴보자. 인터넷 시대에 시장은 변한다는 사실을 깨달아야 한다.

## 그들은 당신의 전략을 알고 스스로 만들기까지 한다

지금까지 영리하게 머리를 써서 개발해둔 카피 작성법은 점점 더 많이 시장에 노출되고 있다. 그렇다. 실제로 시장이 변하고 있다. 그들의 인지력이 진화하고 있다. 유진 슈워츠Eugene Schwartz의 저서만 보아도 전혀 새로운 문제가 아니라는 사실을 알 수 있다.

나는 운 좋게도 고객과 시장의 세세한 변화에 대한 정보가 많은 글로벌기업과 일했다. 덕분에 이런 변화를 빨리 감지했다. 하지만 일반적인 카피라이터에게는 진땀이 날 만큼 힘든 변화의 시기다.

현재 시장은 이메일 오픈율, 클릭률, 장바구니에 담긴 채 잊힌 제품들로 대변되는 상전벽해桑田碧海와 같은 변화를 통해 서서히 진화하고 있다.

실제로도 카피가 너무 공격적이거나 가치를 담아내지 못하는 경우에 클릭률이 떨어질 수 있다는 걸 직접 목격해왔다.

반면, 사람들에게 물건을 팔기 전 상황이 어떻게 돌아가게 되는지 충분한 시간을 두고 설명해주기만 해도 전환율이 두 배가 될 수 있다는 것도 경험했다. 이 나라에서는 성공한 카피가 다른 나라에서는 고객과의 관계 형성에 실패해서 성공하지 못한 경우도 보았다. 무조건 판매를 우선시하는 전략은 점점 더 힘들어지고 있다.

- 그럼 어떻게 해야 할까?
- 여전히 '무조건 팔아야 한다'라고 생각하는가?
- 아니면, '무조건 공유해야 한다'로 마음이 끌리는가?

## 게리 바이너척이 세상을 정복한 날

게리 바이너척(Gary Vaynerchuk, 소셜 미디어를 통해 유명 인사가 된 인플루언서이자 마케팅 전문가)은 신이 아니다. 그의 게시글에 심기 불편해할 사람이 많을 수도 있다. 하지만 그는 영리하다. 미래를 예측하고 무슨 일이 있더라도 그 예측이 맞을 것이란 믿음을 갖고 있다.

게리 바이너척은 오래전에 뉴스레터 작가로 활동했던 동명의 게리 노스Gary North를 떠올리게 한다. 나의 멘토 중 한 명인 마크 포드는 게리 노스에 대해 종종 이야기하곤 했다.

게리 노스는 Y2K로 인해 지구멸망이 곧 닥칠 것이라는 주장에 완벽히 설득된 나머지, 다가올 멸망에 대비해서 트랙터를 땅에 묻어 두었다는 소문이 있었다. 전능한 능력을 지닌 그가 내린 판단이 잘못되었음에도 게리의 추종자들은 그를 용서했다. 그뿐만이 아니다. 추종자들의 구매는 이어졌다.

왜? 그가 자신의 믿음에 대한 근거를 잘 보여주었고 자신이 예측한 바를 굳건히 지켰기 때문이다. 그에게 있어서 당시는 '무조건 팔아라'가 적용되는 경우가 아니었다. 상대방이 믿거나 말거나 개의치 않고 자신의 이야기를 공유했을 뿐이다. 당시 그의 우선순위는 판매가 아니었을 게 분명하다.

게리 바이너척 역시 마찬가지다. 몇 년 전부터 지금까지 그는 소셜 미디어의 부상과 비즈니스라는 측면에서 소셜 미디어의 중요성을 예측해오고 있었다. 온라인, 책, 강연회, TV 출연 등을 통해 끊임없이 자신의 주장을 펼쳤고, 예언대로 자신의 목표를 성취하는 수준이 되었다.

'무조건 공유하라'는 진리의 의인화된 버전이 게리 바이너척이 아닌가 싶다. 그가 만든 말은 아니지만, 그에게 꼭 맞는 말이다.

나는 한동안 그를 팔로우했고, 마케팅에 대한 그의 직설적인 접근방식, 자기 방식이 아니면 떠나라는 당당한 태도를 존경했다.

그뿐만 아니라 마케팅에 대한 그의 핵심적인 신념을 전문적으로 '소셜 미디어'라 불리는 개념과 연결했다는 사실이 그의 업적 중 가장 훌륭한 업적이라 생각한다. 그런 결과를 의도했는지는 중요하지 않다. 마치 마법처럼 이루어졌다.

이름만 봐도 알 수 있듯 소셜 미디어는 단순히 또 다른 형태의 미디어다. 그리고 그 이면에 숨겨진 비밀은, 소셜 미디어가 실제로 대표하고 있는 것은 하나의 시장이란 사실이다. 어쨌든 기업으로부터 뭔가를 사려는 주체는 언제나 존재해왔던 바로 그 고객이다.

현대 광고인 중 한 명인 데이브 트로트Dave Trott 역시 지혜롭게 이 사실에 주목해왔다. 트로트는 바이너척처럼 아주 영리한 인물이다. 한 컨퍼런스에서 트로트의 강연을 들은 적이 있다. 그는 대중에게 다가가기 위한 매체는 무엇이든 상관없다고 지적했다.

고객은 한 명의 고객일 뿐이다. 고객에게 페이스북으로 다가가든, 이메일은 보내든 밤새 고객에게 무작정 전화를 걸든 관계없다. 당시 그는 작은 그림을 하나 그렸는데, 그 그림을 통해 모든 것이 완벽하게 이해됐다.

소셜 미디어 시장이 이메일 목록에 있던 시장과 비슷하다는 사실을 이해한 순간, 그리고 직접 판매 목록에 있는 시장과도 같다는 사실을 깨닫고 나면, 시장은 이제 전원이 연결된 플러그인 상태다. 고객 주변의 세상이 어떻게 돌아가는지 극도로 잘 인지할 수 있는 상태가 되었단 뜻이다.

이것이 소셜 미디어의 진정한 교훈이다.

슈퍼볼 경기 도중 정전이 되었을 때 재빨리 재치 있는 트위터 광고를 날려 오레오가 히트 쳤던 시절의 이야기가 아니다.

인터넷 자체가 이제 컴퓨터라는 사물에서 벗어난 세상이 되었다. 소셜 미디어는 그 명성이 서서히 사라지게 될 것이고 대신 다른 미디어와 결합할 것이다. 그렇지만 한 가지 사실은 변하지 않을 것이다. 이제 세상은 우리가 여태껏 알지 못했던 방법으로 상호작용할 것이란 사실.

얼마나 멀리 갈지는 알 수 없다. 데이브 에거스Dave Eggers의 영화 〈더 서클The Circle〉에서는 실제 가능할 것 같아서 더욱 놀라운, 구글 스타일의 유토피아를 그려내고 있다. 그저 에거스의 상상으로 그

치고 마는 이야기이길 바란다. 어찌 되었든 우리가 알고 있는 한 가지는 오늘날의 초인지ultra-aware 시장에서 '무조건 팔아라'는 더 이상 좋은 접근방식이 아니라는 사실이다.

접근방식의 변화는 이미 일어나고 있다. 우리는 공유하기 위해 글을 쓰고 있다고 믿는다. 고객에게 지식과 정보를 전달하는 동시에 고객을 유인한다면, 장기적으로 그 카피는 판매에 도움이 된다.

나는 카피라이터들에게 판매하려는 제품뿐 아니라 고객에게 어떤 지식을 전달할지 생각해보라고 조언한다. 고객들이 내 카피를 읽고 나면 지혜로워진 느낌을 받길 바란다. 카피를 읽고 결국 제품을 구매하지 않더라도 뭔가 얻어가는 게 있길 바란다.

무엇보다도 한 명의 카피라이터로서, 제품이나 서비스를 다른 각도에서 바라보는 독특한 위치에 있다.

제품이 주는 혜택이 없거나 혹은 제품이 제시된 방식에 뭔가 빠진 게 있다고 생각한다면, 가만히 있어서는 안 된다. 제품을 개선할 수 있도록 도움을 요청해야 한다. 왜? 제품이나 서비스가 더 나아질수록 카피를 작성하기에 더 쉽기 때문이다.

그건 당신의 책임이 아니라고 생각할 수도 있다. 혹은 제품 개발에 관여하는 힘든 일같이 느껴지고, 시간을 들일 가치가 없다고 여길 수도 있다.

하지만 제품을 개선하도록 도와서 더욱 진정성 있게 카피를 쓸 수 있게 되면, 훨씬 더 강력한 카피가 탄생한다. 무엇보다, 글자를 다루는 카피라이터의 전형적인 역할 이상의 도움을 줄 수 있는 카피라이터로 보일 수 있다면, 오직 한 가지 재주만 가진 다른 카피라이터들보다 돋보일 수 있는 기회다.

그렇다고 오해하지 말기를 바란다. 당신은 여전히 제품을 팔아야 한다. 오길비의 말은 여전히 옳다. 하지만 더이상 오길비의 협박 같은 말, 특히 '무조건'이라는 말에 겁먹을 필요 없다.

오늘 팔지 못하면 뭔가 유용한 걸 공유하거나 제품, 서비스를 개선하도록 도움을 줘서 내일 혹은 모레 팔 수 있다. 내가 가진 지식을 당신과 나눈다면 더 편한 마음으로 당신의 돈을 나눌 수 있는 건 당연한 일이지 않은가? 결국, 공유가 그렇게 나쁘지만은 않다는 이야기다.

다음에 카피를 작성할 때가 되면 새로운 도전과제를 주고자 한다. 바로 카피 업계를 상대로 비장한 얼굴을 하고 이렇게 말해보는 것이다.

무조건 공유하라.

## 협업의 필요성

공유라는 주제를 얘기할 때 카피 쓰기가 때로는 외로운 게임이 될 수 있다는 사실을 기억해야 한다.

상아탑에 갇혀 자신의 걸작을 다듬는 외로운 작가라는 이미지를 평생 무의식적으로 바라왔다. 하지만 물론 말도 안 되는 이야기다. 어떤 책이든 감사의 말 페이지를 펼쳐보면 작가가 책을 쓰는 과정에 많은 사람이 도움을 준 사실을 알 수 있다. 지금 이 책도 예외는 아니다.

좋은 카피도 마찬가지다. 좋은 카피는 한 명이 만들어 내는 것이 아니다. 반드시 협업의 노력으로 이루어지며 다양한 수준의 경험과 여러 마음이 함께 모여 만들어 내는 것이 카피다.

여럿이 모여 한 사람보다 더 큰 뭔가를 이룩하는 것이 카피다.

만약 언젠가 랩톱과 에스프레소 기계를 가지고 혼자 어디론가 숨어버리고 싶은 충동이 들더라도, 혼자 하는 작업이라는 본질에서 벗어나 가능한 한 많은 사람과 협업하기 위해 안간힘을 써라.

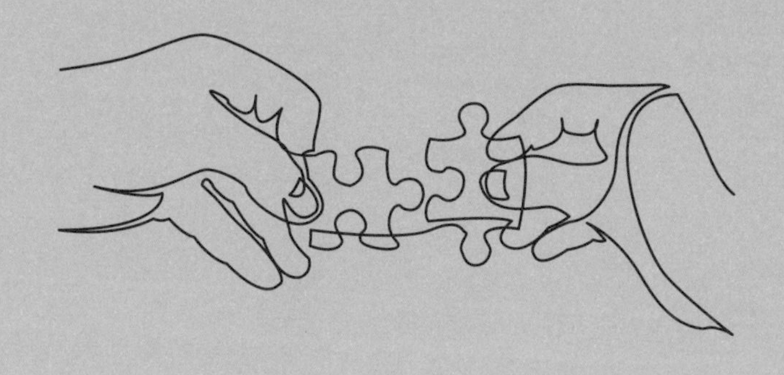

여전히 '무조건 팔아야 한다'라고 생각하는가?

아니면, '무조건 공유해야 한다'로 마음이 끌리는가?

당신의 아이디어를 공유하라.

더 강력한 카피가 탄생할 것이다.

# 3부

# ‘직접 반응 카피라이터’ 3인의 인터뷰

The Art of the Click

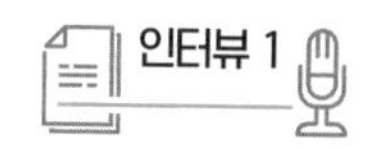


# 리서치의 왕, 존 포드

진짜 성공하는 카피라이터는
자료조사에 많은 시간을 투자하는 이들이다.
_**존 포드**John Ford

## 내가 아는 카피라이터 중 가장 많은 자료를 모으는 사람

존 포드는 좀 멋있다. 이렇게 말하면 존은 나를 증오하겠지만 실제로 멋지다. 존은 파리에 산다. 기타를 친다. 음악 취향이 뛰어나다. 즉석에서 대단한 아이디어들을 끌어내곤 한다. 내가 아는 뛰어난 이야기꾼 중 한 명이다.

현업에서 일하는 최고의 '직접 반응' 카피라이터들이 많지만, 존이 그들과 차별화되는 점은 바로 자료조사에 대한 남다른 수준의 엄격함이다.

존은 시원시원한 성격의 소유자이면서 놀라울 정도로 겸손하기까지 했다. 그런데, 지금까지 존만큼 많은 리서치를 하는 카피라이터는 만나본 적이 없다.

존과 안부를 주고받을 때마다 그는 언제나 새로운 포스트잇 메모 시스템이나 메모 기록을 추적하는 데 도움이 되는 앱을 켜는 중이었다. 존에게 영감은 작은 금덩이와 같아서 영감들이 떠오를 때마다 기록하고, 기록과 관련된 무엇이든 시도하곤 했다.

존의 리서치에 대한 지치지 않는 집념과 헌신은 수년간 뛰어난 카피를 쓸 수 있었던, 그리고 계속해서 위대한 카피를 쓰고 있는 주요 원인 중 하나다. 그의 카피로 얼마나 많은 매출을 올렸는지 상상하는 것만으로도 어안이 벙벙하게 될 수 있으니, 그 이야기는 하지 않겠다.

존은 돈에 크게 관심이 없다. 진정으로 위대한 카피라이터들과 마찬가지로 아이디어 자체에 관심이 있다. 존은 리서치에 열중한다. 아이디어에 파고들 때 펼쳐지는 토론을 즐긴다. 그리고 누군가 획기적인 아이디어를 발견할 수 있도록 도움을 주는 데 순수한 즐거움을 느낀다.

존으로부터 배울 수 있는 것이 많은데, 다음에 이어질 그와의 대화에서 기꺼이 많은 것을 공유해줬다.

글렌 존, 배경 이야기를 조금 하면서 시작해보죠. 잘 모르시는 분들을 위해 하시는 일이 정확히 무엇인지 알려주세요.

존 공식적으로, 제가 지금 하는 일은 금융 상품에 대한 광고 카피를 쓰는 일입니다. 적어도 대부분 시간은 카피를 씁니다. 정보제공 업계에 속한 카피들이죠. 다른 카피라이터들과 협업해서 그들의 프로젝트를 위한 카피 작성에 도움을 주기도 합니다. 신입 카피라이터 교육도 도와주고 있어요. 그 외에 일반적인 컨설팅도 하고, 브레인스토밍 과정도 지원해주고, 일 년에 몇 번은 강연을 나가기도 합니다. 비공식적으로는 카피를 쓰는 데 필요한 리서치 자료 정리와 읽기에 많은 시간을 사용합니다.

이러기를 26년 정도 아니면 좀더 오래 해온 것 같네요. 그렇지 않는 시간이 있다면 아마 프로젝트가 완성되기 전까지 잠시 쉬며 완성을 미루고 있는 시간인데요. 카피를 쓴 뒤 돌이켜보면 처음부터 다시 써야 하는 건 아닐까 하는 느낌이 강하게 들거든요. 이런 느낌은 사라지지 않을 것 같다는 생각이 드네요.

글렌 저도 그 느낌 잘 압니다. 카피 경력과는 관계없이 신규 프로젝트는 언제나 의심이 들게 마련이죠.

존 맞습니다. 지금 제가 이 단계까지 올 수 있었던 건 그저 운이 따라줬기 때문입니다. 정말이에요. 그저 적절한 순간에 적절한 곳에 있었고, 빌 보너, 마크 포드와 같은 위대한 카피라이터들을 멘토로 삼을 기회가 있었기 때문입니다.
물론 그렇게 행운이 따르는 자리를 얻기 위해 하루에 15달러를 버는 인턴십을 하면서 대학원 생활과 병행해야 했죠. 그리고 매일 밤 대학원 수업을 위해 오고 가는 차 안에서 뛰어난 마케터들의 이야기를 담은 오디오북을 들었죠. 그 당시로 치자면 카세트테이프에 녹음된 음성기록이죠. 그렇게 그들의 성공담을 들었습니다.
그리고 카피라이터 경력 초기에는 사무실에서 밤 10시까지 야근도 했습니다. 제가 사무실에 앉아 일하고 있으면 경비원이 들러 잘 자라는 인사를 해주는 날들이 대부분이었죠.

글렌 하지만 지금은 사무실에 계시지 않죠?

존 그렇죠. 대부분 미국에 있는 집이나 파리에 있는 아파트에서 일하고 있어요. 혹은 출장을 가거나, 제 아내가 새로운 곳에 가보는 매력에 빠져 있어서 여행을 가서 일하고 있습니다. 그런 경우 효과적으로 일할 수 있는 루틴을 만들어 두고 있습니다. 새벽 5시쯤 일어나서 정오까지 일한 다음, 아이들을 데리고 점심을 먹고 관광하러 나갑니다. 전반적으로 꽤 효과적인 루틴입니다.

## 여전히 결과가 중요한 비즈니스

글렌 경력 중 거의 대부분 시간에 직접 반응 카피를 쓰셨습니다. 상당히 독특한 일인데, 어떻게 직접 반응 카피에 빠져들게 되셨나요?

존 흠, 돌아보니 저는 카피라이터라는 역할을 향해 끊임없이 나아가고 있었던 것 같습니다. 제가 기억하는 한 저는 늘 글을 썼고 열심히 읽기도 했습니다. 학창 시절에는 광고업에 종사하면 뭔가 창의적인 일을 할 기회를 얻으면서 돈도 벌 수 있을 거란 막연한 생각만 했죠.

처음에는 카피가 사용되는 매체에 따라 모호하게 결정되는 광고 유형 간에 어떤 차이가 있는지 전혀 알지 못했습니다. 처음 얻은 직장에서 카피라이터로서 교육받게 되었는데, 오직 직접 판매(direct marketing, 다이렉트 마케팅)만 하는 정보

제공업체를 위해 카피를 작성하는 일이었습니다.

당시에는 직접 판매가 무엇인지도 몰랐지만, 나중에 물어보려고 하니 망신 당하지 않고는 물어볼 수 없을 정도로 늦었더라고요. 물론 서서히 파악하기는 했습니다. 특히 제가 일했던 곳에서 본격적으로 메일링 결과를 추적하기 시작한 뒤부터 말이죠. 그때가 바로 직접 반응 카피가 어떻게 작용하는지 처음으로 알 수 있는 순간이었고, 카피의 가치가 무엇인지 깨닫는 순간이었습니다.

왜냐하면, 직접 반응 방식은 광고가 그저 공기 중으로 흩어져서 나중에 어떤 행동을 유발하길 희망하는 방식이 아니기 때문입니다. 직접 반응 방식은 각각의 개인에게 그 자리에서 즉시 반응을 요구합니다. 10센트 단위까지 결과가 집계되는 걸 보게 됩니다.

카피가 실패작이면 처음에는 굉장히 두렵죠. 사실 카피라이터는 이런 경우를 반드시 몇 번 겪게 됩니다. 반대로, 카피가 성공해서 정확히 얼마나 효과적인지 측정할 수 있다면, 그건 정말 가치 있는 일이죠.

글렌 결과 측정이 가능하다고 이야기해주니 좋네요. 책에서 설명한 주제이기도 합니다. 흥미롭다고 생각하는 점은 소위 디지털 시대라 불리는 지금 우리가 결과를 매우 중시하는 시장에 몸담고 있다는 사실입니다. 그리고 우리가 보유한 직접 반응 방식 경력이 상당한 도움이 된다는 사실이죠.

존 물론이죠. 직접 반응은 정말 중요합니다. 사실 어느 때보다 더 중요하다고 생각합니다. 결국, 태블릿 화면상에서 버튼을 누르거나 손가락을 움직여 화면을 이동하는 사람은 판촉물 우편봉투를 뜯던 사람들과 같으니까요.

만약 같은 사람들이 아니고 세대 변화가 있었다 하더라도, 사람들에게 동기를 부여하는 요인은 거의 변함이 없습니다. 사람들은 사랑, 존중, 존경받고 싶어 하고, 안전하고 건강하길 원하며, 지식을 얻고 인정받고 성공하길 바랍니다.

또, 화가 나면 자신들의 이야기를 들어주기를 바랍니다. 자신의 주장을 뒷받침할 근거를 원하되, 잘 표현되길 바라죠. 두려움에 이끌려 행동하는 때와 거의 비슷한 과정입니다.

모든 것이 온라인으로 되기 전보다 집중도가 떨어진 건 맞습니다. 놀랍게도 예전에 비해 알고 있는 정보는 적어졌으면서 오히려 자기 의견을 고집하는 건 더 심해졌는지도 모릅니다. 이 모든 것으로 인해 카피라이터가 이용해야 할 열기와 감정은 고조되었고 제품을 광고해야 할 속도도 빨라졌습니다. 활자 인쇄의 시대에 비해 훨씬 더 열정적이고 접근성 좋은 메시지들과 경쟁하고 있기 때문이죠.

## 해묵은 주장

글렌 지금 말할 주제만 가지고도 몇 시간을 이야기할 수 있기 때문에 여기서 논하려고 시도하는 것 자체가 어리석은 일인 건 알고 있습니다. 하지만, 긴 카피 대 짧은 카피의 논쟁에 관한 생각을 간단하게 말씀해주시기 바랍니다. 어떤 관점을 갖고 계시나요?

존 절대 사라지지 않는 논쟁이죠. 그렇지만 제 생각에는 한 단어로 어느 정도 잠재울 수 있는 논란인 것 같습니다. 바로 '신뢰'라는 단어죠. 직접 반응 카피가 길어지는 이유가 바로 여기에 있습니다.

직접 반응 카피가 아무리 짧아져도, TV에서 보는 광고나 고급 잡지의 글이 없는 페이지 광고처럼 짧아지지 않는 이유도 마찬가지입니다. 다시 말해, 슬로건 하나로 제 역할을 다하는 광고들은 각자 들어갈 위치가 있고 수행하는 기능이 있습니다.

하지만 그런 광고들이 해내지 못하는 일이 바로 '즉시 판매'를 성사하는 일이죠. 그런 광고는 그 자리에서 당장 어떤 행동을 유도하기보다는 일반적인 수준의 욕구 유발을 목표로 합니다.

글렌 신뢰라는 아이디어가 마음에 드네요. 고객의 신뢰를 얻기에 충분히 긴 시간을 들여 카피를 써본 적 있나요? 카피가 어느 정도 길면 좋을지 생각해볼 기회가 될 것 같습니다.

존 물론이죠. 직접 반응 광고의 경우, 어떤 순간에 여러 번에 걸쳐 제품 구매를 요구하지 않는다면 실패한 것입니다. 활자로 인쇄된 직접 반응 광고의 경우, 누군가의 현관 앞에서 휴지통에 던져질 때까지 구매 의사가 있는지 물어봐야 합니다. 또, 꽉 찬 메일 수신함에서나 페이스북 포스팅으로 가득 찬 화면상에서도 제품 구매를 유도해야 합니다. 고객 앞에 어떤 광고를 갖다 놓는다 해도 이야기하는 내용의 바탕에는 언제나 이런 내용이 있는 겁니다.

"잠깐만요, 기다려주세요. 절 좀 봐주세요. 아주 매력적이고 새롭고 개인적으로 가치 있을 만한 무엇인가에 대해 말해드리려고 합니다. 그러니 그게 무엇인지, 왜 신경 써야 하는지 설명할 충분한 시간을 주셔야 합니다. 제 설명이 끝나면 제가 판매하는 것 중 무엇이든 하나를 사기 위해 신용카드를 꺼내고 싶을 겁니다."

여기서도 정말 많은 요구를 하고 있죠. 단순히 사실을 기재하고 가격표나 주문 정보를 안내하는 것 이상의 작업이 필요합니다. 잠재 고객과 관련이 있고 뭔가 새로운 걸 가지고 있다고 신뢰할 때 생성되는 관계 구축이 필요합니다.

광고하고 있는 제품에 대해 잘 알고 있다는 신뢰, 그리고 약속한 기한 내 제공해줄 수 있다는 신뢰가 필요하죠. 그렇게 하려면 단어를 신중하게 선택해서 정확한 순서로 작성해야 하며 많은 노력이 필요합니다. 재치 있는 슬로건 하나만으로는 고객과의 관계 형성이 불가능하기 때문이죠.

글렌 말씀하신 내용에 만세 삼창이라도 부르고 싶네요.

존 그러므로 '직접 반응 카피'를 '긴 카피'와 같은 카테고리에 단순히 분류하는 것은 완전히 틀렸다고 할 수 있습니다. 말이 나왔으니 말인데, 지나치게 뭔가를 분류해서 이해하려는 것도 잘못된 태도입니다. 단순히 단어의 개수가 카피의 성공 여부를 결정하지 않기 때문이죠. 만약 그렇다면 카피라이터 급여나 프리랜서 로열티의 기준이 될 것입니다.

작은 엔진을 지닌 차라도 제대로 만들기만 한다면 크기가 큰 차보다 빨리 달릴 수 있듯, 간결한 직접 반응 카피가 긴 카피보다 더 나은 성과를 보일 수도 있습니다. 짧은 카피가 잠재 고객과 정확한 연결고리를 찾고 감성을 자극하는 성과를 내는 경우, 판매 제품과 부수적으로 제공되는 내용이 훌륭한 경우, 잠재 고객의 인생에서 정확한 타이밍에 가려운 곳을

긁어준 경우, 혹은 해당 아이디어에 대한 시장이 특히 지금 뜨거운 시기일 때뿐입니다.

요점은, 성공하는 카피는 이와 같은 요인들 덕분에 성공한다는 사실입니다. 성공하는 카피가 우연히 길이가 긴 카피인 경우가 많은 것은 딱히 특별한 이유가 있다기보다는 카피 성공의 과정에서 드러나는 표면적인 현상일 뿐입니다.

**글렌** 직접 반응 카피가 오로지 긴 카피만 연상시킨다는 오명을 벗었으니, 또 다른 근거 없는 믿음에 대해 해명하고 싶습니다. 사람들은 직접 반응이 특정 틈새시장에만 유용하다고 생각하는 경향이 있습니다. 동의하시나요? 아니면 어떤 사업이건 직접 반응을 사용하면 성장할 수 있다고 보십니까?

**존** 상점 진열장에 일반적인 광고만 걸어 놓아도 팔릴 것이 분명한데, 과연 한 발 더 나아가서 그 많은 작업을 해야 할 필요가 있을지 고민될 수도 있습니다.

예를 들어, 좋은 가격에 신선한 우유를 공급한다고 해봅시다. 세일즈 레터를 쓰기 위해 목록을 작성하는 등의 작업이 딱히 필요하지 않아 보입니다.

물론 절대 아닌 경우는 없죠. 데이비드 오길비는 직접 반응 전략을 사용해서 엄청난 규모의 부동산을 판매했습니다. 직접 반응 방식을 사용한 우유 판매가 정당화될 수 있는 사례를 만들 수도 있겠죠.

예를 들어, 유당불내증을 앓고 있으면서 동물실험을 반대하고 소를 사랑하는 이들을 위한 특별한 종류의 우유를 팔고 있거나, 확연하게 차별화되는 놀라운 역사를 지닌 목장에서 정말 신선한 우유를 공급받아 판매하는 경우가 있겠네요.

아마 이것이 핵심이 아닐까 생각합니다. 직접 반응은 이미 붐비는 시장에서 새로운 영역을 발굴할 때 뛰어난 성과를 보이며 기존의 관점을 바꾸어 누구도 말하지 않은 새로운 이야기를 할 수 있는 공간을 제공해줍니다.

판매하려는 제품이 정직하고 약속한 성과를 성공적으로 낸다면, 당연히 직접 반응 전술은 비즈니스의 성장으로 이어질 것입니다. 전형적이며 길이는 짧고 추상적인 광고보다 더 나은 성과를 낼 수도 있겠죠.

글렌 긴 카피 혹은 짧은 카피에 직접 반응하도록 유도하고 고객의 행동에 영향을 미치는 주요 요인은 무엇이라고 생각하시나요?

존 제 생각에는 기본적으로 매슬로의 욕구 피라미드(인간의 욕구는 강도와 중요성에 따라 다섯 단계로 이루어짐)를 따른다고 봅니다. 가장 기본적인 단계에서는 안전하고 보살핌을 받고 있다는 느낌이 들도록 합니다. 사람들은 자신의 고통을 알아주고, 두려움과 걱정을 들어주며, 의심과 의견이 검증되길 바랍니다. 감성적인 성향이 강한 사람들일수록 더욱 그렇죠.

욕구 단계가 올라갈수록 사람들은 즐거움도 얻길 원합니다. 희망의 감정이 채워지길 바라죠. 더 높고 대단한 것을 갈망하게 됩니다. 단순히 돈이나 신체적 변화와 같은 욕구가 아닙니다.

대부분의 경우 그 욕구는 존경이죠. 감성을 자극하는 표현 그대로 사랑의 한 형태를 원하는 겁니다. 자신이 살아있는 존재이고 가치 있는 존재라는 사실을 중요하게 여기도록 해야 합니다. 분명한 것은 제가 방금 말한 모든 것이 판매하려는 제품과는 관계가 적지만, 광고가 고객 앞에 제시되었을 때 고객이 누구이며 그들이 어디에 있는지와 더 관계가 있습니다.
이것이 바로 질문하신 '주요 요인'이라고 생각합니다. 상대가 누구인지 그들이 되고자 하는 모습이 무엇인지에 대해 알아야 합니다. 그들이 서 있는 곳으로 가서 그들을 만나되, 반대 방향으로 가선 안 됩니다. 그럼 이미 출발점에서부터 실패한 것이나 다름없죠.
일단 광고를 볼 대상에 대해 파악하고 나면, 잠재 고객의 프로필에 맞게 광고의 메시지를 다듬기 시작합니다. 고객과 가장 관련이 깊은 주장을 펼쳐야 합니다. 마음속으로 꿈꿔왔던 방식과 정확히 일치하게 인생을 변화시킬 수 있는 주장을 펼치고, 그 주장을 고객이 한 번도 들어본 적 없는 이야기로 창조합니다.
새로운 나머지 광고 속 이야기를 듣고 있지만, 재미를 느끼고 뭔가를 구매하게 되면서 배우는 것도 있어야 합니다. 수천 개의 팁을 늘어놓을 수 있겠지만 이것이 가장 중요한 팁입니다.

글렌 마지막으로, 제가 늘 말씀드리지만 실제로 하시는 방대한 리서치 양이 정말 존경스럽습니다. 궁금한 점이 있는데, 항상 리서치부터 시작하십니까? 아이디어를 파악하는 과정의 시작은 어디인가요? 긴 카피 세일즈 레터를 쓸 때와 짧은 이메일 광고를 쓸 때 과정의 차이가 있습니까?

존 어디든 제가 시작할 수 있는 곳에서 시작합니다. 정말 훌륭한 아이디어는 그야말로 금광이기 때문이죠. 어디서든 갑자기 튀어나올 수 있습니다. 자주 카피를 작성하는 분야 안팎으로 많은 사람을 만나서 이야기하고 관련된 글을 읽어둬야 한다는 뜻입니다.

프로젝트를 위해 일할 때, 브레인스토밍 세션에서 아주 많은 아이디어가 등장하고 제품과 연결된 주요 인물들과 이야기를 나누면서 아이디어들이 샘솟습니다. 훌륭한 아이디어로 이어질 수 있는 생각들을 그저 깔고 앉아 있을 뿐 깨닫지 못하고 있는 경우를 많이 봅니다.

하지만 제가 실제로 아이디어의 형태를 잡아가는 공간은 바로 카피를 쓰는 페이지 위입니다. 리서치한 내용을 타이핑하다가, 혹은 하루나 이틀 전에 썼던 내용을 다시 살펴보고 다듬는 작업을 하며 시작하는 경우가 더 많습니다. 산책, 운전, 심지어 샤워하는 동안에 제 머릿속에서 편집 작업이 이루어지기도 합니다.

편집 및 비평 세션을 진행하는 동안에는 얻을 수 없는 훨씬 예리하고, 멋지며, 목표 조준이 확실한 좋은 아이디어가 탄생하게 되죠. 그러므로 어떤 카피라이터든, 경험이 많은 경력자라 하더라도 편집장 혹은 그와 유사한 누군가가 필요합니다.

페이지 위에 내용을 담아내는 건 정말 필수적인 작업이지만 마치 도자를 빚는 물레 위에 진흙을 쏟아붓는 것과 같습니다. 거기서 뭔가 강력한 것을 만들어 내려면 더 집중해야 하고 때때로 여럿이 모여 함께하는 노력이 필요합니다.

머릿속에 번쩍 전구가 켜지면서 '이거 정말 대박이야'라고 외칠 수 있는 순간이 온다면 더할 나위 없이 좋겠지만, 그런 일은 자주 일어나지 않습니다. 정말 위대한 광고 카피라이터라도 말이죠.

글렌 그저 끈기를 가지고 일하는 수밖에 없군요.

존 맞습니다. 진정으로 성공한 카피라이터는 거의 항상 리서치, 다시 생각하기, 그리고 지금까지 작업한 걸 다시 작업하기에 대부분 시간을 보냅니다. 다시, 그리고 다시 들여다보는 작업을 반복해야 합니다.

The Art of the Click

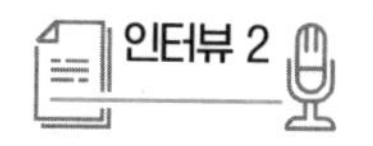


# 백만 달러의 사나이, 마크 포드

모든 위대한 아이디어는
단순하다.
_**마크 포드**Mark Ford

## 백만장자를 자주 볼 수 있진 않다

영국 동부 해안의 사실상 버려진 항구 도시에서 자란 나로서는 백만장자를 많이 만날 기회가 없었다. 사실 한 명도 만나본 적이 없었다. 진정으로 자수성가한 백만장자인 마크 포드를 처음 만났을 때 나는 그가 어떤 사람일지 전혀 예상조차 하지 못했다. 친구는 내게 그와 친하게 지내라고 조언했다. 이유는 정확히 기억나지 않지만, 내가 자신에 대해 확신에 차 있었고 마크 역시 그러했기 때문이라는 느낌이 든다. 물론 마크는 그럴 만한 이유가 있었고, 나는 자신만만할 이유라고 할 만한 것이 적었다.

플로리다 동부 해안의 조용한 해안가 마을에서 주로 생활하던 마크 포드는 내가 갓 합류한 카피 팀에 도움을 주기 위해 춥고 우울한 런던에 와 있었다.

그가 많은 말을 했다는 사실은 기억나지만, 무슨 주제로 이야기해야 했는지는 기억나지 않는다. 모두가 핑계 삼아 그 뒤로 숨으려고 시도하던 '기준'을 마크가 하나하나 정면으로 반박했던 기억도 난다. 쉬는 시간에 마크가 건물 밖에서 어마어마하게 시가를 피우며 서 있던 모습도 기억한다. 제대로 된, 굵은 아바나Havana 시가였다.

세션이 끝나고 그와 나누었던 대화 대부분은 기억하고 있다. 그는 내가 좋은 내면의 목소리를 가졌으므로 카피를 잘 쓸 수 있을 거라 말했고, 열심히 계속하면 굉장히 잘할 수 있을 거라 말했다. 영국인이자 거의 모든 것에 터무니없을 정도로 냉소적인 나는 마크의 말이 단순히 동기부여를 위한 입에 발린 교활한 책략이라고 생각했다. 또, '만나는 여자들에게 매번 이런 말을 하고 다니겠지'라고 생각했다.

그래도 성공한 카피라이터가 나에게 필요한 요건을 갖추었다고 말해주니 기분은 좋았다. 동기를 부여하려던 계략이건 아니건 그의 말은 효과가 있었고, 오늘날 내가 될 수 있도록 이끌어주었다.

우리가 처음 만난 이후 10년간 마크는 끊임없이 내게 폭넓은 통찰과 너그러운 지원을 해주었다. 그가 내게 보여준 인사이트를 여기서 나눌 수 있게 되어 기쁘다.

**글렌** 이 분야에 오랫동안 계셨고 긴 세월 동안 카피를 써오셨는데요. 지난 수년간 일어난 변화를 어떻게 보시는지 질문드리면서 시작하는 게 좋겠습니다. 혹은 수년간 변한 게 없었을까요?

**마크** 변화가 있었죠. 아주 큰 변화들입니다. 하지만 변하지 않은 것들도 있는데, 거기에 대해선 조금 있다가 말하겠습니다.
지금까지의 가장 큰 변화라고 하면 당연히 인터넷이죠.
인터넷은 제가 일하고 있는 직접 판매(다이렉트 마케팅) 분야에 극적인 변화를 가져왔습니다. 2000년 이전, 직접 판매가 사용되던 과거에는 마케팅과 고객의 주문 처리에 해당하는 모든 거래의 90퍼센트 이상이 우편배달을 통해 이루어졌습니다. 속도는 느리고 큰 비용이 들었죠.
예를 들어, 당시 아고라의 경우 약 백만 명의 유료 고객을 보유하고 있었습니다. 제품, 세일즈 레터, 혹은 청구서든 뭐든 고객에게 보내려면 인쇄와 용지 비용에 우편비용까지 더해서 약 50센트(약 650원)가 들었습니다. 이를 전체 고객으로 환산하면 50만 달러(약 6억 5,600만 원)가 드는 셈이죠. 그 비용은 엄청났고 우리가 감당할 수 없을 정도였습니다. 그래서 고객들에게 보내는 우편물마다 광고를 포함해서 보내기로 했습니다. 우편비용을 '커버cover'한다고 말하곤 했죠.
당시에는 오늘날과 달리 고객에게 자주 다가갈 수 없었습니다. 우리가 고객과 접촉하는 횟수는 1년에 20번 정도였어요. 오늘날에는 400회 혹은 그 이상 고객과 접점을 형성합니다. 즉, 고객이 내는 돈의 몇 배 이상의 가치를 줄 수 있다는 의미입니다. 또한, 고객의 반응 수준이 더 높아졌습니다.
이처럼 고객 접촉 빈도가 증가함에 따라 고객의 평생 가치는 두 배 이상 증가했습니다. 최소의 비용을 들여 광고가 가능한 인터넷이 가져다준 직접적인 혜택이지요.
인터넷의 또 다른 큰 영향은 바로 속도입니다.
과거에 우편으로 주문하던 시대에는 고객으로부터 적절한 피드백, 설문조사 피드백, 혹은 마케팅에 들인 노력에 대한 반응을 받아보려면 몇 주가 걸렸습니다. 그런데 지금은 몇 분이면 피드백을 받을 수 있죠. 이렇게 빨라진 피드백은 똑똑하고 섬세하면서도 속도까지 갖춘 마케터가 될 수 있도록 해주었습니다. 시장에 어필할 수 있는 제품과 프로모션을 전달하기가 훨씬 쉬워졌죠.
이 두 가지의 결과로 생성된 수백 가지의 소소한 변화들이 더 존재하지만, 여전히 변하지 않은 것도 있습니다. 그것은 바로 인간의 본성이죠.

처음 활자 인쇄에서 디지털 출판으로 옮겨갔을 때, 사람들이 물건을 구매하는 방식을 인터넷이 어떻게 바꿀 것인지에 대해 많은 논의가 있었습니다.

물건을 사고파는 세상, 특히 소비자 시장이 인터넷으로 인해 어떻게 바뀔지 궁금해했습니다.

더이상 '강요push' 마케팅 혹은 다이렉트 마케팅은 매출을 올리지 못했습니다. 대신 고객들은 자신들이 무엇을 원하고 필요로 하는지 결정해서 적절한 웹사이트를 인터넷 검색으로 찾아냈는데 이를 일컬어 '촉진pull'마케팅이라 합니다.

특정 분야에서 이런 현상들이 일어났지만, 우리 중 일부는 아이디어를 파는 광고계에서는 절대 그런 일이 없을 거라 확신했습니다. 정보와 조언을 얻기 위해 사람들이 돈을 내도록 하려면 어느 정도 강요할 필요가 있다고 믿었습니다.

그리고 정확히 우리의 예측대로 흘러갔습니다. 광고 시장에서 웹 기반 영역이 차지하는 부분은 과거에도 그리고 지금도 여전히 작은 부분에 불과합니다. 상당수의 매출이 직접적인 아웃바운드(전화를 직접 걸어서 상담하거나 판매하는 활동) 판매를 통해 이루어집니다.

광고 시장의 변화를 예견했던 이들이 미처 알아차리지 못했던 것은 바로 최초의 '강요하는pushed-out' 마케팅이 결국 판매를 유도한다는 사실입니다.

**글렌** 흥미롭네요. 세일즈 카피가 일차적인 관계 구축의 역할을 하다니. 사람들은 항상 제품이, 이 경우에는 카피라이터가 작성한 카피를 가지고 에디터가 새로 편집한 정보전달 문서editorial copy가 그런 역할을 한다고 생각합니다.

하지만 생각해보면 고객들과 최초의 관계 형성은 세일즈 카피를 통해 이루어지는군요.

**마크** 정확합니다. 세일즈 카피가 정말 중요합니다. 고객이 처음 마주하는 마케팅 문서에 우리가 전하려는 아이디어와 감성이 담겨 있고, 고객이 행동을 취하도록 동기를 부여하는 언어로 작성되어 있습니다. 빠른 피드백을 통해 이 모든 것이 진실이라는 걸 알기 쉬워졌습니다.

오늘날 최소한의 비용이 든다는 장점과 인터넷 커뮤니케이션을 통해 거의 바로 피드백이 가능하므로 고객이 무엇을 바라고 예상하는지 이해하기 훨씬 쉬워졌습니다.

그리고 고객이 원하는 걸 제공하는 일도 쉽고 저렴하게 가능하므로 고객에게 더 많은 만족을 줄 수 있습니다. 더 쉽게 가치를 제공할 수 있으며 상호주의 원칙에 따라 일할 수 있게 되었습니다.

글렌 지금 시대엔 정기적으로 고객들과 소통할 수 있고 고객과의 관계에서 초기 단계부터 대화를 시작할 수 있습니다. 그렇다면 세일즈 카피와 정보(편집된 카피)는 서로 더 가까워져야 한다고 생각하는지 궁금합니다.

마크 전 언제나 세일즈 카피와 정보가 사실 그대로여야 한다고 느껴왔습니다. 사실 세일즈 카피가 콘텐츠 스타일의 형태에 가까워질수록 고객에게도 신뢰를 얻을 수 있습니다. 그리고 오늘날에는 인터넷 덕분에 고객이 둘을 비교해보기가 아주 쉬워졌고, 고객이 요청한 것을 받았는지 확인해보고, 처음 세일즈 거래를 통해 접했던 그 회사, 그 직원이 맞는지 판단하기도 쉬워졌습니다.

온라인 비즈니스를 하고 있다면 당신이 진짜 어떤 사람이며 무엇에 진심인지, 당신이 하는 모든 것을 볼 수 있는 사람이 매우 많다는 사실을 받아들여야 합니다. 그 때문에 투명성과 진정성이 중시되는 것이죠.

세일즈 카피와 정보를 하나의 단위로 만들어서 둘 다 진정성을 담는다면, 고객과 탄탄한 관계가 형성될 것입니다. ATM 프로모션이 좋은 예가 될 수 있겠네요.

**글렌** 맞습니다. ATM에 갔는데 현금을 찾지 못한 상황에서, 방문한 가게는 현금을 받지 않는다면 사실상 현금은 불필요한 세상인 셈이죠. 정부와 중앙은행이 현금을 폐지함으로써 당신의 돈을 통제하려고 한다는 카피라이터의 관점에서 탄생한 프로모션입니다.

**마크** 바로 그거예요. 판매를 목적으로 하는 뉴스레터를 쓴 카피라이터의 관점을 잘못 전하거나 약하게 만드는 세일즈 카피는 아무런 쓸모가 없으므로, ATM 프로모션이 적절한 예가 될 수 있죠.

세일즈 카피는 고객의 관심을 끌어 더 큰 아이디어로 고객을 이끄는 역할을 합니다. 고객이 뉴스레터의 구독자라면 그들이 받아보는 뉴스레터는 여러 판이 발행되더라도 같은 아이디어, 열정, 매끄러운 표현이 연속적으로 이어져야 합니다. 고객이 구독료를 내며 기대했던 것을 받아볼 수 있어야 하죠.

**글렌** 아고라의 설립자인 빌 보너가 작성한 뉴스레터를 홍보하는 프로모션에 대해 말해보겠습니다. 카피는 빌의 아들 중 한 명이 쓰지 않았나요?

**마크** 맞습니다. 빌의 둘째 아들인 줄스Jules가 썼죠. 처음 읽었을 때 굉장히 좋은 카피라 생각했고, 빌의 내면의 목소리가 자연스레 담겨 있어서 빌이 쓴 거로 착각했을 정도였습니다. 빌의 아들이 쓴 것이지만, 그 안에 담긴 아이디어, 스타일 및 그 외 모든 것이 빌과 같았죠.

**글렌** 저는 카피의 진정성에 정말 관심이 많습니다. 자신이 직접 만들지 않은 뭔가를 팔기 위해 글을 쓰는 것은 보통 다른 누군가의 목소리로 진행되기 때문에 완전히 가식적일 수 있습니다. 카피를 쓰는 그 행위 자체가 말이죠. 하지만 알다시피 좋은 카피를 쓰는 열쇠는 진정성을 만드는 데 있습니다. 거의 역설적인 상황이라 할 수 있지 않나요?

**마크** 제 생각에 정답은 카피를 쓸 때 진정성 있는 자세로 임하는 것이 중요한 것 같아요. 진정성이 없으면 카피를 통해 다 보이니까요. 진정성 있게 쓸 수 있다면 그것이야말로 하나의 도구와 같은 가치를 지닙니다.
다른 사람 눈에 보이는 당신의 모습을 담는 것이 진정한 내면의 목소리가 아니라, 스스로 생각할 때 진정한 자신의 목소리를 담아내야 한다는 의미입니다.
이렇게 말하는 이유는 제가 책을 출판한 적이 있는 작가의 경험이 있기 때문입니다. 저는 여러 주제에 대해 글을 쓰는데 그중 유명한 책과 수필은 주로 비즈니스와 부의 증식을 주제로 하고 있습니다.
제 책을 통해 고객들에게 계속적으로 조언을 제공하고 있죠. 그 조언 중 일부는 직접 사용해서 성공한 경험을 바탕으로 하고 있습니다.
고객들은 제 글에 상당히 긍정적으로 반응합니다. 아마도 제 이야기 혹은 제 목소리 톤 등에서 제가 그들을 돕는 일에 진정으로 관심이 있다는 사실을 고객들도 구분할 수 있기 때문일 겁니다.
저는 조언을 해줄 때 지금까지 했던 것과 아직은 하지 못한 것에 대해 솔직하고 투명하게 말합니다. 그리고 만약 목소리에 진심이 담겨 있고, 당신이 쓰고 있는 것과 고객의 실제 경험 사이에 감정을 전달할 수 있는 이야기를 더한다면, 진정성이 전달될 것입니다.
이 모든 것을 이루기 위해 결국 기본적으로는 고객을 사랑하는 마음을 가지면 도움이 될 것입니다.
카피를 쓸 때, 고객을 돕기 위해, 가치를 전하기 위해, 당신이 없었다면 고객이 놓칠 수 있는 뭔가를 공유해주기 위해 우리가 존재한다는 마음가짐을 가져야 합니다.

## 가독성 점수로 문장 난이도 측정

**글렌** 기술적인 도구 중 하나로, 우리가 처음 만났을 때 FK 가독성 점수라는 걸 소개해주신 기억이 납니다. 제가 도움을 많이 받았는데요. 제대로 사용하면 정말 유용한 도구입니다.

**마크** 그렇죠. 도움이 되었다고 하니 기쁘네요. FK는 플레시 킨케이드(Flesch-Kincaid, 문장의 난이도를 측정하는 것으로 점수가 낮을수록 이해하기 쉬움)를 뜻합니다. 루돌프 플레시Rudolf Flesch와 제이 피터 킨케이드J. Peter Kincaid라고 하는 두 남성이 글의 복잡성을 측정하기 위해 개발했습니다. 다음절 단어와 단음절 단어, 수동태와 능동태 문장, 복문과 단문의 개수를 측정합니다.

스트렁크(William Strunk Jr., 《글쓰기의 요소》의 저자)와 화이트(E.B. White, 동화작가)를 읽으며 배운 내용을 이렇게 수학적인 방법으로 측정해서 글이 읽기에 얼마나 복잡하거나 어려운지 판단하는 것입니다. 이 이야기를 들어본 사람도 있을 것이고, 모르는 사람이라면 정보로 알고 있어도 좋겠네요.

약 20년 전, 스티브 슈거루드Steve Sjuggerud라는 똑똑한 청년이 아고라에 입사했고, 나는 스티브에게 FK 점수에 대해 짧은 연설을 한 뒤 그 중요성에 대해 말해줬습니다.

10년쯤 뒤 스티브와 동료 에디터, 알렉스 그린Alex Green을 초 대해서 어떻게 위대한 에디터가 될 수 있는지 강연을 부탁했죠. 금융 분야에 있어 그 둘은 업계 최고의 자리에 있었습니다.

스티브는 제가 그에게 했던 FK 점수 연설에 대해 언급했습니다. 그는 막 박사학위를 따고 갓 입사했던 당시에는 특정 점수에 도달하기 위해 자신의 글을 지나치게 단순하게 바꾸라고 말하는 저에게 관심이 없었다고 하더군요.

우리는 점수, 그러니까 등급이라고 표현되는 점수인 7.5 이하를 목표로 하고 있습니다. 하지만 사람들은 FK 점수가 교육 수준과 관련 있다고 생각하곤 합니다. 하지만 교육 수준과는 무관합니다.

아무튼 스티브는 계속 강연을 이어갔는데요. 그 이후로는 이 점수를 지켜보고 있다고 말하더군요. 더욱이 빌 보너와 자기 자신을 포함해 그룹에 속해 있던 모든 카피라이터를 대상으로 테스트를 시행했다고 합니다.

고객의 반응, 고객의 높은 충성도와 낮은 FK 점수 사이에는 거의 100퍼센트의 연관성이 존재했다고 합니다. 자신이 연구했던 그룹에서 가장 낮은 FK 점수를 받은 두 사람은 빌과 저였다고 하더군요. 자랑스러웠죠. 물론 빌은 굉장히 화를 냈고요. 빌은 자신의 카피가 FK 점수를 낮게 받았다는 사실이 싫었습니다. 사람들이 얼마나 카피를 잘 이해하지 못하는지를 보여주는 결과였기 때문이죠.

FK 점수는 단순하게 쓰고 단순하게 아이디어를 표현하도록 합니다. 물론, 아이디어가 좋으면 단순하게 표현할 줄 알아야 하고, 그렇게 한다면 아름다운 아이디어가 되는 것입니다. 모든 훌륭한 아이디어는 단순합니다.

**글렌** 맞는 말입니다.

**마크** 그런데 너무 많은 사람이 간단한 방식으로 자신들의 아이디어를 쓰거나 말하는 걸 싫어합니다. 왜 7.5 이하의 점수를 받지 못하는지에 대한 이유란 이유는 다 들어봤습니다. 하지만 결국에는 충분히 잘 쓰지 못하고 있기 때문입니다.

예를 들어, 수필을 쓸 때 천재적으로 잘 썼다고 생각해서 FK 점수 테스트를 해보면 11점이 나옵니다. 점수 따위는 집어치우고 어쨌든 난 출판하겠다고 생각할 때도 있습니다.

하지만 나중에 다시 들여다보면 제가 무슨 말을 하려고 했는지조차 몰랐단 게 보입니다. 형편없는 글이죠. 그래서 이제는 7.5 이하의 점수를 받지 못하면 제가 충분히 생각하지 않았고 더 생각할 필요가 있다는 걸 인정합니다.

글렌 카피라이터들이 자기 아이디어를 더 명확하게 표현하도록 도와주는 말씀이 있을까요?

마크 말해드릴 수 있는 한 가지는, 저는 글을 쓸 때 '한 가지의 규칙rule of one'을 따르려 노력한다는 겁니다. 이미 이 규칙은 사용하고 계시죠?

글렌 쓰고 있습니다. 책에서 다루기도 했고요. 저에게 알려주신 좋은 충고 중 하나였죠.

마크 그렇게 말해주니 기쁘네요. 아주 간단한 방법이에요. 한 번에 한 가지에 관해서만 쓰는 겁니다.
여기서 한 번의 의미는, 예를 들어 수필을 쓴다면 12가지가 아니라 오직 한 가지에 대한 수필이어야 한다는 말입니다. 광고라면 한 가지 관점에서 바라봐야만 합니다. 세일즈 레터라면 오직 한 가지 아이디어에 관한 것이어야 합니다.
방금 발표해준 스티브와 알렉스의 일화를 이야기했는데, 알렉스는 그날 12가지의 아이디어에 대해 엄청난 발표를 했지만 지금 제가 기억하는 건 하나도 없습니다.

하지만 스티브의 발표는 아직도 기억납니다. 한 가지의 법칙이 실전에 사용된 예죠. 이 법칙을 지키려면 아이디어를 어떻게 가장 간단한 방법으로 명확하게 표현할 수 있을지 알아야 합니다. 거의 하나의 문장 정도 수준으로 말이죠. 감정적으로 끌리는 단 한 문장. 그보다 먼저, 이야기를 구성합니다.

아이디어 설명에 들어가기 전에 아이디어를 그려줄 이야기죠. 가장 간단한 방법으로 아이디어를 표현하고 그 주위를 둘러싼 이야기를 구성할 수 있다면, 이야기 부분은 항상 FK 점수 등급에서 4 정도에 머물게 될 것입니다. 나머지 논쟁의 대상이 되는 건 충분히 생각하지 않아서 높은 FK 점수를 받게 될 당신의 카피죠.

**글렌** 점수에 굉장히 엄격하시네요, 그런가요?

**마크** 저는 퍼블리셔(정보 제공) 혹은 에디터로서 FK 점수가 7.5 이하가 아닌 건 보고하지 말라고 합니다. 이런 고집을 부린다고 해서 재수없는 상사가 되는 게 아닙니다.

그냥 제 경험에 비추어 볼 때 둘 다의 시간을 낭비하는 일이기 때문입니다.

누군가 저에게 뭔가를 제출했을 때 가장 먼저 하는 일은 FK

점수를 확인하는 일입니다. 이건 현재 가장 잘나가는 카피라이터라 하더라도 예외가 없습니다. 7.5점 이상은 돌려보냅니다.

전달하려는 아이디어가 아직 제대로 표현되지 않은 글이기 때문에 제가 해야 할 일이 너무 많다는 걸 이미 예상하기에 읽어보지도 않습니다. 카피라이터는 자기 아이디어를 파악하고 표현하는 법에 대해 알아야 할 책임이 있습니다.

**글렌** 좋은 말씀이네요. 정말 힘든 건 제 글의 FK 테스트를 했고 7.5점이 조금 넘을 때, 제 본능은 그냥 놔두라고 말합니다. 하지만 그건 게으른 짓이죠. 카피가 힘이 부족하다는 뜻일 수도 있고요.

**마크** 우리 모두 그럴 겁니다. 그렇지만 스스로 확인하는 규칙을 지키고 본능을 극복할 수 있다면 더 강력한 카피를 쓸 수 있습니다. 이보다 간단할 순 없죠.

# '뭔가' 있는 회사 동료, 우디

비결은 없다.
그냥 가서 읽을 수 있는 건 다 읽으면 된다.
_**제임스 '우디' 우드번**James 'Woody' Woodburn

직접 반응 카피라이터로서 경력을 시작하기 위해 런던에 처음 왔을 때, 회사에서 사귄 유일한 친구 중 한 명은 토미 오르미Tommy Orme라는 뛰어난 카피라이터였다. 그런데 그는 내가 일을 시작하고 나서 곧바로 회사를 떠났다. 그 말은 곧 내가 회사에서 다른 친구를 찾아야 한다는 의미였다.

불행하게도 새로 사귄 친구는 제임스 우드번이었다. 아마 거의 모든 사람은 그를 우디로 알고 있을 것이다. 당시 우디는 나보다 카피를 쓴 경험이 많이 길지 않았지만, 우리가 흔히 말하는 '뭔가'가 있었다. 우디와 함께 터득해 나가는 과정은 내게 큰 도움이 되었다.

우리의 만남이 '불행하다'라고 말했는데 그 이유는 우디를 만나고 난 뒤 내 간이 쉴 틈이 없었기 때문이다. 우리는 런던의 어떤 펍에서 자주 술을 마셨다. 하루는 술집 주인이 우리의 충성도에 대한 보상이라며 대신 술값을 내주었다. 주인의 행동은 친절한 것이었지만, 아마 우리가 그 술집에 너무 자주 오고 있다는 신호를 보낸 거라고 생각했다.

그 뒤로도 우리의 간은 견뎌주었고 우디가 갑자기 이사를 결정해 호주로 떠나기 전까지 약 4년을 런던에서 함께 일했다. 갑작스러운 호주행이 나에게서 벗어나기 위해서인지는 알 수 없다. 어쨌든 그가 호주로 간 건 잘한 일이었다. 호주에서 그는 획기적인 직접 반응 카피를 썼다. 그 결과 호주에서 US 아고라 금융 사업부를 출범할 수 있었다.

우디는 사업부를 이끌면서 여러 훌륭한 성과를 내고 있다. 우디는 내게 언제나 좋은 친구인 동시에 내가 쓴 카피에 대해 의견을 묻고 인사이트를 요청하는 카피라이터 중 한 명이다. 프로젝트가 있으면 우디와 함께 일하는 경우도 많다.

여기 소개된 우디와의 대화에서 우디는 직접 반응 카피를 쓰는 과정에 대해 놀라운 통찰을 보여주었다.

글렌 기본적인 것부터 시작해보자고. 누구인지, 카피 경력은 얼마나 되었는지 이야기해주겠어?

우디 내 이름은 제임스 우드번인데, 다들 우디라고 불러. 최근에는 호주에서 아고라 금융 사업부를 맡고 있지. 내가 카피를 쓰기 시작한 건 내 생각에는 2006년 그쯤인 것 같아. 내가 어떻게 카피를 쓰게 되었는지 알고 싶어?

글렌 네 놀라운 스토리텔링 기교가 펼쳐지는 게 벌써 눈에 보이네. 맞아, 그게 내가 궁금했던 거야.

우디 나는 우연히 카피를 쓰게 됐어. 대부분 그렇듯 말이지. 대학을 나와서 카피라이터가 되고 싶어 하는 사람은 본 적이 없어. 그럴 필요가 없는 직업이거든. 난 대학에 원서를 내면서 카피 쓰기를 시작했지. 뭘 해야 할지 확신이 없었어. 예술이나 글쓰기와 관련된 뭔가를 하고 싶다는 생각만 있었을 뿐이야. 그중에서 난 글쓰기라는 길을 택하기로 했어. 그 끝에는 뭐가 있을지 여전히 몰랐기 때문에 언론인이 되기 위한 훈련을 받으면서 언론인이 되기 위해 6개월 내내 술만 마시면 되겠다고 생각했지.

그런데 약 2주 만에 이건 내 길이 아니란 걸 직감했어. 그때 우연히 아고라를 위한 광고를 봤는데 지금까지 내가 봐왔던 광고와는 확연히 달랐어. 거기엔 뭔가 차별화된 게 있었지. 그래서 아고라에 지원했고 면접을 봤고 합격했지. 당시 FTSE 트레이더라고 불리던 뉴스레터를 위한 편집부의 일원으로 뽑힌 거였어.

글렌 재미있네. 원래 편집 발행본을 쓰는 것부터 시작한 거야?

우디 맞아. 그리고 내가 뭘 하고 있는지 몰랐다는 사실을 꼭 인정해야 할 것 같아. 난 언론인에서 벗어날 필요가 있다는 것만 알고 있었어. 내가 실제로 일자리를 얻을 수 있을지도 몰랐는데 합격했더라고. 일하러 오는 게 즐거웠고 도전과제들이 좋았어. 그렇지만 뭔가 짜릿한 느낌을 주는 게 없었지. 그래서 보내야 할 이메일에 광고를 쓰려고 노력하기 시작했지.

그러다가 문득 내가 꽤 즐기고 있다는 사실을 발견했고 멋진 일이란 걸 깨닫게 되었어. 내 광고들이 어떤 성과를 거두고 있는지, 얼마나 성과를 내고 있는지, 퍼블리셔에게 물었고 꽤 많은 클릭을 얻고 있다는 걸 알게 되었어.

결국 편집 발행본을 만드는 것보다 광고를 쓰는 데 더 많은 시간을 보냈고, 퍼블리셔는 내게 카피 팀으로 옮기는 게 어떻겠냐고 제안했지.

## 집착이 득이 될 수 있다

글렌 그래서 더 규모가 큰 프로젝트에 일하기 시작한 거야?

우디 잘 짜인 팀의 일원으로 일하고 있었기 때문에 금세 프로젝트에 투입됐지. 마이크 그레이엄, 댄 데닝, 사이먼 문톤 등 내가 지금도 호주에서 같이 일하고 있는 분들이야. 난 주어진 것이 뭐든 카피를 써낼 수 있을 거로 생각했어.

내 첫 번째 실전 프로젝트는 실수를 기회로 바꾸는 일이었어. 주니어 마케터들이 5,000개 정도의 캡슐 세제를 샀는데 4,000개가 창고에 남아 있었어. 나의 임무는 재고를 팔아 치우는 것이었지. 그때 내가 쓴 카피가 대박이 났고 재고는 모두 팔렸어.

하지만 더 중요한 건 그 순간에 바로 내가 카피를 사랑한다는 사실을 깨달았다는 거야. 카피야말로 전력을 쏟을 수 있고 거의 집착하다시피 할 수 있으며 스스로 왜 원하는지 설득되는 일이라는 걸 깨닫게 된 거지.

**글렌** 집착이란 단어가 좋다고 생각해. 왜냐하면 내가 항상 네가 카피라이터로서 가진 가장 큰 장점 중 하나라고 생각했던 것이 바로 그 점이거든. 넌 네가 카피를 쓰는 대상에 대해 진짜 집착하다시피 몰입해. 좋은 카피를 쓰는 데 있어 핵심 기술 중 하나는 전문가들조차 흥미로워할 수 있을 정도로 판매 대상을 파악하는 거야.

판매 대상에 있는 그 고유한 요소를 파악하기 위해서는 진짜 깊이 파고들어야 하지. 그 작업은 어떻게 하는 거야. 말하자면 어떻게 그 정도로 집착할 수 있어?

**우디** 읽기. 많이 읽기. 특별한 비법은 없어. 그냥 가서 그 주제와 직간접적으로 관련된 모든 걸 읽는 거야. 아까 말한 캡슐 세제에 대한 카피를 예로 들어볼게. 엄청난 양의 근거 자료를 받았어.

〈더 선〉, 〈데일리 메일〉에 난 기사를 포함해서 이미 제품을 사용해본 고객들의 증언도 있었지.

그렇지만 모두 수박 겉핥기식의 이야기로 느껴졌어. 어딘가 감성적인 부분이 부족했지. 이야기 뒤에 숨은 이야기를 찾고 싶었어. 그래서 비누의 기원에 관한 책을 읽다가 트란실바니아Transylvania인가 어디서 유래했다는 사실을 발견했어. 이 특별한 종류의 비누에는 다른 어느 나라나 지역에서도 찾아볼 수 없는 특별한 품질의 무엇인가 있다는 사실을 알아냈지. 약간 과하게 조사한 것 같기도 하지만, 그만한 가치가 있었지.

글렌 방금 말한 첫 번째 단계에서 카피를 썼던 게 아니라, 읽고 배우고 사실들을 파악했다는 것에 대해 강조하고 싶네.

우디 항상 뭔가를 쓰려고 시도하면서 시작은 하지만, 쓰고 있는 대상에 대해 제대로 이해하지 못했기 때문에 곧 좌절하게 돼. 그야말로 약한 카피를 쓰는 지름길이지. 일종의 마음 채우기를 할 필요가 있어. 주제와 관련된 모든 것들로 마음을 채우는 거지. 그래야만 뭔가 쓸 만한 가치가 있는 것이 나오게 돼.

글렌 쓸 만한 가치가 있는 걸 얻었다고 치고, 이제 다음 단계는 어떻게 돼?

우디 어떨 때는 계속 다시 생각하게끔 만드는 핵심 아이디어나 문구가 있는데 그걸 제대로 문장으로 만들지 못할 때가 있어. 내 생각에 이 단계에서는 최대한 많이 적어보는 게 좋아. 진짜 긴 헤드라인을 쓰게 될 때가 있는데 그냥 계속 진행하면서 더 쓰다가, 다시 헤드라인으로 돌아와서 다듬는 거지. 항상 편집과 수정을 해야 해. 카피를 다듬어 나갈수록 더 강력해지거든.

집중해서 만족스러운 카피를 쓴 뒤에 하는 또 한 가지 작업은 카피를 쓰는 원칙에 대해 이해하고 있거나 그러기 위해 노력하고 있는 누군가와 만나는 거야. 그렇지만 그 사람은 카피와 조금의 연관도 없어야 해.

'6번째 혁명'이라 불리는 긴 카피 레터가 큰 성공을 거둔 경험이 있는데, 나뿐만 아니라 그 아이디어에 관해 이야기했던 댄 데닝과 함께 만든 작품이야.

대부분 경우 카피에 사용하는 단어는 나 혼자만 만든 게 아니라 나와 대화한 상대에서 나오곤 하지. 내가 하는 말을 그들이 흡수한 다음 공감되는 부분에서 맞장구를 쳐줄 때, 그들이 쓰는 표현에서 내가 찾던 문구를 발견하게 돼. 그러고 나서, 내가 할 수 있는 한 최선을 다해 카피를 쓰는 거야.

## 소리 내어 읽기

글렌 카피 자체를 끝내고 초안이 완성되면 다음 과정은 뭐야?

우디 난 항상 내가 카피를 써서 주는 사람 혹은 에디터를 불러서 카피를 읽어보게 해. 물론 함께 일해온 에디터 중에는 훌륭한 에디터들이 많아서 내가 카피를 통해 말하고자 하는 바가 무엇인지 잘 이해해.

하지만, 그들은 카피라이터가 아니잖아. 지나치게 따지고 들려는 경우도 있고, 카피에서 말하고자 하는 아이디어를 처음 접한 고객들이 에디터 자신들과 같은 방식으로 생각할 것이라 말하기도 해. 그러나 실제 고객의 반응은 다른 경우가 많아.

그렇다고 하더라도 어떤 카피든 작성한 후에는 에디터에게 읽히는 과정을 거칠 필요가 있어. 에디터가 아니라면 누군가 그 카피를 읽어야 할 필요가 있는 사람과 작업을 하면 돼. 몇 가지 '편집적인editorial' 문제를 제외하고, 이 작업은 카피에 진정성을 더하는 데 정말 유용한 과정이야. 회의실에 들어가서 에디터에게 카피를 주고 말 그대로 크게 소리 내어 읽도록 해.

명확하지 않은 문장이 있거나 흥미를 잃게 만드는 문단이 있다면 바로 드러나게 되어 있어.

이 작업을 여러 번 해봤지만, 항상 카피 한 장마다 여러 군데 고쳐야 할 곳들이 있었어. 그 과정을 통해서 카피는 더 강력해졌어.

글렌 정말 흥미롭네. 난 항상 카피라이터들 스스로 자신들의 카피를 소리 내어 읽어보도록 하는데 넌 에디터가 읽도록 하는구나?

우디 맞아. 긴 카피뿐만 아니라 다른 카피도 마찬가지야. 카피를 소리 내어 읽으면, 명확히 끝을 맺었는지, 메시지가 전달되었는지, 너무 길게 늘어지는 건 아닌지 등을 들으면서 깨닫게 되지.

글렌 그럼 이제 불가능한 질문 하나를 해볼게. 좋은 아이디어는 어떻게 찾는 거야?

우디 너는 어떻게 찾는데?

글렌 좋아, 100단어 이내로 대답하는 걸로 하자. 질문을 좀 바꿔 볼게. 가장 최근에 썼던 카피를 위한 아이디어는 어떻게 생각한 거야?

우디 대답하기 쉬워졌네. 바로 대답해줄 수 있어. 그저 읽고 사람들과 이야기한 게 전부이거든. 어떤 주제를 가지고 이야기하는데 상대방이 지루해하면서 분위기에 찬물을 끼얹게 되면 금세 눈치챌 수 있지. 얼마 전 런던에서 네가 주최했던 행사, 아이디어에 관한 행사 기억해?

글렌 기억하지. 내가 기획한 행사잖아.

우디 사실 꽤 괜찮은 행사였어. 자네가 조직했다고 해서 형편없을 거라 기대했는데. 훌륭하게 잘 치렀더라. 어쨌든, 우리 에디터와 함께 갔는데 여러 가지 아이디어를 가지고 참가했던 게 기억이 나. 우리를 흥분하게 했던 아이디어가 여덟 개 정도였어. 그중 여섯 개를 발표했는데, 청중들의 변화를 느낄 수 있었던 아이디어는 딱 하나였어. 행사장 안 모든 사람의 이목이 쏠린 걸 보았거든.

특히, 미국에서 카피라이터로 일하고 있는 라이언 맥그래스Ryan McGrath는 우리가 말을 끝내기도 전에 일어나서 내게 질문을 하려고 했던 게 기억나. 우리가 발표한 그 아이디어가 그야말로 뇌리에 꽂혔던 거지.

거기가 좋은 출발점인 것 같아. 시장과 전혀 관계가 없는 사람과 대화를 나눌 수 있거나, 지금 생각하고 있는 바에 전혀 관심 없는 사람과 이야기를 나눌 수 있을 때 아무런 금전적인 보상 혹은 주가 상승 여부와 관계없이 그들의 관심을 끌 수 있는 아이디어 말이야. 그렇게 사람들의 관심을 끌 수 있는 아이디어가 있다면 좋은 출발점이 아닐까 생각해.

**글렌** 훌륭하네. 현실적인 관점을 더해서 말해보면 여러 사람 앞에서 아이디어를 실험해보면 언제 사람들의 관심을 끌게 되는지 알 수 있다는 거로군.

## 마무리

**글렌** 마지막으로, 카피 기술을 향상하고자 하는 분들에게 최고의 카피 팁을 줄 수 있을까? 무인도에 가지고 갈 음악 CD를 고르는 〈데저트 아일랜드 디스크Desert Island Discs〉 방송에 나올 법한 것 말이야.

**우디** 전형적으로 카피는 이러저러해야 한다는 생각을 버리고 카피를 써야 해. 무슨 말인지 이해돼? 많은 주니어 카피라이터, 마케터, 에디터들이 가지고 있는 정말 큰 문제야. 글쓰기 실력이 뛰어난 건 맞지만 카피를 쓰려고 하는 순간, 그들의 목소리가 완전히 바뀌고 말아. 가식적으로 변하지. 외판원처럼 변해. 피상적이고 깊이는 없이 크게 소리만 지르는 것처럼 변해. 왜냐하면 카피란 그래야 한다고 생각하기 때문이지. 그게 아닌데 말이야.
뭘 말하려고 하는지 이해하고, 가장 재미있고 흥미로우면서, 유용하고 가치 있되 독특한 방법을 찾아 설명해야 해. 그리고 마치 아버지에게 설명하는 것 같은 톤으로 말하면 돼. 진실한 마음으로 말이야.

**글렌** 멋진 말이야. 마무리로 완벽한 결론이었어.

The Art of the Click

# 마지막 말
# PS 활용

몇 가지 정리하고 싶은 미진한 부분이 있네요.
당신이 이해할 만한 중요한 건 아닙니다.
_**피터 포크**Peter Falk, (〈형사 콜롬보〉에서 콜롬보 역)

## 형사 콜롬보의 테크닉

사기꾼 녀석은 완전 범죄로 위기를 모면했다고 생각할 터다. 범인들은 형사 콜롬보보다 한 수 위였다. 하지만 그때 갑자기 문밖을 나서던 콜롬보가 뒤돌아보며 유명한 대사를 던진다.

"그런데 한 가지만 더요."

전혀 눈에 띄지 않던 것이 범죄 해결의 실마리가 되고, 범인은 죗값을 치르고, 콜롬보는 승리하게 된다. 만세!

형사 콜롬보처럼 카피의 마지막에 추신postscript, PS의 형태로 한 가지 더하는 것은 고객 반응률 상승에 도움이 된다. 카피 내 PS는 팔고자 하는 제품 혹은 전달하고자 하는 요점을 마지막으로 주장할 수 있는 기회다. 전하려는 메시지의 본문이 제 역할을 다했다면 이 시점에서 고객은 거의 클릭할 준비가 된 상태다.

PS는 정보를 한 가지 더 제공해줌으로써 판매 제품이나 서비스를 거부할 수 없도록 만들어야 한다. 하지만 여기서 많은 사람이 실수해서 엄청난 기회를 놓쳐 버리는 경우가 종종 발생한다.

PS는 앞서 언급한 것에 대해 재차 확인하기 위해 사용될 수 있다. 이런 경우, 앞서 펼친 주장이나 근거를 다시 상기시켜 주는 역할을 한다. 하지만 이 경우 PS의 잠재력이 극대화된다고 생각해선 안 된다.

생각해보라. 이미 말하고자 하는 내용은 전달했고 고객은 당신의 주장이 유효한지 아닌지를 판단한 상태다. 다시 주장을 반복한다고 해서 엄청나게 큰 변화가 일어나진 않을 것이다.

그럼에도 불구하고, 마지막까지 긴장감을 주어 구매를 유도해야 한다. 메인 메시지를 반복함으로써 PS라는 기회를 낭비해버리지 말고, 전달해야 할 정보 중 하나를 PS에 쓰기 위해 남겨 둔다.

## 마지막 말조차 거부할 수 없도록 하라

마지막 PS를 위해 어떤 특별한 정보를 남겨 두었는가?

아니면 메인 메시지에서 어떤 걸 아직 전달하지 않고 남겨 두고 있었는가?

이건 사실 팔고 있는 제품이나 서비스가 무엇인지에 전적으로 달렸다. 제품이나 서비스의 혜택에 대한 좋은 아이디어를 이미 가지고 있다면 별도의 종이에 혜택의 목록을 작성해본다. 여섯 가지 혜택을 목록에 포함했다면 하나 정도는 PS를 위해 남겨 두고, 나머지는 메시지 본문에 써도 될 것이다.

하지만 제품이나 서비스의 모든 혜택이 메인 메시지 내에서 전달되어야 한다고 생각한다면 두 가지 선택을 할 수 있다.

먼저, PS에 이미 제품이나 서비스를 경험해본 사람의 추천 글을 넣는다. 판매 상품에 대한 근거를 강화할 수 있는 좋은 방법이다. 만약 카피를 읽은 고객이 이미 아이디어에 매료되었다면 이런 추천 글을 뒤늦게 포함해서 다시 한 번 생각나도록 한 것이 오히려 제품이나 서비스가 얼마나 좋은지를 더 홍보할 수 있는 기회가 될 것이다.

두 번째 선택은 PS에 캐시백을 보장하는 것이다. 이 시점까지 카피를 읽어온 고객은 다음의 셋 중 하나다.

첫째, 매우 관심 있는 고객, 둘째, 아직 확신이 서지 않는 고객, 그리고 셋째, 전혀 관심 없는 고객이다.

첫 번째 경우는 캐시백 보장을 뜻밖의 보너스로 여길 것이다.

두 번째 경우는 캐시백 보장이 있으니 그 제품이나 서비스를 한 번쯤 사용해볼 이유로 삼을 것이다.

마지막 고객도 한 번쯤 시도해볼 수도 있겠으나 그렇지 않은 경우, 무엇을 해도 고객의 결심은 변하지 않을 것이다.

이처럼 PS는 유용하게 활용할 수 있으며 실제 테스트를 통해서도 PS를 포함하면 매출이 증가하는 것으로 밝혀졌다. 하지만 조심해야 할 것은 PS를 과하게 사용하면 힘이 약해질 수 있다는 사실이다. 앙코르 공연을 언제나 선사하는 연주 밴드처럼, 고객들은 PS를 항상 기대하면서 카피를 제대로 읽지 않고 넘어가기 시작하기도 한다. 어차피 끝에 가서 똑같은 이야기를 할 거로 생각하기 때문이다.

마지막 말인 PS를 최대한으로 활용하려면, 즉흥적이고 신선하면서도 거부할 수 없는 제안을 해야 한다.

## 강력한 PS

네, 더 있다고요? 아니다, 이게 끝이다. 이제 결론에 도달했다.
충분히 많은 부분을 다루지 않았는가? 좋다. 마지막 꿀팁이다.

정말 강력한 PS 만드는 방법을 소개하겠다. PS는 가장 마지막에 등장하는 작은 비밀과도 같다. 누구나 발견하는 것이 아니다.
이 비밀스러움을 더 증폭시키려면 PS를 '쉿'이라고 말하며 시작해 보라. 엉뚱하긴 하다.
하지만 '쉿'이라는 단어를 보는 순간 주목하게 된다.
그야말로 고전적인 법칙이다.

## 감사의 말

이 이상야릇한 책을 쓸 수 있도록 도움을 준 모든 카피라이터와 마케터에게 감사를 표한다. 특히 내가 처음 이 업계에 진입할 수 있도록 해준 데이브 페다시Dave Fedash, 이후 경력을 쌓을 수 있도록 도와준 훌륭한 동료들, 대런 휴즈Darren Hughes와 바이노드 고라시아Vinod Gorasia에게 감사를 전한다.

나 같은 사람이 할 수 있을 거라 결코 상상하지도 못했던 일들을 할 수 있게 회사를 설립해준 빌 보너와 애디슨 위긴Addison Wiggin에게도 감사드린다.

이 책에 등장하는 것에 동의하고 자기 경험을 공유하기 위해 시간을 내어준 존 포드, 마크 포드, 제임스 우드번에게 특별한 감사를 전한다. 그리고 그들의 끊임없는 가르침, 지원, 영감에도 감사를 표한다.

해리만 하우스의 편집자인 크레이그 피어스Craig Pearce에게 많은 신세를 졌다. 책 한 권을 쓴다는 건 카피를 쓰는 것과 사뭇 다른 작업이었고, 그 과정에서 그의 인내와 지도 덕분에 책 쓰기에 대해 이해할 수 있었다.

마지막으로 끊임없는 지지와 확신을 보내주고 현실 검증을 가능하게 해준 나의 파트너, 루스와 가족에게 감사한다. 아, 그리고 아침 산책 전 딱 한 문단만 더 쓸 수 있도록 참을성 있게 얌전히 기다려준 나의 개, 파블로에게 인사를 전한다.

**옮긴이** 박지혜

성균관대학교 영어영문학과를 졸업하고 국내 굴지의 해운회사에서 근무하다가, 영어로 일하는 직업을 가지고 싶다는 오랜 꿈을 좇아 고려대·호주 맥쿼리대 통번역 석사과정에 진학했다. 대한항공 기내지 〈모닝캄(MorningCalm)〉을 발행하는 팀에서 카피에디터로 근무했으며, 여러 기관에서 인하우스 통번역사로 근무했다. 현재 컨설팅 기관에서 인하우스 통번역사로 근무하며, 출판번역에이전시 글로하나에서 인문, 경제경영, 건강 등 다양한 분야의 리뷰와 번역에 힘쓰고 있다.

## 무조건 팔리는 카피

**1판 1쇄 인쇄** 2022년 12월 14일
**1판 2쇄 발행** 2023년 2월 20일

**지은이** 글렌 피셔
**발행인** 김태웅
**편집주간** 박지호
**기획편집** 이미순, 유효주
**표지 디자인** 섬세한 곰
**본문 디자인** 금목서향
**마케팅 총괄** 나재승
**마케팅** 서재욱, 오승수
**온라인 마케팅** 김철영
**인터넷 관리** 김상규
**제작** 현대순
**총무** 윤선미, 안서현, 지이슬
**관리** 김훈희, 이국희, 김승훈, 최국호

**발행처** ㈜동양북스
**등록** 제2014-000055호
**주소** 서울시 마포구 동교로22길 14(04030)
**구입 문의** (02)337-1737 **팩스** (02)334-6624
**내용 문의** (02)337-1763 **이메일** dymg98@naver.com

**ISBN** 979-11-5768-834-0 03320